U0622492

中国现代生态农业建设方略

唐　珂　主　　编
李少华　执行主编

中国农业出版社

编　委　会

序 一

农为邦本，本固邦宁。新中国成立以来，特别是改革开放以来，我国农业发展取得了举世瞩目的巨大成就。1949—2014年，粮食产量由11 318万吨增加到60 710万吨，人均粮食占有量从209千克提高到444千克，这标志着我国这样一个近14亿人口的大国已经足够具备养活自己的能力，这是全面建成小康社会的底本，也是实现两个百年目标的基础。

我国是一个农业文明古国，一些地区的农业发展已经延续了上万年的时间，而且至今仍然在确保粮食安全和其他大宗农产品供给方面发挥着重要作用。这些地方的农业生产之所以能够维持如此之久，关键在于实现了人工生产要素与自然要素有机配合、生产要素在农田系统进出平衡、农林牧渔业互利发展、农业生态系统与生产生活生态系统协调。传统农业不仅没有破坏地力和环境，而且使得土地理化性状得到显著改善，土地生产力得到提高。但近几十年来，为快速增加产量和提高经营效率，在种植业中过度使用化肥、农药、农膜等生产要素，在养殖业中过度追求养殖规模的现象一度愈演愈烈，不仅造成水土污染、土壤板结、地力下降、残留超标，而且不能在种养业和整个生产生活消费之间形成物质和能量循环，有的甚至进入食品影响食品质量、安全与营养。探索环境友好、适度投入、资源循环高效利用、生产生活和谐的发展模式，同步达到高产、优质、高效、生态、安全的要求，是今后农业发展的方向性要求。

当前，我国农业面临国际价格竞争压力大、生产成本持续快速上升、黄箱补贴余地有限、资源环境承载能力接近极限的多重挑战，要解除重重“紧箍咒”，我国必须尽快转变农业发展方式，在创新农业支持保护体系、构建新型农业经营体系、探索可持续发展模式等方面实现新的突破，切实将农业从主要追求产量和依赖资源消耗的粗放经营转到数量质量效益并重、注重提高竞争力、注重农业科技创新、注重可持续的集约发展上来，这是走出一条有中国特色农业现代化道路的必然要求。发展以“一控二减三再”（即农业用水总量控制，化肥、农药施用总量减少，地膜、秸秆、畜禽粪便再利用）为特征的现代生态农业，同步实现“产出高效、产品安全、资源节约、环境友好”的目标，是加快转变农业发展方式、建设现代农业的重要途径。

党中央、国务院历来高度重视生态农业建设。1984年《国务院关于环境保护工作的决定》指出，各部门要积极推广生态农业，防止农业环境的污染和破坏。1993年，国家七部委正式成立“全国生态农业县建设领导小组”，生态农业正式纳入政府工作议程，成为政府行为。1994年，国务院批准的农业部等七部委局《关于加快发展生态农业的报告》中指出，发展生态农业是中国农业持续发展的历史选择，要切实加强对生态农业的领导，做好规划，加强引导，多渠道筹集生态农业建设资金，依靠科技进步发展生态农业，并要求各地积极开展生态农业建设试点工作。1997年，中共十五大报告提出要发展生态农业，《中华人民共和国国民经济和社会发展“九五”计划和2010年远景目标纲要》将“大力发展生态农业”作为中国实施可持续发展战略重要措施。2006年，中共中央、国务院《关于积极发展现代农业扎实推进社会主义新农村建设的若干意见》明确提出，鼓励发展循环农业、生态农业，有条件的地方可加快发展有机农业。2008年，中共十七届三中全会通过的《中共中央关于推进农村改革发展若干重大问题的决定》明确要求，按照建设生态文明的要求，发展节约型农业、循环农业、生态农业，加强生态环境保护。2010年，中共中央、国务院《关于加大统筹城乡发展力度进一步夯实农业农村发展基础的若干意见》要求，加强农业面源污染治理，发展循环农业和生态农业。2014年中央1号文件明确提出，促进生态友好型农业发展，加强农业污染治理和生态修复，加大生态保护建设力度。2015年中央1号文件进一步指出，加强农业生态治理，大力推动农业循环经济发展，健全耕地保护补偿和生态补偿制度。多年来，经过起步探索、试点示范、深化发展等不同阶段的深入实践，目前，我国已初步建立有中国特色的生态农业理论、推广和管理体系，形成了一系列有国际影响力的生态农业典型模式，积累了国家、省、县级生态农业试点建设的经验，生态农业建设正逐步向制度化、规范化方向发展，取得了显著的经济、生态、社会效益。

在充分肯定我国生态农业建设取得成效的同时，也要认识到我国生态农业建设和发展存在着一系列亟待解决的问题：一是对生态农业重要性认识不足。受产品高价、资源低价、环境没价的影响，农业生产经营者往往把产品数量和经济效益放第一位，而对产品质量和保护环境没有给予足够重视。一些人认为，生态农业是针对生态脆弱区的，农业主产区发展生态农业会影响粮食产量，从而把发展生态农业与增加农产品产量对立起来。还有的人认为，发展生态农业是发达国家的事情，中国当前的主要矛盾是解决粮食生产和农民收入问题，对中国发展生态农业的紧迫性、可行性持怀疑甚至否定的态度。二是现有政策对发展生态农业激励不足。现有的政策和法规没有形成对农业环境污染、生态破坏等外部性问题的有效规制，没有健全对农业生态环境保护的补偿机制，对农户采用生态农业技术没有形成有效激励。三是管理体系不健全。建设现代生态农业是一项系统工程，涉及国家多个部门，但由于部门间职能交叉、协调不够、多头管理，生态农业发展存在“领导着急、学者担忧、企业不管、群众不理”的现象。四是相关标准体系不完善。从国外经验看，生态农业标准既有推荐性标准，也有强制性标准，既包括生态农产品标准，还包括环境要素标准、生态农业模式标准、生态技术和加工标准等，共同构成完整的生态农业标准体系和操作规范。我国目前生态农业标准既有尚未系统建立的问题，也有标准内容过时、可操作性差的问题，还有标准缺失的问题，这都是生态农业发展亟待解决的问题。五是生态农业替代技术和专业人员匮乏。发展生态农业，必须有先进适用的替代技术，包括资源节约技术、资源替代技术、循环农业技术、生物多样性利用技术、污染治理技术、健康产品生产技术等，但我国现有环境友好替代技术和健康产品在性价比上还不具有竞争优势，影响了生态农业技术的推广。实践中，生态农业管理和技术人员、有专业技能的劳动者缺乏，也制约了生态农业的发展。

但存方寸地，留与子孙耕。现代生态农业具有基础性、公益性、综合性特征，事关我国农业长远发展，是一项功在当代、利在千秋的可持续事业。为贯彻落实党中央、国务院的决策部署，促进现代生态农业健康发展，农业部科技教育司组织编写了《中国现代生态农业建设方略》。该书在总结我国及国外农业生态转型的经验和石油农业的教训的基础上，提出了我国生态农业建设的典型模式、区域重点和产业体系，并探索提出了我国生态农业的评价体系、补偿机制、保障政策等内容。希望该书的出版发行能够引起各级管理和技术人员以及广大民众对我国生态农业建设和发展的进一步关注，对他们从事的生态农业建设工作和实践给予指导和帮助。

2015年6月

序二

农业是与自然联系最为紧密的生态产业，生态农业建设是农业现代化进程中不可忽视的传统农业精髓。早在2007年，时任浙江省委书记的习近平同志就高瞻远瞩地提出“走高效生态的新型农业现代化道路”（文章刊登在2007年3月21日的《人民日报》上），认为高效生态农业是集约化经营与生态化生产有机耦合的现代农业，是坚持以科学发展观为统领，走经济高效、产品安全、资源节约、环境友好、技术密集的新型农业现代化道路。

中共十八大将生态文明建设纳入“五位一体”的总体布局，确立了生态文明在新阶段社会主义建设中的突出地位，明确指出：“面对资源约束趋紧、环境污染严重、生态系统退化的严峻形势，必须树立尊重自然、顺应自然、保护自然的生态文明理念，把生态文明建设放在突出地位，融入经济建设、政治建设、文化建设、社会建设各个方面和全过程。”农业是国民经济的基础，农业发展对于生态文明建设的影响十分深远，必然是生态文明建设的重要领域。目前我国农业发展面临的资源环境问题，是生态文明建设无法回避的，不彻底解决这些问题，生态文明建设无从谈起。只有转变农业发展方式，探索现代化生态农业发展之路，改善农业和农村生态环境，才能够扎实推进生态文明建设。

生态农业建设也是农业可持续发展的重要内容。2015年5月，农业部等八部委联合发布《全国农业可持续发展规划（2015—2030年）》，提出要切实转变农业发展方式，从依靠拼资源消耗、拼农资投入、拼生态环境的粗放经营，尽快转到注重提高质量和效益的集约经营上来，确保国家粮食安全、农产品质量安全、生态安全和农民持续增收，努力走出一条中国特色农业可持续发展道路。该规划在过去“两型”农业（资源节约型、环境友好型农业）的基础上提出了更加科学的“三型”农业（资源节约型、环境友好型和生态保育型农业），强调要大力推进生态循环农业发展，充分肯定了生态农业的地位。

民以食为天，几千年来吃饭问题始终是中国的头等大事。进入新世纪以来，在政策推动和市场拉动的双重作用下，各级政府、广大农民和科技人员发展粮食生产的积极性空前高涨，创造了11年连续增产的奇迹，我国粮食生产总量达到了6亿吨的新高度。在我国粮食生产取得可喜成绩的同时，也付出了巨大生态代价。目前，我国化肥施用量达40吨/千米^2，远超发达国家25吨/千米^{2}的安全上限，且化肥有效利用率仅为30%～40%，其余60%～70%进入环境，导致土壤板结、肥力下降，加剧环境污染和湖泊、海洋的富营养化。同时，我国单位面积农药施用量比世界发达国家高2.5～5倍，每年遭受残留农药污染的作物面积超过10亿亩次，且大多农药以喷雾剂的形式喷洒于作物上，80%～90%散落在土壤、水里或漂浮在大气中，造成生态平衡失调，物种多样性减少。此外，随着我国长年地膜使用，农膜碎片不断积累于土壤，土壤的结构和可耕性遭到破坏，严重影响作物生长。农作物秸秆露地燃烧和丢弃不当处理方式，也成为生态环境污染的重要元凶，严重影响大气环境和水环境。综上所述，如果不能在“发展”和“环境”问题上取得合理的平衡，环境问题将成为未来粮食可持续生产的重大挑战。如何转变农业发展方式，实施新型农业集约化经营，如何实现资源高效、环境安全和粮食生产可持续发展，是当前我国农业发展亟待解决的问题。

我国是人口大国，保障农产品有效供给，尤其是保障粮食安全是关系国计民生的头等大事。为贯彻落实党中央、国务院和农业部党组的决策部署，促进现代生态农业健康发展，农业部科技教育司组织专家编写了《中国现代生态农业建设方略》。该书以生态文明理念为指导，在充分吸收传统生态农业和现代农业精华的基础上，借鉴国内外生态农业建设的典型经验，提出我国发展现代生态农业的重要观点及其相关理论、发展模式、管理政策、法律法规体系，具有较强的理论创新和现实意义。具体来讲，该书所提出的现代生态农业与传统意义上的生态农业相比，具有如下创新性：

第一，高度重视现代科学技术的支撑作用。既注重挖掘传统生态农业技术精髓，又充分吸收现代农业科技成果，使生态农业转变成现代高效农业。

第二，具有较强的可操作性。该书强调现代生态农业既注重资源节约和环境优化的可持续技术体系、生产模式和生产方式，也注重采用现代生态投入品，实行专业化生产、产业化经营，产出高质量、高价值农产品的新型现代生产体系，并根据我国不同区域特点，制定了各区域生态农业发展方向与重点，具有较强的实践指导性。

第三，提出了保障现代生态农业发展的政策、管理以及法规体系。现代高效生态农业与一般农业相比，具有更强的正外部性，但同时却承担着更大的机会成本，弥补的办法就是实施扶持政策，建立激励机制，引导农业生产者的行为。同时，参考国际上成功的做法，还要完善相应的法律法规体系，建立相应的约束机制，规范农业生产者的行为。目前，我国在这些制度建设还处于起步阶段，急需制定保障现代生态农业快速发展的政策法规，并尽快形成有效机制。

我深信，《中国现代生态农业建设方略》一书的出版，对我国发展现代农业具有重要参考价值。故诚挚推荐给热心于“三农”的广大干部、科研工作者和农业生产者。

万宝瑞

2015年6月

目录

第一章
我国农业发展的成就与面临的问题

新中国成立以来，特别是改革开放30多年来，我国农业发展取得了举世瞩目的巨大成就。粮食等主要农产品产量稳定增长，农田水利等农业基础建设逐步改善，农业物质技术装备水平快速提高。农业发展的好形势，为我国经济社会持续健康稳定发展奠定了坚实基础。当前，我国经济发展已进入新常态，农业发展面临的资源环境压力越来越大，农业生产数量与质量、总量与结构、成本与效益的矛盾越来越尖锐。必须加快转变农业发展方式，从主要追求产量和依赖资源消耗的粗放经营转到数量质量效益并重、注重提高竞争力、注重农业科技创新、注重可持续的集约发展上来，走“产出高效、产品安全、资源节约、环境友好”的现代农业发展道路。

一、我国农业发展的辉煌成就

新中国成立60多年来，党和国家始终高度重视并着力推动农业农村发展，坚持农业的基础地位不动摇，坚持把农业放在经济工作的首位，坚持把解决好“三农”问题作为全党工作的重中之重，不断加大强农、惠农、富农政策力度，极大地调动了农民群众的生产积极性，农业生产不断取得新的突破、登上新的台阶。

（一）粮食等重要农产品产量持续增长

农业综合生产能力显著提高，粮食等主要农产品从长期短缺变为市场供给充裕。20世纪90年代以来，我国的谷物、棉花、油料、水果、肉类、水产品、蔬菜等主要农产品产量，一直位居世界首位。

1. 粮食产量稳定增长

2014年，我国粮食总产达到60 710万吨，比1949年的11 318万吨增加49 392万吨，增长436.4%，年均增长2.6%。其中，稻谷产量20 643万吨，比1949年的4 865万吨增产15 778万吨，增长324.3%，年均增长2.2%；小麦产量12 617万吨，比1949年的1 380万吨增产11 237万吨，增长814.3%，年均增长3.5%；玉米产量21 567万吨，比1952年的1 685万吨增产19 882万吨，增长1 179.9%，年均增长4.2%。2003年以来，我国粮食产量已实现创纪录的“十一连增”，连续两年超过6 000亿千克，连续8年稳定在5 000亿千克以上，打破了历史上“两丰一歉一平”的变动规律，年均增产165亿多千克。2014年，我国人均粮食占有量443.8千克，达到历史最高水平，远远超过世界平均水平。

我国粮食产量已实现“十一连增”

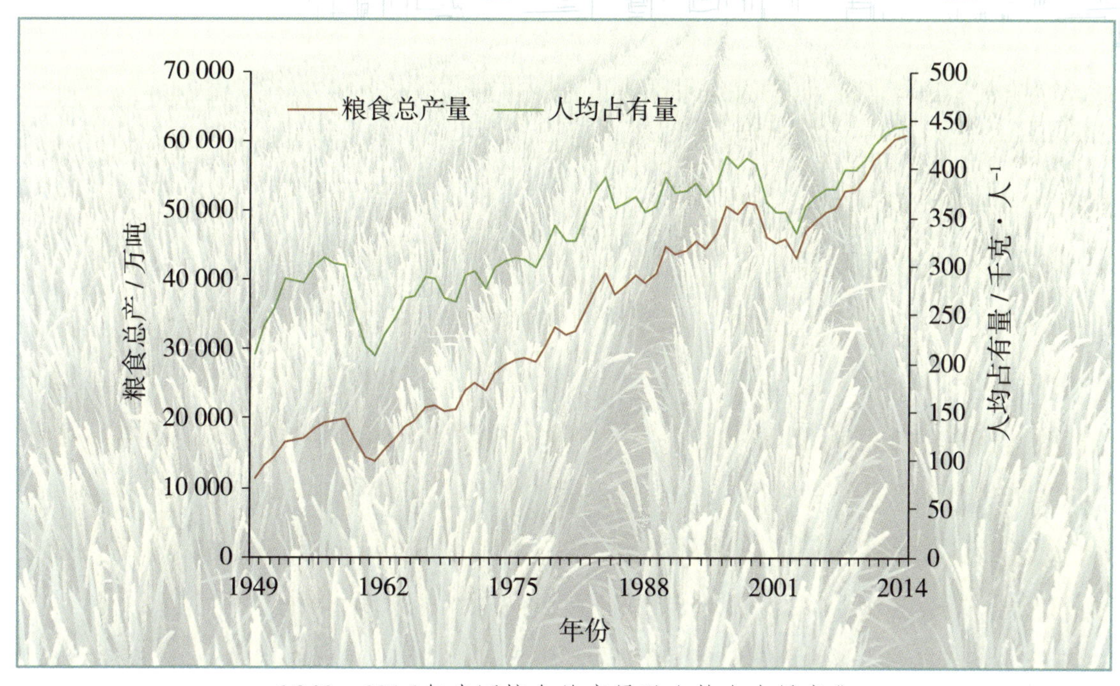

1949—2014年我国粮食总产量及人均占有量变化

2. 经济作物稳定发展

2014年，我国棉花产量616万吨，比1978年增产409万吨，增长197.6%，年均增产幅度为3.1%；油料产量3 517万吨，比1978年增产2 995万吨，增长

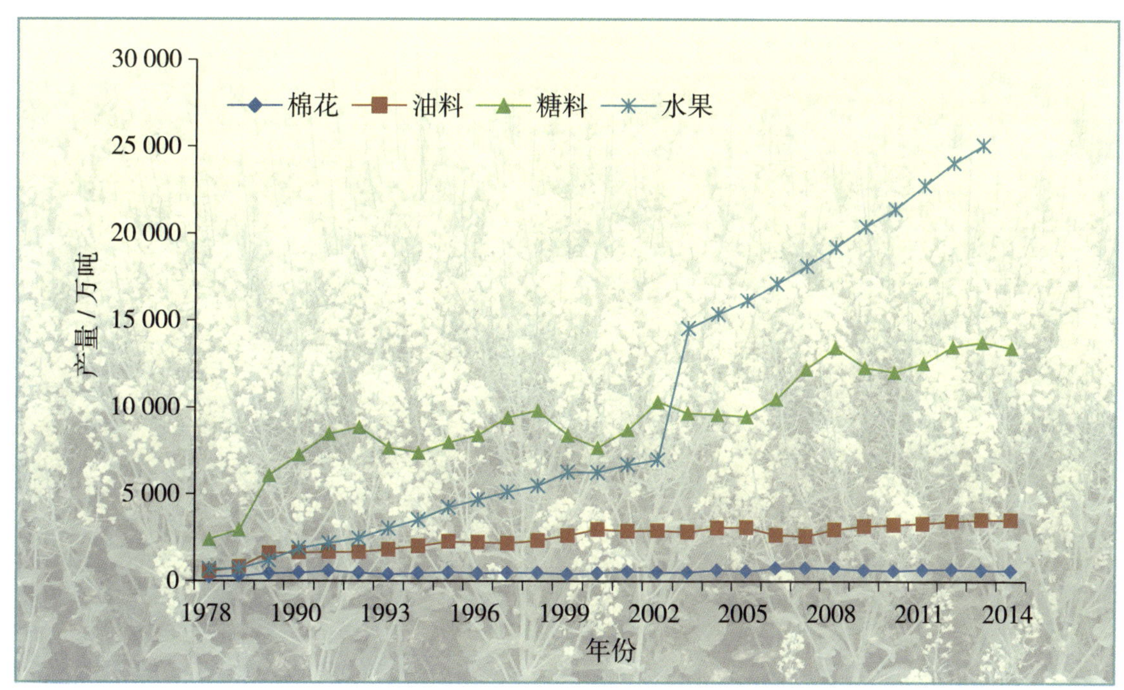

1978—2014年主要经济作物产量变化

573.8%，年均增幅为5.4%；糖料产量13 403万吨，比1978年增产11 021万吨，增长462.7%，年均增幅为4.8%；水果产量25 093万吨，比1978年增产24 436万吨，增长3 719.3%，年均增长10.6%；茶叶产量209万吨，比1978年增产182万吨，增长674.1%，年均增长5.9%。

3. 养殖业快速发展

2014年，肉类产量达到8 707万吨，比1978年增产7 851万吨，增长917.2%，年均增长6.7%。其中，猪肉产量5 671万吨，比1980年增加4 537万吨，增长400.0%，年均增幅4.8%；牛肉产量689万吨，比1980年增产662万吨，增长2 451.9%，年均增幅为10.0%；羊肉产量428万吨，比1980年增产384万吨，增长872.7%，年均增幅为6.9%；禽肉产量1 751万吨，较1985年增产1 591万吨，增长994.4%，年均增幅为8.6%。牛奶产量3 725万吨，较1978年增产3 637万吨，增长4 133.0%，年均增幅为11.0%。禽蛋产量2 894万吨，比1984年增长2 462万吨，增长569.9%，年均增长6.5%。水产品产量6 450万吨，较1978年增长5 985万吨，增长1 287.1%，年均增长7.6%。目前，我国人均禽蛋消费已达到发达国家水平，肉类消费达到中等发达国家的水平，食品消费结构升级，对于改善国民营养水平和促进身体素质的提升起到了重要作用。

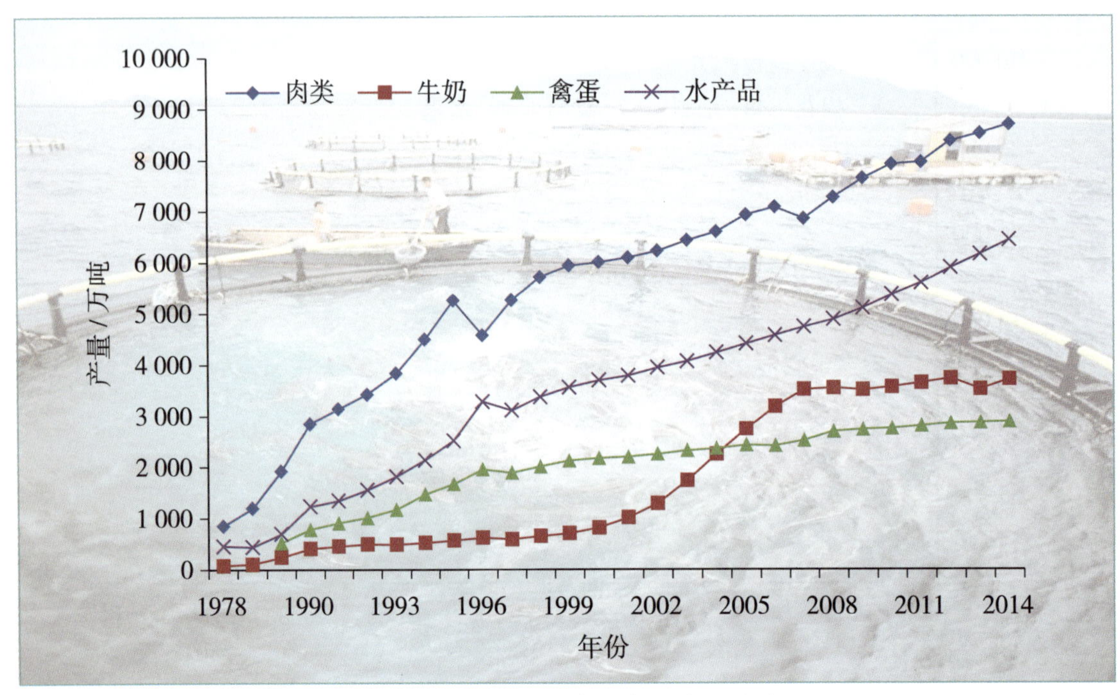

1978—2014年主要养殖产品产量变化

（二）农业物质技术装备水平显著提升

农田水利等基础建设得到加强，农业技术进步成果丰硕，农业耕种收综合机械化水平大幅提高，农业现代化建设成效显著。

1. 农田有效灌溉面积不断增加

2014年，农田有效灌溉面积达到6 479.3万公顷，比1978年的4 496.5万公顷增加1 982.8万公顷，年均增长1.0%；农田有效灌溉面积占比超过50%，灌溉用水有效利用系数突破0.5。旱涝保收高标准农田的比重不断提高，为粮食等主要农作物增产提供了有力保障。

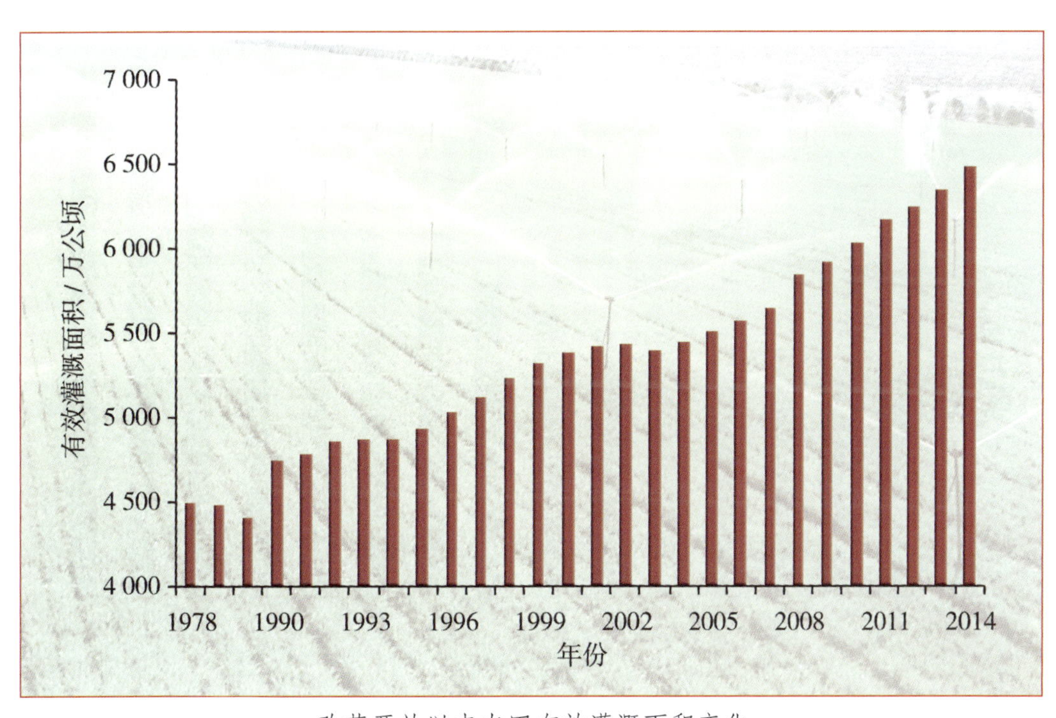

改革开放以来农田有效灌溉面积变化

我国一半以上的农田得到有效灌溉

2. 农业机械化水平大幅度提高

2014年，我国农业机械总动力达到10.76亿千瓦，比1978年增加9.59亿千瓦，年均增长6.4%。农作物耕种收综合机械化水平达到61%，比1978年的18.8%，提高了2倍多。粮食生产机械化水平不断提高，三大粮食作物耕种收综合机械化率均超过75%，小麦耕种收综合机械化水平达93.7%，基本实现生产全程机械化；水稻机械化种植、收获水平分别达到38%、81%；玉米机收水平提高到55%。农机社会化服务加快发展，截至2013年，全国乡村农机化作业服务组织达16.86万个，其中农机专业合作社达4.2万个，全年农机化经营总收入达5 108亿元。从2009年起，我国农业生产方式已从以人力、畜力为主转入以机械作业为主的新阶段。

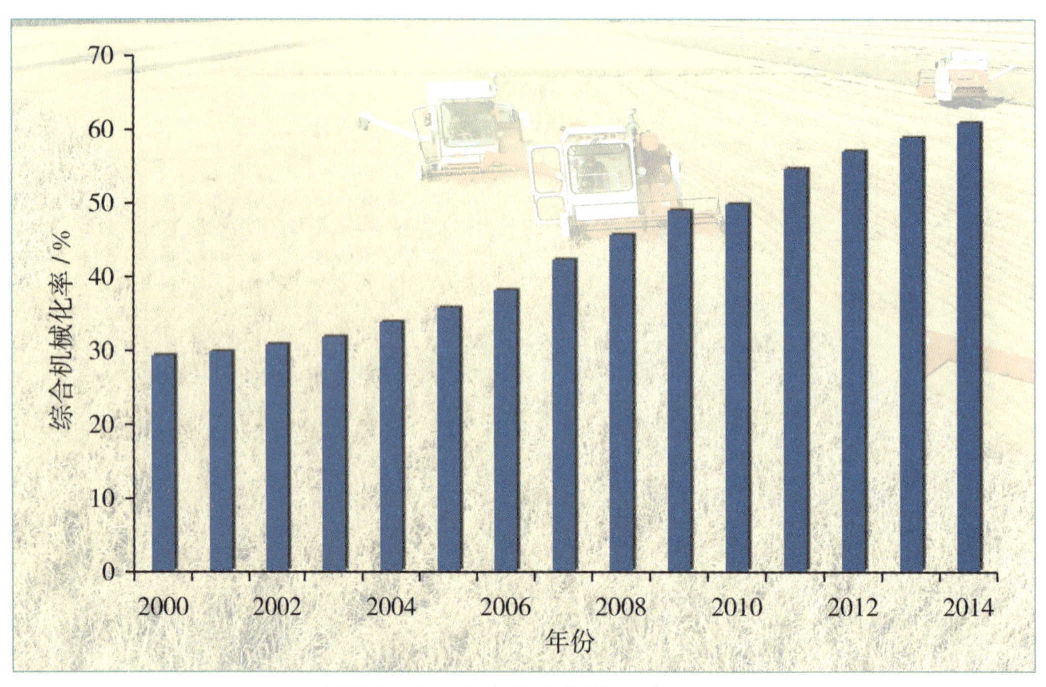

新世纪以来农业综合机械化率变化

我国农作物耕种收综合机械化水平达到六成

3. 农业科技不断取得新的突破

2014年，农业增长的科技进步贡献率达到56%，比国民经济整体科技进步贡献率高了4个百分点，成为名副其实的高科技产业。一是科技创新能力不断提高。围绕现代农业产业发展需求开展科技攻关，基本建立了产学研用紧密结合、科学研究与技术推广紧密衔接的创新体系。培育了一大批动植物新品种，攻克了一批增产增效种养新技术，构建完善了动植物疫病防控技术体系，创制了一批高效农业设施与装备，提高了农产品加工和质量安全水平。二是先进实用农业技术得到广泛应用。新中国成立以来，粮、棉、油等主要作物品种在全国范围内更新了4～5次，每次更新增产10%～20%，抗性和品质得到显著改进，其中超级稻、

物联网监控平台监控大棚蔬菜生长情况

抗虫棉、双低油菜品种选育与应用已经处于世界先进水平，粮棉油主要品种的良种覆盖率达到96%。2014年，测土配方施肥技术推广面积14亿亩*次，中央财政资金累计投入78亿元，为1.9亿农户提供测土配方施肥服务，良种良法配套和高产、优质、高效的栽培技术体系得到普遍应用。三是农技推广服务机制创新。农科教结合、产学研协作逐步推进，农业科技下乡、专家大院、农技110等推广方式不

---

* “亩”为非法定计量单位，1亩≈667米^2。

断丰富。国家农业产业技术体系通过建立示范基地、组织观摩会、现场技术培训和指导以及利用网络远程授课、发布信息等多种媒体方式，将本体系研制的新品种、新技术、新工艺等成果示范推广应用至产业发展的各个生产环节，构建起“专家组+试验示范基地+农技推广人员+科技示范户+辐射带动户”的农业科技成果快速转化通道。

4. 设施农业生产水平持续提高

2014年，我国设施蔬菜栽培面积达5 793万亩，占世界设施蔬菜总面积的80%以上，占到我国蔬菜种植总面积的20%左右。设施农业发展不仅是解决我国人多地少问题的有效途径，也逐步成为我国一些区域现代农业发展和农民增收的支柱产业。

设施蔬菜栽培

（三）农业发展方式加快转变

资源节约型、环境友好型农业开始起步，多种形式的农业适度规模经营逐步发展，农业生产集约化、专业化、组织化和社会化水平不断提高。

1. 资源节约型、环境友好型农业开始起步

2012年，农业部印发了《关于推进节水农业发展的意见》，启动实施了旱作节水农业示范基地项目和农田节水技术示范项目，研究开发了一批适合不同地区、不同种植结构、不同气候条件的农田节水技术，推广应用地膜覆盖、膜下滴灌、抗旱坐水种、垄膜沟灌、测墒灌溉、集雨补灌、秸秆覆盖保墒、深松深耕等节水农业技术面积4亿多亩。2012年国家《“十二五”循环经济发展规划》出台，循环农业体系构建作为循环经济发展的重要内容，提出在农业领域推动资源利用节约化、生产过程清洁化、产业链接循环化、废物处理资源化，形成农林牧渔多业共生的循环型农业生产方式，改善农村生态环境，提高农业综合效益。2014年，浙江省率先开展现代生态循环农业试点省建设，立足转变农业发展方式、提高农业综合生产能力，以现代农业园区、粮食生产功能区为主平台，以资源利用集约化、生产过程清洁化、废弃物利用资源化为主线，运用循环经济理论和生态工程学方法，大力推广应用种养结合等新型种养模式以及健康养殖、标准化生产等先进适用技术，大力发展高效的生态循环农业，促进农业现代化建设，把我国现代生态农业建设提升到一个新的水平。生态农产品生产规模逐步扩大。截至2013年12月，全国绿色食品企业总数达到7 696个，产品总数达到19 076个，比2008年分别增长24.6%和8.9%，全国绿色食品原料标准化生产基地总面积达1.3亿亩。

绿色食品出自优良生态环境

2. 多种形式的农业适度规模经营逐步发展

1992年流转耕地面积占家庭承包经营耕地面积的份额不足1%，2005年为3.6%，2013年为26%。2014年流转面积达到3.8亿亩，占家庭承包经营耕地面积的比重达到28.8%，比2005年提高了25.2个百分点。东部地区耕地流转更快，上海为60.1%，江苏和北京为48.2%，浙江为42.9%。中共十八大明确提出培育新型经营主体要求以来，以家庭农场、种养大户、农民专业合作社、产业化龙头企业为代表的新型农业经营主体不断涌现。截至2013年年底，全国经营面积在50亩以上的专业大户达到287万户，种粮大户68.2万户，占农户总数的0.28%，经营耕地面积占全国耕地面积的7.3%，家庭农场超过87万家。截至2014年12月底，全国依法登记注册的农民合作社达到128.9万家，实有入社农户9 227万户，约占农户总数的31.2%。各类龙头企业超过12万家，所提供的农产品及加工制品占农产品市场供应量的1/3以上；各类农业公益性服务机构超过15万个，农业经营性专业服务组织超过100万个。农业适度规模经营弥补了家庭承包经营的缺陷，克服了分散经营对新技术、新装备吸纳能力差和经营效益低下的问题。

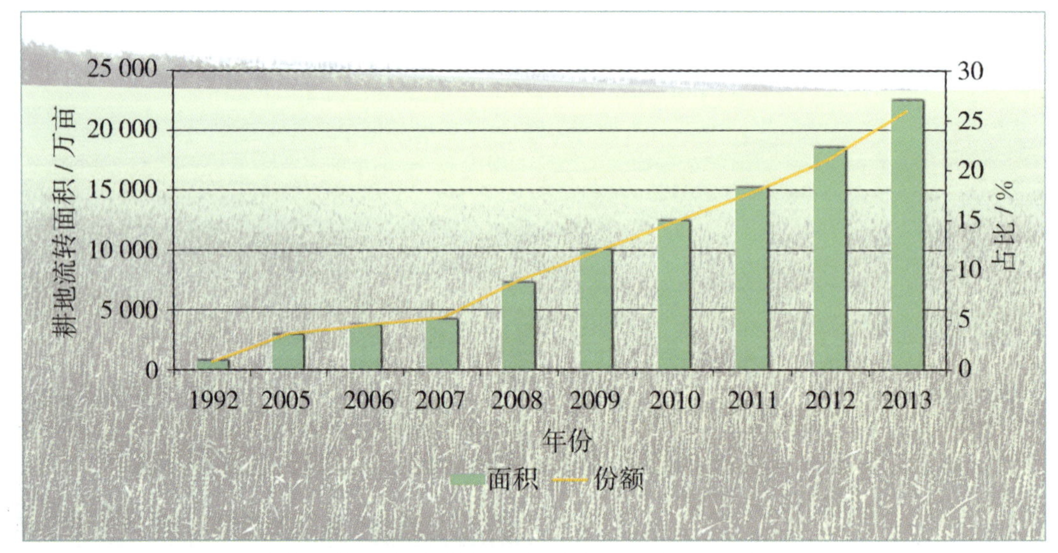

耕地流转面积及其占承包耕地总面积比重的变化

土地规模经营

3. 农业生产专业化和生产力布局不断优化

在比较优势的驱动和产业政策的引导下，农产品逐步向优势产区集中。目前，河南、黑龙江等13个粮食主产省份粮食产量占全国的70%以上，提供的商品粮占全国的80%以上；全国已经形成东北的大豆、玉米带，黄淮海地区花生、小麦带，长江流域油菜、水稻带，黄河流域和西北内陆的棉花产业带。畜牧业生产也更加向区域化集中发展。四川、湖南等13个生猪主产省份猪肉产量已占到全国的75%以上；内蒙古、黑龙江等7个奶业主产省份牛奶产量占全国的60%以上。

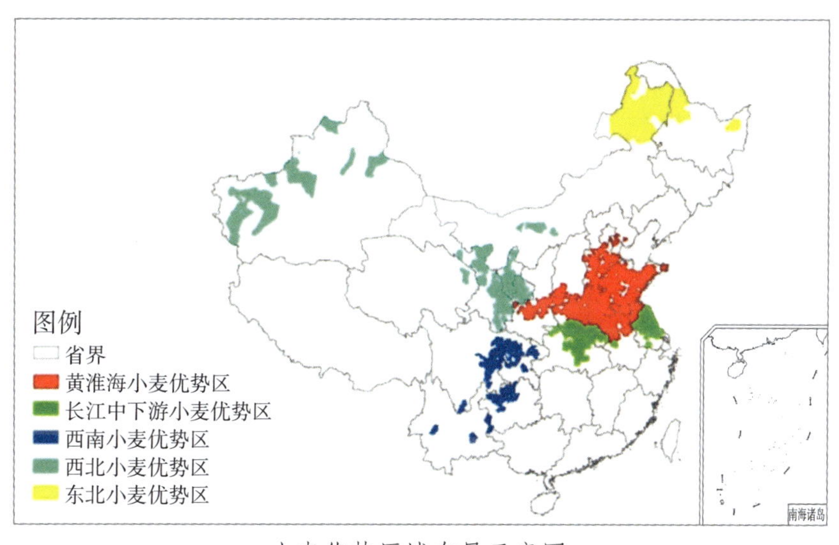

小麦优势区域布局示意图

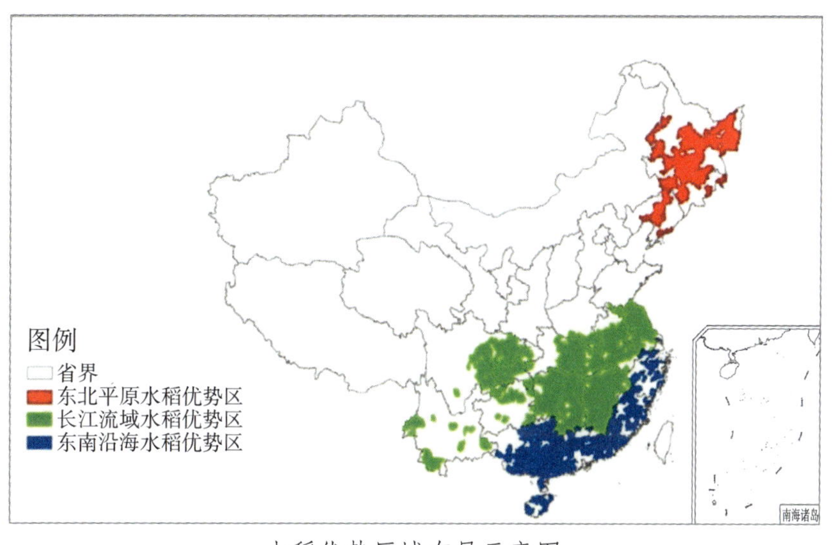

水稻优势区域布局示意图

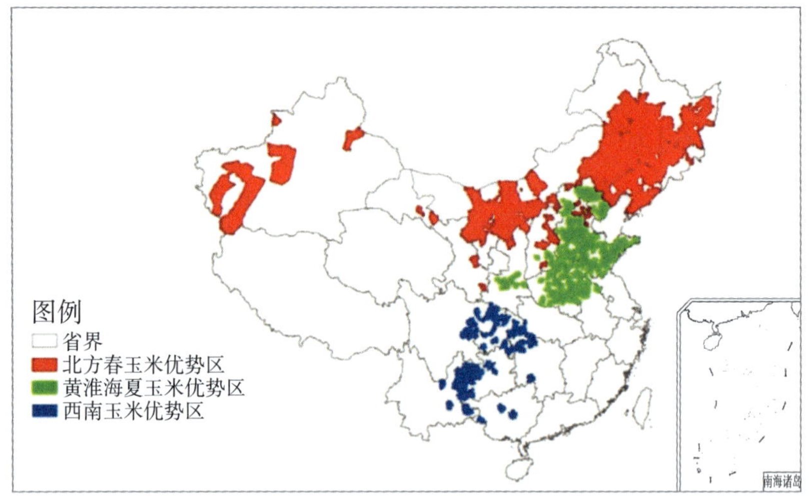

玉米优势区域布局示意图

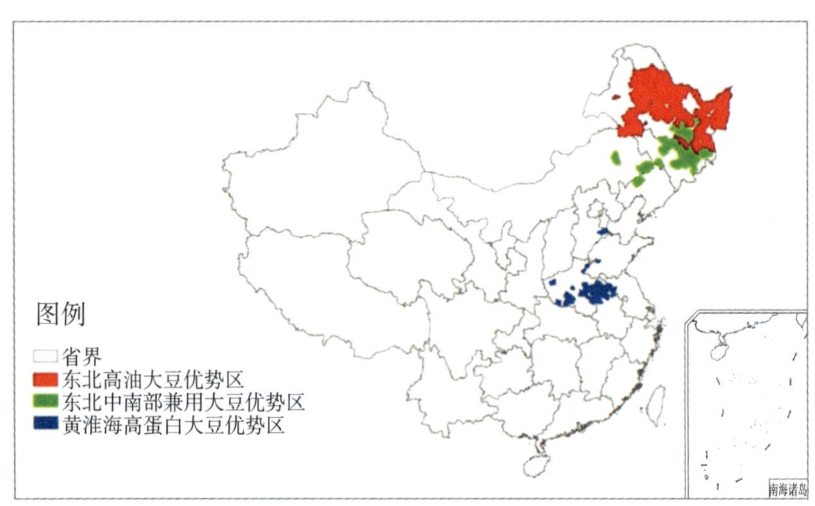

大豆优势区域布局示意图

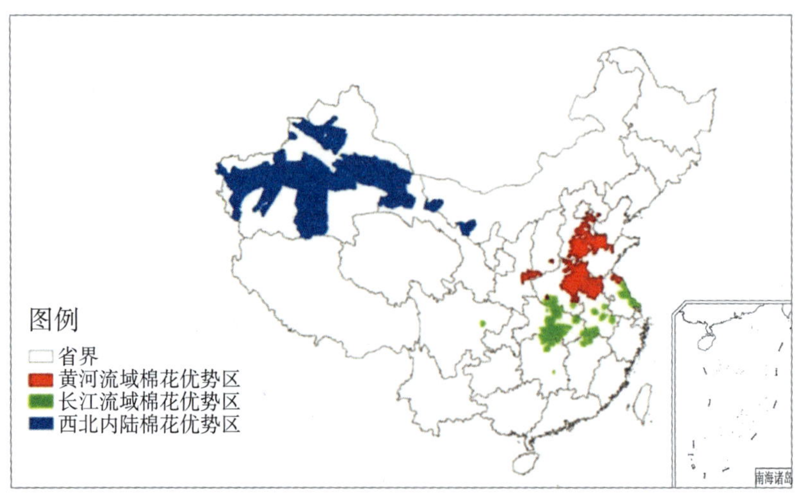

棉花优势区域布局示意图

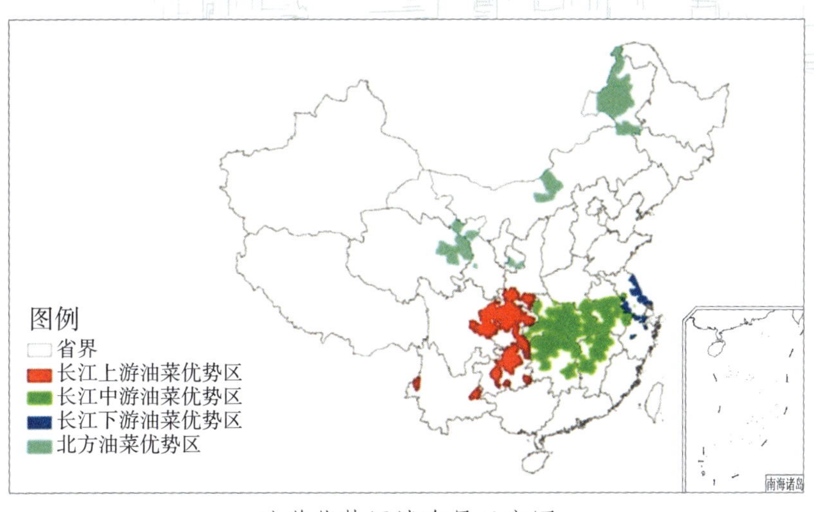

油菜优势区域布局示意图

（四）农民收入实现持续快速增长

1978年到2014年，农民人均纯收入由133.6元增加到9 892元，按可比价格计算，增长了13倍多。2014年，农民人均纯收入增幅11.2%，实现历史性的“十一连快”，连续五年超过城镇居民可支配收入增幅，城乡居民收入比已由2010年的3.23：1下降到2014年的2.92：1。

在收入快速增长的同时，农民的生活持续改善，农村社会保障体系逐步健全。1978年到2014年，农村居民人均生活消费支出由116元提高到8 383元，正在步入全面小康。恩格尔系数从1978年的67.7%下降到2013年的37.7%，下降了30个百分点。农村居民家庭生活逐步进入电气化、信息化时代，2013年每百户农村居民家庭拥有的彩色电视机、电冰箱和洗衣机等耐用消费品分别达到116.9台、67.3台和67.2台；信息化设备在农村普及速度加快，2012年平均每百户拥有移动电话和计算机分别达到197.8部、21.4台。新农村建设快速推进，实施了农民安全饮水、农村电网改造、农村公路建设等工程，极大地改善了农民的生产生活条件。而随着国民经济综合实力的逐步提高，公共财政的阳光开始普照农村。中共十八大以来，我国先后实施了农村免费义务教育、新型农村合作医疗、农村居民最低生活保障、农村社会养老保险等制度。2003年开始推进新型农村合作医疗（新农合），2014年，全国参加新农合人数为8.52亿人，参合率达到98.9%；实际人均筹资达到400元，比2002年的50元增加了350元，受益群体已超过14亿人次。2006

年实施农村免费义务教育，免除农村义务教育阶段学生学杂费和书本费，同时对寄宿生生活费给予补助，1.3亿多农村学生从中受益。2007年，农村居民最低生活保障制度在全国实现了全覆盖。截至2014年年底，全国共有农村低保对象2 931.1万户，5 588万人；2014年，各级财政共支出农村低保资金866.9亿元，比上年增长20.7%，其中中央补助资金612.3亿元，占总支出的70.6%，低保对象月人均收入补差达到112元。2009年，新型农村社会养老保险制度开始在全国10%的农业县（市）试点，2012年在全国实现了试点全覆盖，目前，参保人数达4.5亿人，其中已有1.3亿人领取养老金，中央财政负担的基础养老金标准，已从最初的每人每月55元提高到70元。

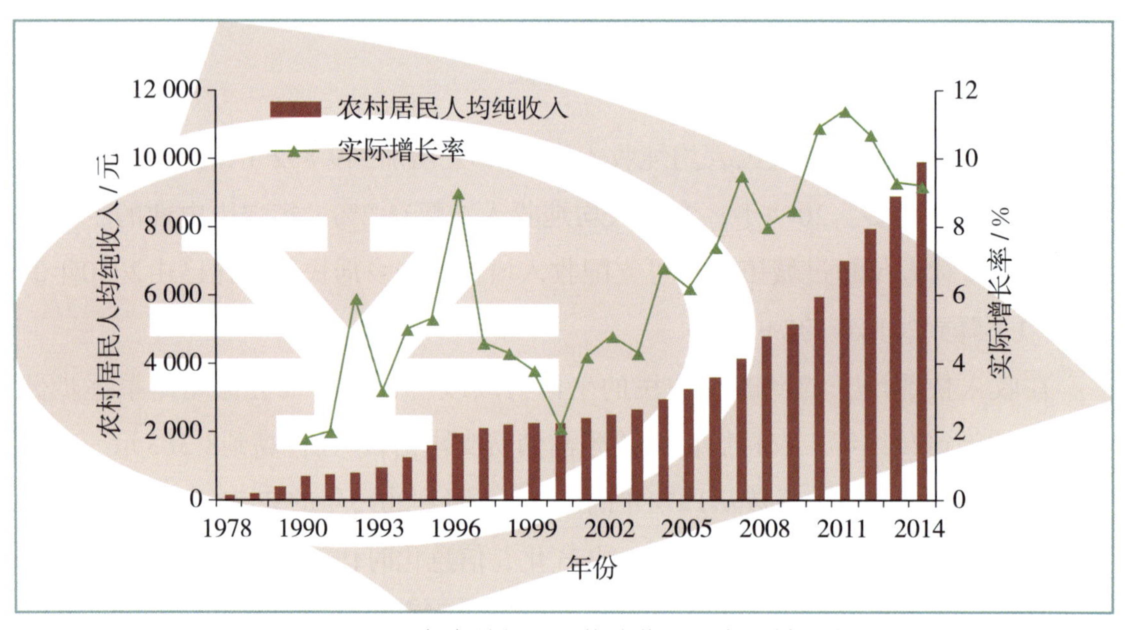

1978—2014年农村居民人均纯收入与实际增长率

二、我国农业可持续发展面临的突出问题

我国农业发展在取得巨大成就的同时，也付出了比较沉重的资源环境代价。总体上看，当前我国农业资源环境已呈现出三个“接近极限”，即土地利用强度已接近极限（复种指数提高和后备耕地资源开发几乎已没有余地），水资源利用强度已接近极限，环境承载能力已接近极限。

（一）农业资源压力逐步凸显

我国耕地、淡水等资源量先天不足，人均耕地面积和人均淡水资源量远低于世界平均水平。同时，由于长期以来的不合理利用和过度开发，资源数量更加短缺，质量越来越低。如何在资源硬约束下保障农产品的有效供给，是我国农业可持续发展必须应对的一个重大挑战。

1. 耕地总量逐年减少且质量下降

根据2013年12月国土资源部发布的第二次全国土地调查主要数据，截至2009年12月30日全国耕地面积20.31亿亩，人均1.5亩，约为世界平均水平的40%。随着工业化、城镇化的深入发展，建设占用耕地逐年增加，从2001年的245.5万亩增加到2010年的379.5万亩①，2020年坚守18亿亩耕地红线的任务非常艰巨。而全国耕地后备资源仅有1.1亿亩，可复垦490万亩，且66.5%集中在西北干旱半干旱地区。大多分布在水源不足和生态脆弱地区，开发利用的难度大、成本高。同时，我国耕地质量总体偏低。据农业部2014年12月发布的《全国耕地质量等级情况的公报》，全国耕地质量总体偏低，中低等地面积占全国耕地总面积的70%。耕地基础

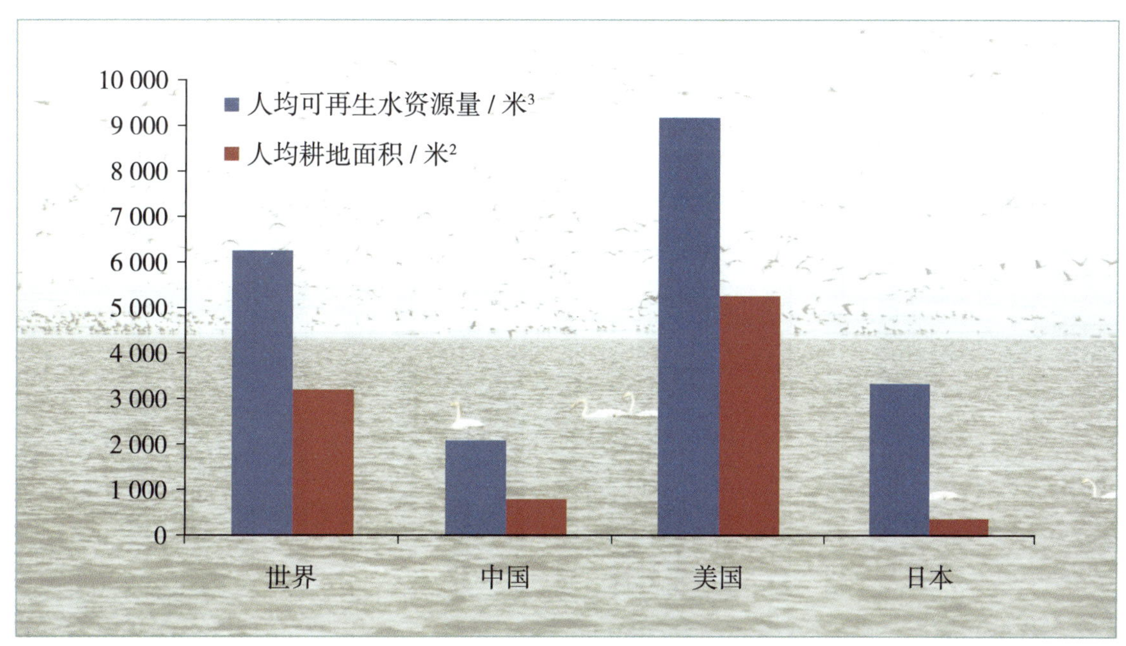

人均耕地面积与可再生水资源量的比较

① 根据历年《中国统计年鉴》测算。

地力不高，普遍缺养分，1/3缺有机质，70%以上缺磷，20%左右缺钾，耕地基础地力对粮食产量的贡献率仅为50%，比欧美等发达国家低20～30个百分点。另外，我国也是世界上耕地水土流失最严重的国家之一，耕地表土流失量每年约33亿吨，占世界每年耕地表土流失量的14.4%。从全国水土流失来看，耕地水土流失占全国水土流失总量的1/3，耕地的水土流失面积占耕地总面积的34.3%（李文华，2008）。

2. 淡水资源瓶颈制约日趋严重

我国水资源不仅人均占有水平很低，而且存在过度开发和利用效率低下等问题。人均淡水资源占有量2 100米^3，仅为世界人均水平的28%；耕地亩均水资源占有量1 400米^3，仅为世界平均水平的50%。近年来，农业用水总量呈现逐步上升趋势，农业已成为水资源消耗最大的产业。2014年，农业用水达3 925.4亿米^3，已占到全社会用水总量的63.1%；全国地下水超采面积愈23万千米^2，主要分布在华北、西北地区，每年超采量近160亿米^3，部分地区灌溉水井已深至地下数百米的地质承压层，超采的地下水上亿年都很难回补。大水漫灌依然是农业灌溉的主体形式，全国高效节水灌溉率不足13%，灌溉水有效利用系数仅为0.51，远低于以色列、法国、美国、日本等国家0.7～0.8的水平。同时，水土资源空间布局不匹配。北方地区耕地面积占全国耕地面积的60%，而水资源仅占全国的19.1%。13个

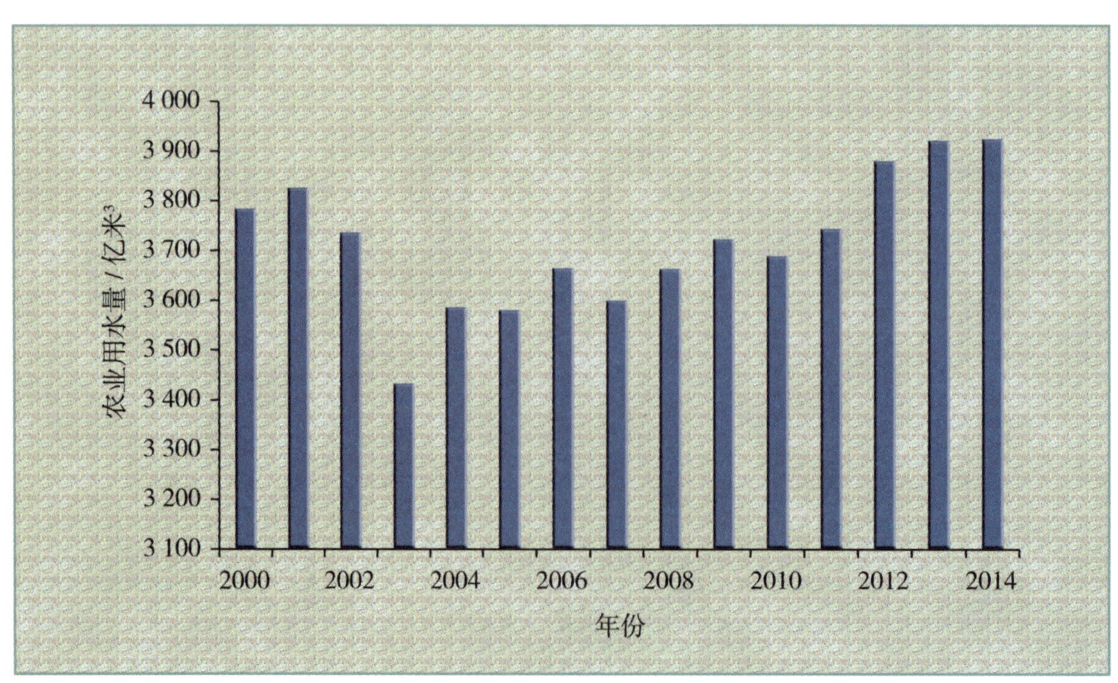

2000—2014年全国农业用水量变化情况

粮食主产省粮食产量占全国的75%，水资源占有量却不足全国的40%。农业生产的区域布局、品种结构与耕地、淡水、气候等资源匹配不合理，也在一定程度上降低了农产品可持续供给能力。特别是近年来，高耗水的玉米和水稻生产发展较快，主要集中于水资源相对匮乏的东北、华北地区，未来发展将受到很大限制。

（二）农业面源污染形势严峻

目前，我国生态环境整体恶化的趋势仍在延续，农业生态环境状况堪忧，耕地、灌溉用水等农业资源已遭到较严重的污染。2014年4月环境保护部和国土资源部联合发布的《全国土壤污染状况调查公报》显示，全国土壤总的超标率为16.1%，耕地的点位超标率为19.4%，中东部地区共有5 000多万亩耕地为中重度污染，已不适宜种植农作物。2014年，全国地表水总体为轻度污染，地下水污染形势比较严峻。据环境保护部2009年对北京、辽宁、吉林、上海、江苏、海南、宁夏和广东等8个省（自治区、直辖市）641眼井的水质调查分析，Ⅳ类和Ⅴ类水质的比例高达73.8%。农业面源污染不仅造成农业资源质量下降，环境质量恶化，也给农产品质量安全带来严重隐患。

1. 化肥施用量较快增长

改革开放以来，随着农业生产的发展，我国的化肥施用量持续增加，1998年

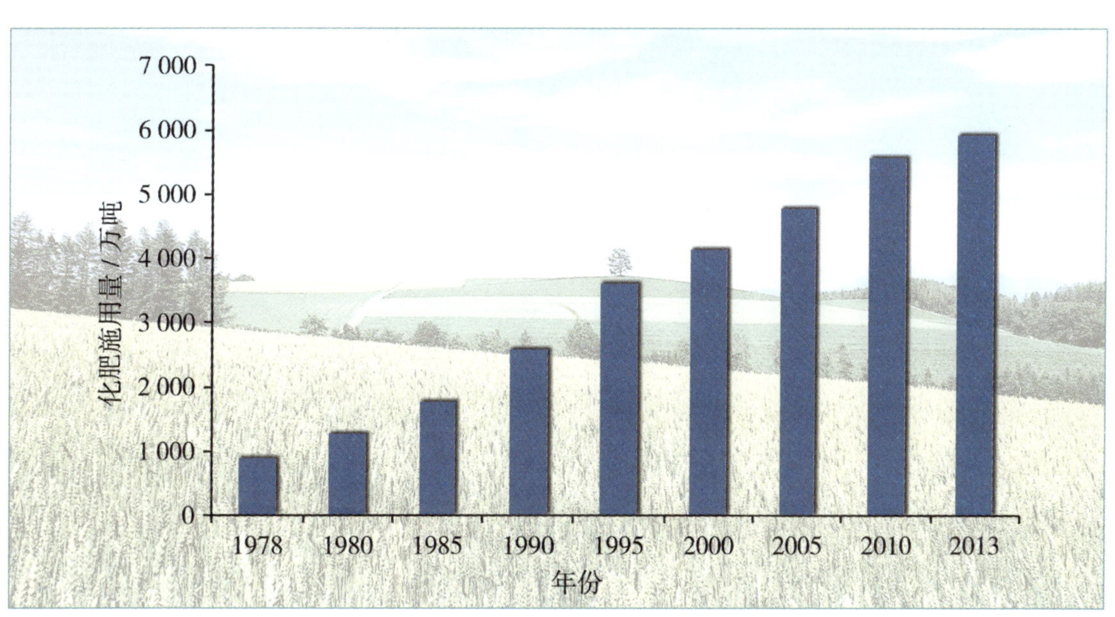

1978—2013年化肥施用量变化情况

以后突破4 000万吨，居世界之首，成为世界上化肥施用量最大的国家，占世界化肥施用量的近1/3。据统计，2014年全国化肥施用量为5 923.1万吨，平均每公顷施用量高达484千克，是国际公认安全施用水平的两倍多，是法国和德国的2.2倍、印度的3.39倍、美国的4.13倍。据测算，全国化肥当季吸收率约为35%，每年施用氮肥量的17%、磷肥量的2.4%进入了河流和湖泊，成为导致水体富营养化的重要原因（朱兆良等，2006）。

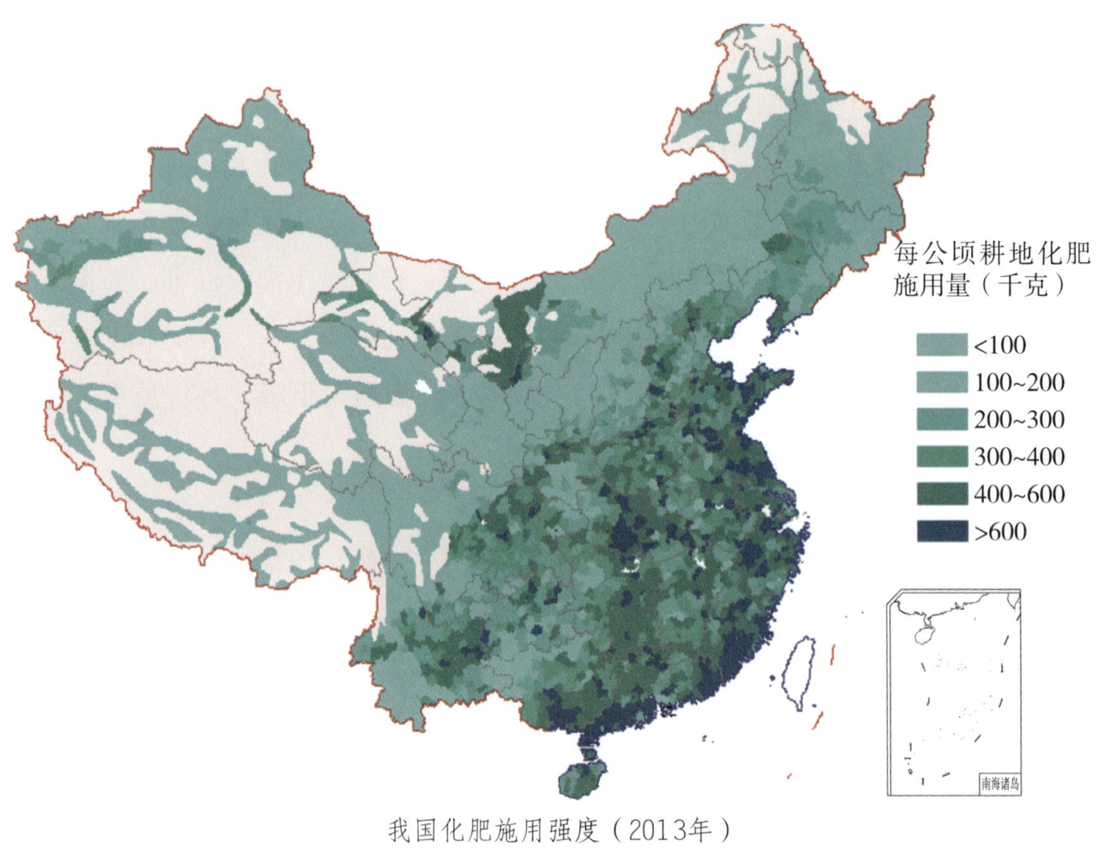

我国化肥施用强度（2013年）

2. 农药使用量持续增加

我国是世界上最大的农药生产国和消费国。进入21世纪以来，我国农药使用量呈现稳步增长的趋势，2013年农药（活性成分）使用量达到180.2万吨。据测算，近些年全国农药有效利用率为15%～30%（焦少俊，2012）。另据估算，近年来每年废弃的农药包装物有32亿多个，包装废弃物重量超过10万吨，包装中残留的农药量占总重量的2%～5%（蒋高明，2010）。农药的过量使用及其包装废弃物，对水体、土壤、人体健康以及周边生态环境造成直接危害。

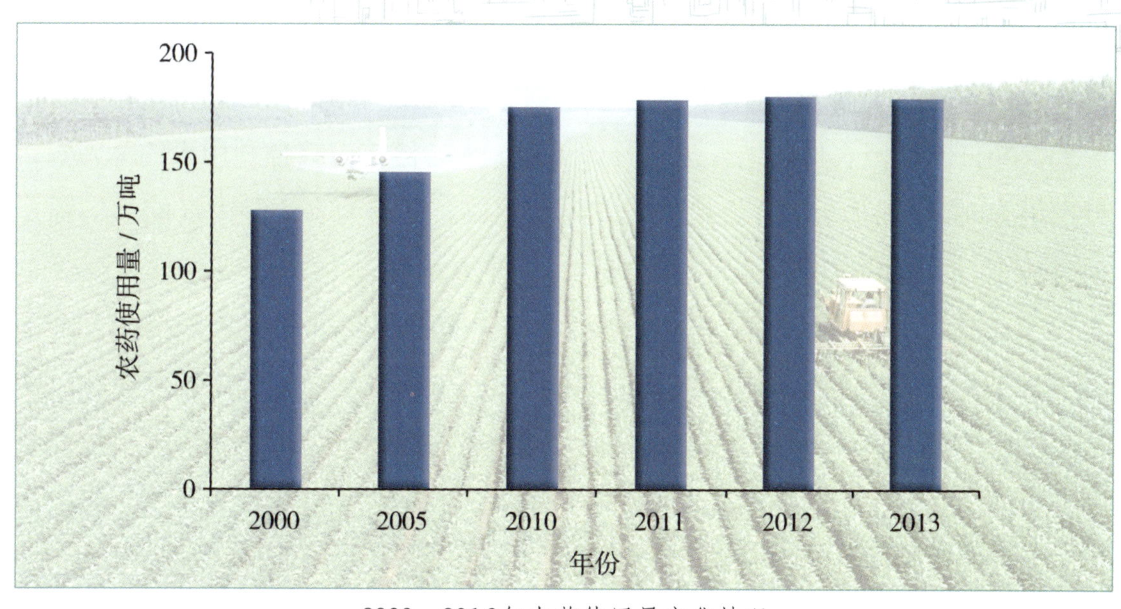

2000—2013年农药使用量变化情况

3. 农膜土壤残留率较高

进21世纪以来，全国农膜使用量持续增长，2013年全国农膜使用量达249.3万吨，其中地膜使用量136.2万吨，部分地区农膜土壤残留率高达40%。农膜残留在土壤中，影响了水分的自由渗透，减弱了抗旱能力，导致了土壤次生盐碱化；残留在土壤中的农膜碎片，还会破坏土壤结构，阻碍气、肥、热的传导，阻止作物根系串通，造成农作物减产。

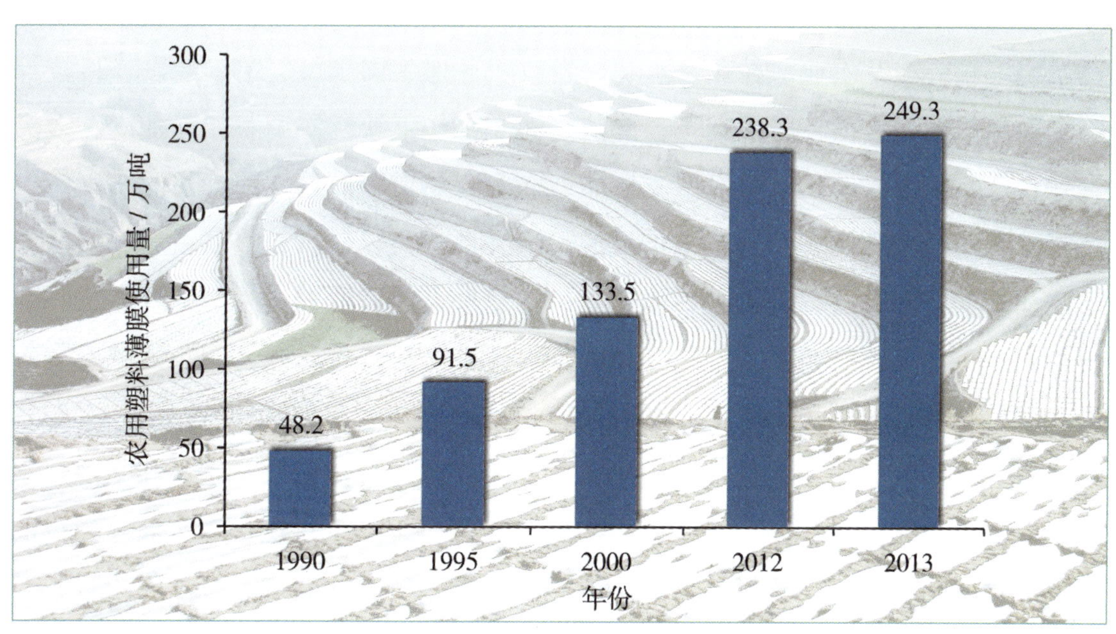

1990—2013年农用塑料薄膜使用量变化

4. 农业废弃物资源化利用率不高

一是作物秸秆综合利用率不高。根据2012年《中国资源综合利用年度报告》，2011年全国农作物秸秆理论资源量达到8.63亿吨，综合利用率约为71%，利用量为5亿吨，其余部分就地焚烧或随意堆放，已成为水土和大气的污染源。二是畜禽粪便污染严重。全国畜禽粪便总排放量超过为30亿吨（王金霞等，2013），成为重要的污染源。据2010年《第一次全国污染源普查公报》，全国畜禽养殖业排放化学需氧量（COD）为1 268.26万吨，总氮102.48万吨，总磷16.04万吨，铜2 397.23吨，锌4 756.94吨。畜禽养殖排放的COD约占农业排放总量的96%，占全国COD总量的比例达45%。随着人工水产养殖规模的扩大，大量饵料和渔药的投放也造成了水体的富营养化。

（三）农业资源环境管理体制机制不健全

现有的政策体系没有形成对农业环境污染、生态破坏等外部性问题的有效规制，污染控制的市场机制尚未建立，而依靠政府管制或补贴的手段应用也不足，对农业生态环境保护的补偿机制还不健全，不能形成对农户采用生态农业技术的有效激励。

1. 管理体系不健全

一是体制不顺制约农业资源管理和农业生态保护。建设现代生态农业是一项系统工程，涉及农业、林业、水利、发改、环保、国土、气象、建设、科技等多个部门。但目前由于职能交叉，部门之间在工作上缺乏协调、相互扯皮、多头管理，影响生态农业的有序发展。比如，在农产品市场监管方面，农业、工商、技术监督、药监等多头管理，很难形成灵活有效的监管体系；重复设立农产品和畜产品检验检测中心，增加了行政成本。二是现有的农业资源生态管理方法和手段亟须改善加强。各级农业部门虽然大都设置了农业环保监测部门，但缺乏有效的动态评估和评价手段、方法，基础设施条件较差。生态环境信息交流和发布系统未能充分应用于生态农业建设。生态农业的监测评价也仅限于定性和半定量水平，缺乏科学宏观的定量监测评价指标和方法。三是缺少对现代生态农业建设的技术和产品有效服务。农民需要优质种苗、肥料、技术和信贷等多方面的服务，有关涉农部门往往难以满足这些需要。有的管理部门甚至只收费不服务。

2. 现有政策对生态农业发展激励不足

我国现有的农业环境政策对农户收入和福利的影响很小，不能帮助农户规避采用生态农业技术的风险，也缺乏有效的监督和控制（向东梅，2011）。有些行业政策甚至成为生态友好型技术发展的瓶颈，如对化肥行业的优惠政策，使生产和贸易扭曲，化肥价格偏低，导致农户在生产中不注重节肥和科学用肥，强化了农业生产对化肥的依赖甚至“上瘾”（沈宇丹，2009）。另一方面，生态农业技术的经验化过程需要有效率的技术推广体系和高素质的农技推广服务人员，而长期以来我国实行的政府驱动式、外压式农业技术推广体系，存在职能不清，管理不规范，投资机制不健全等问题，有些地方甚至出现“线断、网破、人散”的局面（胡瑞法，2004；邓正华等，2012）。缺乏专业的生态农业管理和技术人员以及有专业技能的农村劳动力，对生态农业专业技术人员知识更新培训不足，也是制约生态农业发展的重要瓶颈。

3. 生态农业标准体系不完善

生态农业技术是一项先进的组装技术，其技术标准众多，构成了庞大的技术标准系列，其中有推荐性标准也有强制性标准，除部分可以沿用现有农业标准外，更多的需要重新制定。生态农业标准不仅包括生态农产品标准，还包括环境要素标准、生态农业模式标准、生态技术标准和加工质量标准。我国生态农业标准体系尚未系统建立，现有标准与生态农业不相匹配，主要体现在以下几个方面：一是国家尚未制定生态农业标准体系。二是目前已经发布的农产品相关标准接近200个，但对规范生态农业针对性不强；还有的标准技术内容陈旧，可操作性差；农药残留安全限量等方面的标准几乎没有，极不适应生态农业的发展。

三、我国现代生态农业的发展机遇

加强生态文明建设，是党和政府针对我国经济快速增长中资源环境代价过大的严峻现实而提出的重大战略任务。习近平总书记指出：“走向生态文明新时代，建设美丽中国，是实现中华民族伟大复兴的中国梦的重要内容。中国将按照尊重自然、顺应自然、保护自然的理念，贯彻节约资源和保护环境的基本国策，更加自觉地推动绿色发展、循环发展、低碳发展，把生态文明建设融入经济建设、政治建设、文化建设、社会建设各方面和全过程，形成节约资源、保护环境的空间格局、产业结构、生产方式、生活方式，为子孙后代留下天蓝、地绿、水清的生产生活环境。”

建设美丽中国，建设美丽乡村

（一）人类社会发展已步入生态文明建设新阶段

人类社会的发展史，就是一部人与自然的关系史。迄今为止，人类文明已经历了三个阶段。第一阶段是原始文明，约在石器时代，人们必须依赖集体的力量才能生存，物质生产活动主要靠简单的采集渔猎，可以说是人类依赖自然的文明期。这个过程，历时上百万年。第二阶段是农业文明，铁器的出现使人改变自然的能力产生了质的飞跃，历时万余年。这是人类适应自然的文明期。第三阶段是工业文明，18世纪英国的工业革命，开启了机械化、电气化、化学化的序幕，以石化能源为动力、以自然资源为原料的现代化进程一日千里。这个时期，到目前已历时300多年。

由于科学技术和生产手段日新月异，工业文明展现了人类利用自然、征服自然、改造自然的巨大能量，使得社会生产力得到极大提高，大量资源迅速转化为供人类消费的产品，极大地满足了人们生活消费和享乐需求，也为人类创造了巨大的财富。然而，进入工业文明后，由于人们无节制地向自然界索取，过度消耗自然资源，对生态系统造成了相当严重的损害破坏，人类的生存环境日趋恶化。

于是，人们开始进行反思。20世纪七八十年代，随着各种全球性问题的加剧以及“能源危机”的冲击，在世界范围内开始了关于“增长的极限”的讨论，各种环保运动逐渐兴起。1972年6月，第一次“人类与环境会议”召开，讨论通过了著名的《人类环境宣言》，揭开了全人类共同保护环境的序幕，也意味着环保运动由群众性活动上升到了政府行为。人们对一系列全球性环境问题逐渐达成共识，可持续发展和生态文明的思想随之形成。1987年，联合国世界环境与发展委员会在其长篇报告《我们共同的未来》中，正式提出了可持续发展的模式。1992年，联合国环境与发展大会通过的《21世纪议程》，更是高度凝结了当代人对可持续发展理论的认识。

生态文明是人类文明的一种新形态，它以尊重和维护自然为前提，以人与人、人与自然、人与社会和谐共生为宗旨，以建立可持续的生产方式和消费方式为内涵，以引导人们走上持续、和谐的发展道路为着眼点。生态文明强调人与自然不存在统治与被统治、征服与被征服的关系，而是存在相互依存、和谐共处、共同促进的关系。人类的发展应该是人与社会、人与环境、当代人与后代人的协调发展。人类的发展不仅要讲究代内公平，而且要讲究代际公平，即不能以当代人的利益为中心，甚至为了当代人的利益而不惜牺牲后代人的利益，是人类文明形态和文明发展理念、道路和模式的重大进步。

优美的生态环境，人与自然和谐共生

（二）生态文明建设已上升为我国国家发展战略

为了追求高增长，我国长期存在“高投入，高消耗、高排放、低效率、不协调、难循环”等问题。据统计，我国平均综合能耗较世界平均水平高出30%左右，污染排放强度是发达国家的8～9倍。比如，我国水泥生产企业平均生产规模不到30万吨，水泥能耗指标比国际水平高40%，粉尘排放率是国际先进水平的83倍。面对资源约束趋紧、环境污染严重、生态系统退化的严峻形势，针对经济发展不平衡、不协调、不可持续的现实问题，必须树立尊重自然、顺应自然、保护自然的生态文明理念，把生态文明建设融合贯穿到经济、政治、文化、社会建设的各方面和全过程，大力保护和修复自然生态系统，建立科学合理的生态补偿机制，形成节约资源和保护环境的空间格局、产业结构、生产方式及生活方式，从源头上扭转生态环境恶化的趋势。

中共十六大报告早就指出，我国生态环境、自然资源和经济社会发展的矛盾日益突出，全面建设小康社会的目标之一，就是“可持续发展能力不断增强，生态环境得到改善，资源利用效率显著提高，促进人与自然的和谐，推动整个社会走上生产发展、生活富裕、生态良好的文明发展道路。中共十七大报告，更是全面系统地阐述了科学发展观，“科学发展观，第一要义是发展，核心是以人为

清洁能源——风力发电

本，基本要求是全面协调可持续，根本方法是统筹兼顾”。“坚持生产发展、生活富裕、生态良好的文明发展道路，建设资源节约型、环境友好型社会，实现速度和结构质量效益相统一、经济发展与人口资源环境相协调，使人民在良好生态环境中生产生活，实现经济社会永续发展”。在中共十七大报告中，首次提出要建设生态文明，基本形成节约能源资源和保护生态环境的产业结构、增长方式、生活模式。

中共十八大报告进一步指出：“建设生态文明，是关系人民福祉、关乎民族未来的长远大计。面对资源约束趋紧、环境污染严重、生态系统退化的严峻形势，必须树立尊重自然、顺应自然、保护自然的生态文明理念，把生态文明建设放在突出地位，融入经济建设、政治建设、文化建设、社会建设各方面和全过程，努力建设美丽中国，实现中华民族永续发展。”将生态文明建设作为中国特色社会主义“五位一体”总布局的一项内容，凸显了生态文明建设的重大意义，标志着我国已进入到生态文明建设的新阶段。中共十八届三次会议明确提出，要“建立系统完整的生态文明制度体系，实行最严格的源头保护制度、损害赔偿制度、责任追究制度，完善环境治理和生态修复制度，用制度保护生态环境”。

把生态文明建设放在突出地位，是全面建成小康社会的必然要求，是改善民生、满足人民群众需求的时代要求，也是转变经济发展方式、实现永续发展的战略抉择。全面建成小康社会，不只是一个经济目标，更是一个经济、政治、文化、社会、生态全面协调发展的目标；不只是衡量国家富强、民主、文明、和谐的目标，更是衡量人民生活水平、生活质量的目标。生态文明是经济发展、社会和谐、民生改善的汇聚点，良好的生态环境、人与自然的和谐发展以及可持续发展的能力，是全面建成小康社会的基础条件。全面深化改革，根本目的是满足人民群众的需求。而人民群众的需求，既包括各种物质文化需求，也包括清新空气、清洁水源等生态环境需求。改革开放以来，随着生活水平的显著提高，人民群众对良好的生态环境有了越来越强烈的需求，对环境质量、生存健康的关注日益强烈。只有把生态文明建设放在突出地位，建设天蓝、地绿、水净的美好家园，才能回应并不断满足人民群众日益强烈的环境诉求，才能全面提升人民的生活质量和幸福指数，实现生产发展、生活富裕、生态良好的发展目标。

传统工业社会的生产方式以大量生产、大量消费、大量废弃为主要特征，这

天蓝、地绿、水净的美好家园

种生产方式必然导致资源枯竭、环境污染，因而是不可持续的。建设生态文明，就是要从根本上改变这种发展方式，从根本上突破资源环境的约束，在持续发展中保护生态，在保护生态中加快发展，既满足当代人的发展需要，又为后代人提供发展的基础和保障。这是走可持续发展之路的战略抉择，是实现世世代代永续发展的必由之路。

（三）农业是建设生态文明的重要领域

农业是与生态关系最为密切的产业之一，它既是温室气体的排放源之一①，也是气候变化的受害者。作为一个拥有13亿多人口的农业大国，现代农业中的“生态文明”建设将对我国乃至世界产生重要而深远的影响。

农业是生态文明建设的基础产业，农村是生态文明建设的主战场，农民是农村生态文明建设的主体。现代生态农业在向绿色经济转型中扮演着重要角色。现代生态农业，简单地说，就是利用现代的科学技术、生产与管理以及运营方式，吸收中国传统农业之精华，适度并安全使用化肥、农药，实现“高效、优质、高产、安全、生态”的农业。现代生态农业也是食品安全的重要保障。食品安全关系到广大人民群众的身体健康和生命安全，关系到经济发展和社会稳定，关系到

① 据测算，在全球各个行业对温室气体排放的比例中，农业林业畜牧业所占比例在31%以上。

政府和国家的形象，已成为衡量人类生活质量、社会管理水平和国家法制建设的一个重要方面。过去，在食品短缺的条件下，追求农产品产量一直是第一位的。随着我国经济发展和社会进步，我国食品短缺的问题基本上得到了解决，但人们对食品安全要求不断提高甚至“零容忍”。因此，2013年中央农村工作会议强调农产品质量和食品安全问题，要求下大力气治地、治水、治环境，控肥、控药、控添加剂。2014年中央1号文件明确提出，促进生态友好型农业发展，落实资源节约与保护制度，加强农业污染治理和生态修复，加大生态保护建设力度。2015年中央1号文件进一步提出，加强农业生态治理，大力推动农业循环经济发展，建立农业生态环境保护责任制，加强问责监管，依法依规严肃查处各种破坏生态环境的行为，健全耕地保护补偿和生态补偿制度。

生态农业的实践探索，为现代生态农业发展奠定了良好基础。我国有着悠久的农耕文明，传统农业蕴含着物质循环利用、生物相生相克的朴素生态学思想。随着工业化、城镇化的深入发展，我国传统农业体系正在逐步瓦解。20世纪70年代以来，伴随农业环境问题的凸显，生态农业的理念和实践探索在我国逐渐形成与发展。北京大兴留民营村成为我国第一个生态农业村。1993年，国家七部委组成的全国生态农业领导小组，在全国开展第一批50个生态农业示范县建设，

无人直升机喷药作业

第二批生态农业示范县建设于2000年启动。2002年农业部科技教育司向全国征集生态农业模式，经过专家遴选，提炼出具有代表性的十大类型农业模式，包括北方“四位一体”生态模式及配套技术、南方“猪—沼—果”生态模式及配套技术、平原农林牧复合生态模式及配套技术、草地生态恢复与持续利用生态模式及配套技术、生态种植模式及配套技术、生态畜牧业生产模式及配套技术、生态渔业模式及配套技术、丘陵山区小流域综合治理模式及配套技术、设施生态农业模式及配套技术、观光生态农业模式及配套技术。从20世纪80年代开始，我国已经在2 000多个县、乡镇、村等先后实施了生态农业建设（包括国家级和省级的试点），生态农业建设取得一定成绩，既实现了粮食增产，又保护了生态与环境，增强了农业发展的后劲，取得了经济效益和生态效益的双丰收：在理论上，建立了中国特色生态农业理论体系；在实践上，总结并完善了一系列生态农业模式；在组织管理上，生态农业得到各级政府的强有力支持（李文华，2003）。近几年来，各地按照生态、优质、高效现代生态农业建设的总体要求，积极创新农作制度，推广农牧结合、渔牧结合、渔农结合等新型种养模式，积极开展农业面源污染治理，大力推进农业废弃物综合利用，现代生态农业发展取得了新的成效。

生态渔业

四、发展现代生态农业面临的主要问题

发展生态农业在中国是一场新的农业革命，但是在我国毕竟还处于起步探索阶段，要大力推进还面临着许多困难和问题，中国生态农业建设任重而道远。

（一）生态理念缺乏

首先，从农户来看，他们的“产品高价、资源低价、环境没价”旧观念依然根深蒂固，把追求产品的数量和效益放在第一位，而质量安全则不被重视，出现了大量施用化肥、农药以提高产量的现象。对农民来说，用生态方式进行生产往往意味着更多的投入、更复杂的操作，从节省资源、简化劳动角度出发，他们更愿意采用“短、平、快”的技术。

其次，从地方政府来看，他们对生态农业在可持续发展中的战略地位认识也不够到位，具体表现在如下几个方面：一是过度重视国内生产总值（GDP）的增长，对发展循环经济特别是发展生态农业缺乏应有的认识，对学习和推广发展生态农业的先进经验缺乏动力。二是认为生态农业仅仅是针对生态脆弱区的，农业主产区发展生态农业必然会影响粮食产量，从而把发展生态农业与增加农产品产量对立起来。三是把中国的生态农业同国外有机农业等同起来，对中国发展生态农业的紧迫性、可行性持怀疑甚至否定的态度，个别人认为发展生态农业是发达国家的事情，中国当前的主要矛盾是解决粮食和收入问题，即使发展生态农业，也要等到整个经济和农业生产力水平达到相当高的程度以后。四是干部考核制度不利于发展生态农业。生态农业建设的内在规律，要求各部门各行业必须长期协同作战，从计划制订、项目实施到监测评估等要统一组织落实，需要一个目标统一、高效有序的行政管理体制与其适应。而目前许多地方的生态农业建设虽然有领导负责，但由于干部任期相对较短，生态农业建设和干部的政绩、目标考核制度没有很好地结合，生态农业建设缺乏强制性和激励机制。

（二）政策扶持与法规约束不够

与发达国家相比，我国生态农业的扶持政策与法规体系尚未建立，在推动生

态农业建设和农业资源综合利用方面主要依靠行政推动，以市场机制为基础的间接调控手段相对较少，对发展生态农业的激励作用不足，使得农民缺乏对土地、水等资源进行有效保护的主动性。目前还有一些政策不利于发展生态农业。例如，我国是世界第一的化肥农药生产大国、进口大国和使用大国，以化肥农药的高投入来换取农产品的高产出，是我国长期以来所坚持的政策。为此，政府出台了很多激励农民使用化肥农药的措施，如化肥农药的进口基本上免除关税，对支农企业实行政策优惠，对化肥农药的销售实行价格补贴与价格控制，以保证农民买得起，对农民种粮实行化肥奖励等。

生态农业建设离不开资金投入，包括农业的基础设施建设、水利设施完善、农业面源污染防控与治理、化肥农药等生物替代品生产、质量标准检测体系建设、生态农业信息化建设等。但生态农业的投入往往在短期内难以见到效益，因此农业生产经营主体对生态农业的投入缺少积极性，这就需要加大财政投入，发挥公共投资在生态农业建设中的基础性与引领性作用。目前，我国发展生态农业的资金投入来源主要是财政资金和金融借贷资金。农业资金问题一方面表现为农业资金投入需求进一步扩大，尤其是发展生态农业需要投入大量的资金；另一方面表现为生态农业资金投入供给渠道相对狭窄，资金积累总体水平和利益机制制约着生态农业资金的增加。农村现有金融产品少、担保抵押难，贷款额度小、利率高、期限短，村镇银行等新型农村金融机构发展慢、覆盖面小，远远不能满足农民发展生态农业的需要。

尽管我国已经建立了农业环境保护法规体系，但还存在的执法不严、处罚不力等问题。同时，我国已有的农业生态环境法规缺乏对各地环境承载力和地域经济发展水平差异的考虑，而且内容单一、针对性不强，导致农业生态环境法规缺乏应有的社会影响力。

（三）环境友好新技术和产品不足

在食品安全越来越受到重视的条件下，环境友好新技术替代传统的石油农业技术就成为必然选择。要发展生态农业，必须有新的替代技术。包括对自然资源采用低碳投入和节约技术、循环农业技术、绿色生产技术等，通过整体布局、循环体系、多样性利用等模式，构建生态农业系统的技术体系。

环境友好新技术和产品方面，提高利用率、减少农用化学品的投入是关键性要求，积极推动生物肥料、有机肥、优质复合肥、绿色化学农药、生物农药、天然饲料添加剂、天然食品添加剂、材料、绿色消毒液等新型替代品，还要有环保型包装、防腐包装、绿色包装等替代现有的非绿色产品。但现行市场条件下的资源再利用和循环再利用的原材料，由于在性能上不具有比较优势，导致其价格上也不占优势，生物肥料、生物农药等与化学肥料和农药相比，产品性能无优势，市场价格高，这种情况使生态农业在现行市场条件下很难实现自主发展。

（四）专业人才匮乏

人才匮乏也是制约生态农业发展的重要瓶颈。主要表现在：一是缺乏专业的生态农业管理和技术人员。目前，中国许多高等院校开设了环保专业、生态学专业等，但这些专业在解决畜牧、种植、农产品加工等方面的知识和技能不够，毕业生从事生态农业的综合能力不强；在成人高等教育、函授、广播电视大学等继续教育的教学体系中，很少涉及生态农业的内容，急需掌握生态农业理论、技术和方法的人员，较难获得系统培训和教育。二是缺乏有专业技能的农村劳动力。农民是生态农业的实践者，也是最大受益者，他们素质和能力的高低将直接影响生态农业建设的规模和质量。然而，目前广大农民从事生态农产品生产的知识和技能欠缺，制约着生态农业的发展。三是缺乏对生态农业专业技术人员知识更新培训。目前，对农民的技术培训有一定的规划和投入，但是专门针对发展生态农业的技术培训还不多见。一些生态农业的新技术无法推广，生态农业的替代品得不到应用，这些问题都亟待解决。

第二章

中国农业生态转型发展的探索

为了彻底解决中国农业可持续发展道路上遇到的生态环境制约，长期保障农业增产、农民增收、产品安全、生态良好，中国的农业已经到了要决定把发展道路转向生态型与环保型农业的关键阶段了。中国的生态农业内涵是什么？中国探索生态农业发展的历程和取得成就是什么？下一阶段中国该如何部署生态农业发展？这是本章要重点探索的问题。

一、中国生态农业的内涵与发展阶段

（一）中国生态农业的内涵

中国传统农业在长期实践中形成的“天人合一”“天、地、人”三才思想和精耕细作、用地养地等精华，是当代中国生态农业形成与发展的重要理论和技术基础。中国生态农业的研究与发展，不仅需要紧跟世界潮流，而且需要挖掘传统农业中的精华，加以发扬光大，在现代生态农业中加以利用。

20世纪六七十年代，在世界范围反思环境问题和广泛讨论生态危机的背景下，“生态农业”的概念在国际学术界兴起，并引起中国学者的高度重视，认为

“天人合一”的农业生态文明

生态农业在中国大有可为，发展生态农业对荒漠化治理、农业生态环境建设、农林牧渔综合发展以及农民脱贫致富等具有积极作用。中国的生态农业的概念最早在70年代后期就由西南农业大学农业经济学教授叶谦吉先生引入。1980年在银川农业生态经济研讨会上，生态农业概念第一次在我国学术界正式提出并得到了广泛重视。

1981年，马世骏在农业生态工程学术讨论会上提出了生态农业的定义，他指出“生态农业是生态工程在农业上的应用，它运用生态系统的生物共生和物质循环再生原理，结合系统工程的方法和近代科学成就，根据当地自然资源，合理组合农、林、牧、渔、加工的比例，实现经济效益、生态效益和社会效益三结合的农业生产体系”。1991年马世骏和边疆进一步对生态农业进行了明确的定义：生态农业是因地制宜应用生物共生和物质再循环原理及现代科学技术，结合系统工程方法而设计的综合农业生产体系。马世骏先生提出了中国生态农业“整体、协调、循环、再生”的基本原则，很快被大家所接受。沈亨理（1996）进一步提出生态农业是按照生态学原理和生态经济规律，因地制宜地设计、组装、调整和管理农业生产和农村经济的系统工程体系，利用传统农业精华和现代科技成果，通过协调经济与环境之间、资源利用与保护之间的矛盾，形成生态上与经济上两个良性循环以及经济、生态、社会三个效益的统一。

20世纪90年代初，我国启动了首批51个生态农业试点县建设，农业部牵头建立了八部委组成的生态农业试点县建设领导小组，办公室设在农业部（环保能源司），成立了专家组，还设立了生态农业试点县技术指导单位，包括北京农业大学、浙江农业大学、农业部环境保护科研监测所、环境保护部南京环境科学研究所，在生态农业试点县建设中发挥了重要作用。1993年开始的第一批51个生态农业试点县建设是我国生态农业建设、发展与管理理论探索与多部门合作实践的非常重要的阶段。

李文华（2010）进一步对生态农业进行了阐述：中国的生态农业以协调人与自然的关系为基础，以促进农业和农村经济、社会可持续发展为主攻目标，要求多目标综合决策，代替习惯于单一目标的常规生产决策，从而实现生态经济良性循环，达到生态、经济、社会三大效益的统一。中国的生态农业既是农业发展的一种战略选择，也是一种农村地区可持续发展模式。它既包含构建不同类型、适应当地生态经济条件的生态经济系统、生产组分及动植物种群结构，也包括集成的生态技术和相应的管理模式。

骆世明认为生态农业是充分利用生态友好方法全面提升农业生态系统服务功

农业生产与生态环境协调发展

能的一种可持续发展的农业方式。农业生态系统服务包括为人类提供的产品生产服务、环境调节服务、精神文化服务等社会效益、经济效益和生态效益。现代生态农业，就是利用现代生产管理以及运营方式，既吸收中国传统农业精华又充分运用现代科学技术，实现“高效、优质、高产、安全、生态”的农业方式。

吴文良（2013）认为生态农业是以生态学理论为指导，按循环经济模式，应用生态工程的方法，突出整体协调、循环再生、资源环境生态安全与效率、食品安全与质量保障要求，遵循人与自然和谐相处、生物多样性原理的可持续农业发展模式。简而言之，随着市场化高水平的运作，在保障生产力的同时兼顾资源、生态与环境和食品安全。

我国在实践与研究中对生态农业概念从不同层次、不同角度进行的长期探讨，逐步加深了对生态农业，特别是现代生态农业的认识。现代生态农业就是依据生态学、生态经济学、资源环境学、系统科学等原理，遵循农业生产与生态环境协调发展的原则，总结吸收传统农业精华，应用现代科学技术与管理方法建立和发展起来的生产高效、资源节约、环境友好的农业生产体系，其本质是生态农业与现代农业的有机结合，是一种既重视农业的社会效益、经济效益，又重视农业的生态环境效益的现代农业生产体系。简言之，现代生态农业就是现代农业的生态化，生态农业的现代化。现代生态农业代表了农业的发展方向，是可持续发展在农业领域的具体体现，是我国生态文明建设的基础性重要内容。

（二）中国生态农业发展的阶段

中国的生态农业发展起步于20世纪70年代末，到目前基本可以分为以下三个阶段：

1. 起步探索阶段

20世纪70年代末到90年代中期，为中国生态农业发展的起步与探索阶段。学术界对中国农业发展道路进行了广泛讨论，提出了发展大农业的概念，为中国生态农业的产生奠定了舆论基础。1980年在银川召开的农业生态经济问题学术研讨会，首次提出了生态农业的概念。1981年，中国科学院院士、著名生态学家马世骏在农业生态工程学术讨论会上提出了“整体、协调、循环、再生”农业生态工程建设理念。1981年中国农业生态环境保护协会在江苏常州召开的“开创农业新局面”讨论会上，发出“发展生态农业，开创农业环境保护工作新局面”的倡议书。与此同时，1982—1984年连续三年的中央1号文件都强调农业要“充分发挥中国传统农业技术优点的同时，广泛借助现代科技成果，走投资省、耗能低、效益高和有利于保护环境的道路”。1984年《国务院关于环境保护工作的决定》中指出：“要认真保护农业生态环境，积极推广生态农业”。20世纪80年代，针对农业生态环境和生产条件逐步恶化的趋势，农业部提出了发展生态农业的总体思路，并开展了一系列的试点示范。在这些思想、政策的指导下，一些高校和科研院所以及一批县和村，开始了生态农业的探索，出现了一批“生态农业户”“沼气生态户”“生态示范户”。

沼气生态户

在起步与探索阶段期间，中国生态农业在借用国外生态农业概念的基础上，根据我国的农业发展实际，一方面在学术界从理论上进行了广泛讨论，另一方面开始在农场和村级水平上进行生态农业试点。

2. 试点示范阶段

20世纪90年代中期到21世纪初，中国生态农业发展进入试点与建设阶段。1993年起，农业部与国家计划委员会、财政部等七个部委局联合，在全国相继组织开展了51个国家级生态农业试点县建设项目。这些试点县覆盖了不同的区域，包括：①黄河中上游地区、长江上中游地区和“三北”风沙地区及其他以山区、高原为主的自然经济条件较差的县域，如陕西延安、内蒙古翁牛特旗、宁夏固原、青海湟源等生态脆弱地区。②南方交通不便，但生态与资源、环境良好的经济不发达地区，如江西婺源、重庆大足县等。③平原农区，如江苏江都市、吉林德惠市、黑龙江昌图县等这类生态农业县，属于中国农业主产区。④沿海、城郊经济发达区，这些示范县经济发达，农业产业化水平、整体技术水平高，代表了中国农业现代化的较高水平和方向，如北京大兴区、广东东莞市。各生态农业的试点县依据生态学和生态经济学规律，通过合理调整和规划农、林、牧、渔产业结构，推广生态恢复工程、资源保护工程、环境无害化技术等，取得了显著的经济、生态和社会效益，初步实现了经济和生态环境的协调发展。在这一时期，党中央、国务院十分重视中国农业的可持续发展，为农业可持续发展提供了有力保证。1993年，由全国生态农业领导小组组织制定了《全国生态农业发展纲要》，提出中国生态农业建设的近期规划和中长期发展目标以及政策、技术、经济措施，并把规划纲要的核心内容分别纳入了全国农业发展“九五”计划和2010年远景规划，为“九五”期间及今后一段时期中国生态农业建设描绘出了宏伟蓝图。

在总结第一批生态农业县试点的基础上，农业部等七个部委决定开展第二批50个生态农业示范县工作，提出在全国大力推广和发展生态农业。第二批国家级生态农业示范县建设期为1998—2002年，主要建设内容包括退耕还林还草植被营造工程，建设高产稳产农田蓄水及排灌设施、生物埂、地力培肥工程，省柴节煤、太阳能利用、沼气、秸秆气化等农村能源工程，无公害农产品基地建设工程，推广“四位一体”、“猪—沼—果”等生态农业模式等。

“猪—沼—果”生态农业模式

在第二阶段中，中国生态农业的基本概念取得广泛共识，生态农业实践的主要特点越来越鲜明，一系列生态农业典型模式和生态农业技术体系得到研究和推广，国家生态农业县建设带动了地市一级生态农业县的建设，一些省份还开始着手有计划地在全省范围内进行生态农业建设。

3. 深化发展阶段

21世纪前10年，中国生态农业的发展进入了多元化与综合发展阶段。多元化集中体现在若干领域相继启动了建设项目和示范工程，包括农村新能源开发、测土配方工程、农田清洁生产、外来物种入侵防范、生物多样性保护、安全农产品认证等，在生态农业各分支领域进行了深入的研究及示范工作。综合化则体现在把生态农业的发展同改善生态环境、实现山川秀美的目标结合起来，同保护、开发和利用自然资源和文化资源结合起来，同发展无公害产品、绿色产品、有机产品结合起来，同面源污染控制，改善农村、城市环境结合起来，同由初级产品的生产转为最终产品的生产实现农业产业化经营结合起来，同调整和优化农业和农村经济结构结合起来，同发展现代高新技术（包括生物工程技术、现代装备技术、现代航天技术、3S技术等）提高产品科技含量结合起来，同发展旅游农业、观光农业、休闲农业、度假农业结合起来，同增加农民收入提高农民生活质量和文化素质结合起来，同加强宣传教育提高全民生态意识自觉保护生态环境的运动结合起来，同农业“走出去”实现与国际接轨结合起来。

物联网技术在农业生产管理中的应用

进入“十二五”新时期，中国开展生态农业又有了新的机遇。公民的生态环境意识和食品安全意识空前高涨，成为开展生态农业建设最重要的民意基础。农业经营的市场化程度得到提高，以农业企业、专业大户、家庭农场、农民专业合作社为基础的经营主体正在成为农业生产主体，使得生态农业模式与技术体系的实施有了重要支撑。生态农业相关的农业生物多样性与循环农业的科学研究、中国传统农业精华的科技发掘、生态补偿与生态法律的研究都达到了一个新的高度。

中共十八大把生态文明建设提高到“五位一体”高度，并要求把生态文明建设贯穿到政治、经济、文化和社会建设的方方面面。在这样一个新的机遇期，深化生态农业建设工作，不仅是十分必要的，而且是完全可行的。中国的生态农业发展将进入一个新的快速、深化发展阶段。

二、中国生态农业发展的主要成就

（一）生态农业试点建设规模不断扩大

全国已基本形成了国家、省、试点县三级生态农业管理和推广体系，生态农业建设逐步走上了制度化、规范化的轨道。随着生态农业建设的深入开展，生态农业建设范围日益扩大。截至2003年，全国开展生态农业建设的县、乡、村已达到2 000多个，遍布全国30个省、自治区、直辖市，生态农业建设面积1亿多亩，占全国耕地面积7%左右。生态农业建设取得了显著的经济、生态、社会效益，受到国内外的高度评价，已有七个生态农业示范点被联合国环境规划署授予“全球500佳”称号。

2007年，农业部启动实施了循环农业促进行动，下大力气转变粗放的农业发展方式，坚决执行最严格的耕地保护制度和集约节约用地制度。农业部采取了一系列切实有效的措施，大力发展循环农业，应用现代科学技术，节约农业生产成本，保护农业资源，资源化利用农村废弃物，促进传统农业的生态转型，加快了中国农业循环经济发展进程。2007年农业部在优势农产品主产区、大中城市郊区、重点水源保护区、草原生态脆弱区等不同功能区，选择具有代表性的地市，整市推进，开展循环农业试点示范。“十一五”期间，以河北邯郸、山西晋中、河南洛阳、辽宁阜新、山东淄博、江西吉安、湖北恩施等10个地区为重点，在全国选择500个县，建设1万个自身良性循环的零污染的生态新村。

2010年，中央重点支持17个省、直辖市和计划单列市农业环境主管部门，开展农村清洁工程示范。示范村的生活垃圾和污水处理率、农作物秸秆利用率达到90%以上。乡村清洁工程投资少、见效快、效果好，不仅有效解决了农村环境污染问题，改善了农村生产生活条件，而且促进了农业增效、农民增收，受到了当地政府和群众的普遍欢迎。

与此同时，农业面源污染治理和草原、海洋保护方面也取得积极示范进展。目前初步建立了全国农业面源污染监测网络，推广地膜回收利用、畜禽养殖废弃物无害化处理和资源化利用等技术，农业面源污染监测与防治能力不断提高。全面建立了草原生态保护补助奖励机制，在生态脆弱地区全面实施禁牧休牧，其他地区开展轮牧休牧和以草定畜，累计落实草原承包面积41亿亩，禁牧面积14亿亩，草畜平衡面积26亿亩。同时通过推进水生生物资源养护，实施增殖放流行动，“十一五”期间全国累计放流各类苗种约1 090亿尾，严格执行休渔禁渔制度，每年休渔禁渔渔船达20余万艘。

生态农业建设遍布全国

2013年，农业部根据中共十八大做出的大力推进生态文明、建设“美丽中国”的战略部署和中央1号文件精神，提出在全国开展“美丽乡村”创建活动，计划用三年时间试点建设1 000个“美丽乡村”。在创建过程中，农业部将培育一批不同区域、不同类型、不同特色的“美丽乡村”发展模式。

美丽乡村

（二）生态农业相关政策法规逐步建立

改革开放以来，通过建立健全相关法律法规体系，中国在生态农业与资源环境保护方面取得了一定进展。截至目前，国家制定和完善了环境保护相关法律近20余部，同时国务院还制定颁布了有关环境与资源方面的行政法规30余部，许多法规和政策文件中都明确规定了对生态保护与建设的扶持、补偿的要求及操作方法。已制定的《全国生态农业发展纲要》明确了生态农业建设的近期和中长期发展目标，要求将生态农业发展的阶段目标、任务和措施纳入到国民经济与社会发展的五年规划中。

从20世纪80年代以来，国家历次重要会议上都把生态农业作为一个重要方向加以论述和强调。1983年中央1号文件《当前农村经济政策的若干问题》中强调中国农村只有走农林牧副渔全面发展、农工商综合经营的道路，才能保持农业生态的良性循环和提高经济效益。1984年《国务院关于环境保护的决定》指出，各部门要积极推广生态农业，防止农业环境的污染和破坏。1985年国务院环境委员会在《关于发展生态农业，加强生态环境保护工作的意见》中指出发展生态农业是中国实现由自给、半自给经济向大规模的商品经济转化，由传统农业向现代化农业转化重要举措之一，也是改善农业生态环境，实现良性循环的重要途径，提出了进一步开展生态农业试点的要求。1994年国务院批准的农业部等七部委局《关于加快发展生态农业的报告》指出，发展生态农业是中国农业可持续发展的历史选择，提出了进一步加快发展生态农业的意见，切实加强对生态农业的领导，做好规划，加强引导，多渠道筹集生态农业建设资金，依靠科技进步发展生态农业。1997年中共十五大又一次提出发展生态农业，并将“大力发展生态农业”列入《中华人民共和国国民经济和社会发展“九五”计划和2010年远景目标纲要》，发展生态农业作为中国实施可持续发展战略重要措施之一的政策方针得到确立。2000年《全国生态环境保护纲要》指出，要加大生态示范区和生态农业县建设力度，国家鼓励和支持生态良好的地区，在实施可持续发展战略中发挥示范作用，在有条件的地区，应努力推动地级和省级生态示范区的建设。2006年12月31日中共中央、国务院《关于积极发展现代农业扎实推进社会主义新农村建设的若干意见》，强调提高农业可持续发展能力，鼓励发展循环农业、生态农业，有条件的地方可加快发展有机农业。2009年12月31日中共中央、国务院印发了《关于加大统筹城乡发展力度进一步夯实农业农村发展基础的若干意见》，指出加强农业面源污染治理，发展循环农业和生态农业。

（三）传统农业技术精华得到挖掘与发扬

中国是世界作物四大起源区域之一，在历史上，中国向来有重视农业的传统并取得了重大的成就。早在春秋战国时期，农家便为诸子百家之一，参与争鸣，并把“天地人”三才的和谐协调作为基本理论出发点。《管子》《吕氏春秋》等著作对农业发展、农业技术也多有提及，而秦国更以耕战为国策，推行铁犁牛耕，最终一统六国。及至北魏，《齐民要术》一书的问世表明中国农业发展已经达到了相当高的水平，作为中国现存的第一部系统农书，其讲述了从农业耕作（包括种植菜蔬果木、养殖畜禽鱼类）到各类食品加工的技术知识，而且蕴含着间作套种、优化组合、循环利用等可贵的系统思路。

在中国古代农业发展的过程中，有不少农书、农经流传于世，除上述所提之外，尚有元代《农桑辑要》、南宋《陈旉农书》、明代《农政全书》和清代《授时通考》等。我们可以从中发掘许多生态农业模式沿用至今，如桑基鱼塘、梯田种植、坎儿井、淤地坝等系统，还有稻—鱼—鸭、农林复合等技术模 式。

稻田养鱼

中国古代农业的成就是多方面的，除了上述文献资料外，大量农具被发明并推广使用，如汉代推广的屈辕犁、耧车，取水灌溉所用的水转翻车等。另外还有很多农田水利工程设施投入使用，如战国时都江堰工程等，它们在今天依然发挥着相当大的作用。

正因为中国古代农业留下了大量宝贵的财富，因此过去几年来中国积极参加了联合国粮农组织发起的全球重要农业文化遗产保护项目，旨在建立全球重要农业文化遗产及其有关的景观、生物多样性、知识和文化保护体系，并在世界范围内得到认可与保护，使之成为可持续管理的基础。中国也成立了全球重要农业文化遗产中国项目办公室并积极开展中国农业文化遗产申报工作，联合国粮农组织先后将我国的浙江青田稻鱼共生系统、江西万年稻作文化系统、云南红河哈尼稻作梯田系统、贵州从江侗乡稻鱼鸭复合系统、云南普洱古茶园与茶文化、内蒙古敖汉旱作农业系统、浙江绍兴会稽山古香榧群、河北宣化城市传统葡萄园等列为全球重要农业文化遗产保护试点。

（四）生态农业国际合作日趋紧密

自20世纪60年代世界范围内生态农业蓬勃发展以来，中国生态农业在国际领域的合作与日俱增。近年来，中国与国际农业机构和世界各国的农业经济技术合作日益增多，中国农业科技国际交流与合作的主体日趋多元化，出现了政府、科研院所、高校、企业、民间等积极参与的局面。目前，中国已同世界100多个国家和主要的国际组织、区域组织以及国际农业研究机构建立了长期稳定的合作关系，农业科技包括生态农业国际合作的“走出去”和“引进来”相结合的格局已经形成。

引进国际先进农业科学技术计划（以下简称948计划）项目是由农业部、水利部和国家林业局组织实施的重大农业科学技术计划项目，至今已执行了三个五

地膜覆盖栽培

年计划。948计划坚持产业导向，坚持技术引进与原始创新、集成创新相结合，进一步缩小了中国农业科技与世界先进水平的差距，促进农业科技进步，其中一大批与生态农业相关的技术如节肥、节药、保护性耕作、食品安全等均得到了“948”项目的资助。

中国具有丰富的传统农艺技术经验，如轮作、多熟制、增施有机肥、农牧结合等，这些技术深受广大发展中国家欢迎。通过与国际农业研究磋商小组等国际农业科研机构和有关国家合作，中国的许多技术如地膜覆盖、保护性耕作、节水灌溉、设施农业等大批先进农业技术已在世界各地广泛应用，产生了良好的经济效益。

三、中国农业生态转型的战略构想

新时期中国农业生态转型要科学分析判断我国农业的阶段性特征，充分把握国际现代农业发展趋势，学习与借鉴国际农业生态转型实践与经验，传承中国传统农业的精髓，加快推动现代生态农业发展。

（一）中国农业生态转型机遇的基本判断

世界范围内所有发达国家均经历了一个由常规农业向生态型农业转变的过程。相比之下，中国目前还未把农业生产与环境协调上升到战略转型的地位。实质上农业从诞生开始就承担着生产、生态和生活等多重功能。我们若一味看重生产功能，就会牺牲生态环境功能，从而损耗掉长期持续的综合生产能力。忽视农业的景观视觉、文化传承等功能则会把农业和农村带到文化缺失的边缘，损害到一个国家和民族的文化与社会基础。

中国目前是否到了应该进行农业生态转型的关键阶段？开展这一转型会带来怎样的风险？从时间节点分析，韩国大约在1994年（人均GDP超过10 275美元）、日本是在1992年（人均GDP超过了31 013美元）分别开始环保型农业转型，即从国家战略上实施生态农业，均受到1991年国际农业和环境会议《登博斯宣言》的影响。中国2013年人均GDP已达到6 807美元，在世界局势快速转变以及《登博斯宣言》发表24年之际，实施环保型农业，推动我国农业向现代生态农业

景观农业

的转型势在必行。

在中国实施生态农业转型并不意味着粮食的减产和歉收。世界主要国家和地区如欧盟、美国、澳大利亚、日本等并未因农业生态环境政策的实施而出现粮食的减产。相反，由于全面实施生态型农业，一方面这些先行国家充分借助世界贸易自由化以较低的成本获得了部分食物产品，另一方面则通过环保政策与绿箱政策回避了许多来自世界贸易组织（WTO）的贸易壁垒，不仅保持了农产品产出满足市场和社会供给需求的状态，最终还顺利实现了农业从不可持续向可持续的历史性转变。目前我国需要深入分析和总结发达国家农业生态转型过程中的经验及教训，理清农业发展思路，为未来几十年我国的农业稳定发展提供立法和顶层政策性设计框架，启动相关的产业、技术与政策试点。

中国农业必须正视资源、环境、生态制约的挑战，尽快走上生态农业发展的道路。如果现在不主动化解生态环境制约，走可持续发展的道路，就要在今后5～10年，面对更加严峻的农业资源与生态环境危机。可以预计，按照原来的发展惯性硬撑一段时间之后，中国的农业最终还是要被形势所逼，更加痛苦、代价更加高地进行生态转型。中共十八大把生态文明建设提高到“五位一体”高度，并要求把生态文明建设贯穿到政治、经济、文化和社会建设的方方面面，面对这样一个新的机遇期，加快推进现代生态农业建设，不仅十分必要，而且是完全可行的。

（二）中国生态农业发展的总体思路

中国现代生态农业建设的总体思路可以概括为“一个主攻目标、两条转型主线、三个战略阶段、四个区域类型、五大建设重点、六大战略转型体系建设”。

一个主攻目标，即建立持续高产、资源节约、环境友好、生态调控、能源再生、低本高效的现代生态农业产业体系。两条主线，即农业综合生产力的持续提高和农业生态资源环境的持续改善。三个战略阶段，即近期在突出的产品质量安全和产地环境安全综合治理方面取得突破进展，中期在农业主导产业生态转型、资源循环利用和生态制度建设方面取得全面进展，远期建立投入品、生产过程、产品安全、市场流通全过程的生态农业全程控制体系，有机、绿色农产品以及其他标准化生态产品成为主导农产品。四个区域类型，即生态脆弱区的生态治理与结构优化、生态资源丰富区的资源保护与多元开发、农业优势主产区域的种养结合循环再生高效生产与加工增值、沿海与大城市郊区的直接服务城市为导向的都市型外向型观光旅游休闲农业园区发展与生态景观建设。五大建设重点，即农业的资源节约与替代技术、清洁生产与污染防治技术、农业与农村景观布局调整、农业循环体系构建与生物多样性的农业利用。六大战略转型体系建设，即现代生

农村景观布局

态农业示范体系、生态农业的体制与机制创新体系、生态农业的宣传教育与人才培养体系、生态农业的市场监督与管理体系、生态农业的财政与金融支持体系、生态农业的政策与法规保障体系。

中国现代生态农业建设要以“五位一体”“五化同步”为指导，可持续发展为导向，按照“重点突破、主产转型、投入控制、模式多样、循环再生、清洁生产、产品安全”的总体思路，推动我国农业发展的生态转型，实现农业的高产、优质、高效、生态、安全。

重点突破：针对当前我国农业面临的化肥农药过量使用、畜禽粪便污染严重、秸秆资源化利用率低、农膜回收率低、土壤重金属污染等突出的生态环境问题，有针对性地采用技术、经济、行政、法规等综合措施，迅速遏制农业生态环境恶化趋势，取得重点问题、重点区域综合治理的重大突破，守住农业资源环境和生态安全底线，为整个农业的生态转型、健康协调可持续发展奠定基础。

主产转型：在重点突破的基础上，我国现代生态农业必须在农业主产业和粮食主产区大力推进。高度集约化的常规单一种植业和养殖业要进行生态转型，强化生态环境功能，通过空间布局调整和生产过程优化，以节地、节水、节肥、节药、节种、节能为重点，应用保护性耕作、养分综合管理、种养结合、清洁生产、循环利用等资源节约型技术和生态环保型模式，实现农业主产业和粮食主产区的生态转型，促进可持续发展。

投入控制：种养业投入品的优选和安全使用是生态农业的必然要求，一方面通过农业执法，要坚决禁止高毒高残留农用化学品的生产、流通和使用，鼓励支持安全、绿色农业投入品的使用，并实施过程控制，促进农业生产的过程安全、产品安全和生态环境的安全。

模式多样：我国自然与社会经济的区域差异大，各地应当因地制宜创造和推广适合自身条件和具有区域特点的生态农业模式。例如，作物间套、农林立体、稻田养殖、种养结合、庭院经济、设施复合、流域布局等。多样化的模式既是我国生态农业生命力的表现，也是各地农民与广大农业科技工作者因地制宜进行生态设计、生产实践及经营管理的创造性成果，已经并必将进一步发挥出巨大的潜力。

循环再生：常规农业的弱点之一就是循环缺失，具体表现为秸秆和畜禽粪便

工厂化育苗

等废弃物资源的浪费及其对环境的污染，现代生态农业就是通过农业废弃物资源的循环再生利用，大力发展生物质资源的再生利用产业，例如有机肥、食用菌、生物质能源、动物饲料等循环利用产业，强化产业间的关联，把农业副产品转化为新的高价值产品，同时实现资源的高效利用和生态环境保护。

清洁生产：农业面源污染的控制关键不在末端治理，而在过程控制，农业清洁生产是实现生产过程控制、全面控制农业面源污染的必然途径。清洁生产是从生产过程安全控制的角度，实施一系列清洁生产技术规范，从而有利于促进农业实现生态转型。

产品安全：生态农业相关产品的认证与市场开拓得不到足够重视是制约我国生态农业发展的一个重要因素。现代生态农业必须确保农产品的质量安全，并与我国绿色食品和有机食品等生态安全农产品的发展对接，实现协同发展。

（三）中国现代生态农业发展的总体目标与实现步骤

中国现代生态农业的总体目标是建立持续高产、资源节约、环境友好、生态调控、能源再生、低本高效的现代生态农业产业体系。用20年左右时间，基本实现农业生态转型，确保粮食及主要农产品有效供给、质量安全及农业生态环境持续改善，使获得绿色、有机等生态标志的农产品比例达到50%以上，实现中国农业的高产、优质、高效、生态、安全和可持续发展。

近期，2015—2020年，为农业生态环境问题治理重点突破阶段。主要针对农业领域突出的资源、环境和生态问题，采取综合手段，扭转生态环境恶化趋势。重点实施“负面清单强制计划”和 “绿色行动激励计划”。“负面清单强制计划”包括化肥和农药为重点的种养业投入品的减量使用管理、杜绝剧毒农药使用、强制农膜回收、禁止秸秆焚烧、对大中型养殖场废弃物强制处理、限期治理与规避土壤重金属污染、强制限采地下水等。“绿色行动激励计划” ，即鼓励和支持生态型技术与模式的开发与应用，实施绿色标签产品与有机转换认证补偿，支持生态保育行动，补贴生态用水用地和绿色生产资料使用，建立生态友好示范样板。经过6年的努力，实现绿色、有机等生态标志的农产品比例达到15%，全国化肥使用零增长、农药使用总量下降。作物秸秆和畜禽粪便基本实现资源化利用，农膜基本实现回收，土壤重金属污染得到初步遏制。

遥控飞机喷洒农药

中期，2021—2025年，为农业主导产业生态转型、资源循环利用和生态农业制度建设取得全面突破阶段。在前6年重点突破阶段进行综合治理、积累经验、建立样板的基础上，通过立法保障与制度建设，实施绿色预算与推行生态补偿政策，启动“农业生态制度建设”和“农业生态转型示范工程”两大行动计划，重点实施农产品主产区和主导产业的生态化改造，重要商品粮生产基地形成节水、节地、节肥、节药、节能的农业生产体系，使绿色、有机等生态标志的农产品占比达到30%。

远期，2026—2035年，为生态农业产业体系全面建设与优化阶段。在前两个阶段的基础上，实施“农业休耕与生态恢复”和“农业生物多样性保护与持续利用”行动计划，生态农业制度全面有效运行，实现生产资料安全控制、生产过程安全控制、产品产出安全控制、生态环境安全控制。全面建成现代生态农业产业体系，使绿色、有机等生态标志的农产品占比例超过50%，全面实现农业的生产高效、资源节约、环境友好的目标。

推广绿色、有机等生态标志农产品

第三章

国际农业发展的生态转型与经验借鉴

19世纪40年代开始，农业生产依靠化肥、农药、机械等外部投入逐步达到了一个过去难以想象的水平，结束了农业长期停滞的局面，世界农业进入了快速发展的新时期。尤其是发达国家在廉价石油的基础上，用现代科技武装“石油农业”，实现了高度工业化的农业。“石油农业”是现代工业化农业的典型模式。它是以大量的物质和能量投入为前提，按照工业方式进行单一型生产，从而获得高价值经济产品的开放型农业生产系统。到20世纪六七十年代，国外“石油农业”发展到了鼎盛时期，农业生产量达到了前所未有的高度，满足了人类增长需求。根据联合国粮农组织（FAO）统计，全球粮食年均产量由1950年的63 100万吨增加到了1980年的 142 900万吨，而化肥的年均使用量也由1950年的1 400吨增加到了1980年11 600吨。随着时间的推移，“石油农业”的弊端也逐渐显现出来：资源、环境出现了危机，农业资源不断衰竭、农业生态环境日益恶化；科技生产力和经济生产力与生态生产力的矛盾日益尖锐，表现在农业生产系统技术经济功能日益强化，同时生态功能日益弱化；农业生产集约化与脆弱的生态结构之间的矛盾也日益突出，直至出现世界性的能源危机和生态危机，并且这种危机威胁着人类的生存和经济发展。这些矛盾与问题充分暴露了“石油农业”在生态经

欧洲农村景观

济上的脆弱性，“石油农业”也因此陷入了不可持续的困境。

在人口剧增、资源衰竭、能源短缺、环境污染、生态破坏的巨大压力下，如何充分合理地利用自然资源，稳定、持续地发展农业，同时又保护环境和农业生态平衡，面临巨大挑战。实践证明，传统农业解决不了这一问题，现代“石油农业”会使问题变得更加严重。国外“石油农业”的教训告诉人们，无论是发达国家还是发展中国家在发展现代农业、进行农业产业化建设的过程中，再也不能走工业化“石油农业”老路，而是要走以生态良性循环为基础的现代农业发展新路。于是人们从技术经济与生态环境有机结合上认真反思，努力探索，力图找到一种经济与生态相统一的现代农业模式。在这种情况下，各国农业发展的生态转型应运而生。

一、欧盟的“多功能农业”

（一）欧盟“多功能农业”的做法

1. 欧盟“多功能农业”提出背景

自从20世纪80年代以来，欧盟的共同农业政策（Common Agricultural Policy，简称CAP）在刺激生产的同时也导致了一系列问题。首先，鼓励集约型农业政策的实施造成了严重的环境问题。共同农业政策鼓励农业生产、鼓励集约型农业的发展，使得农民大量使用化肥、除草剂、杀虫剂，牲畜过分集中饲养、放牧，在生态脆弱地区进行农业生产，千方百计地增加农产品产量，由此造成了严重的环境问题。其次，鼓励农产品生产的共同农业政策产生了严重的财政问题。欧共体对农业实施的产量支持、鼓励集约型农业政策，在实现了农产品需求的目标后，很快就产生了生产过剩的问题。而生产过剩导致了欧共体在农业的价格支持和出口补贴上的开支剧增，占全部就业人口大约5%的农民却花费了欧共体大约一半的开支。最后，共同农业政策的实施产生了一些农村地区的社会问题。这一政策的实施使得一些规模小的家庭农场收入减少甚至破产，农民离农的现象不可避免，农业作为人们就业选择的吸引力降低。

20世纪90年代初，在欧共体共同农业政策的麦克沙里（Macsharry）改革过程中提出了“农业的多功能”。1991年1月，欧共体农业委员会发表的《共同农业政策的发展和未来》中提出：“足够数量的农民必须保留在土地上……农民履行了或至少能、应该能履行两种功能：第一，生产功能；第二，在农业发展中保

荷兰的牧场

护环境的功能”（Moyer et al，2002）。此后，农业委员会接受了多功能农业模式，并作为委员会的“战略文件”在1995年11月的马德里峰会上得到认可，并受到了欧盟委员会的支持，成为欧盟共同农业政策改革的方向。

1995年，弗朗兹·费席勒（Franz Fischler）担任欧盟农业委员会主席，他将共同农业政策的重点更多地置于环境方面，将环境视为不仅生产食品、而且通过促进乡村文化、保护自然环境来服务社会的多功能农业的一部分。在费席勒的农业政策改革中，多功能农业作为农业发展的模式得到了接受。1996年11月在爱尔兰科克（Cork）召开的农业环境政策会议上通过了《科克宣言》。《科克宣言》指出，“农村地区的可持续发展必须置于欧盟议程的最高位置，这必须是农业政策的基本原则……政策必须保护和维持乡村景色的质量和多样性”（Moyer et al，2002）。1997年，欧盟农业组织委员会（The Committee of Agricultural Organizations in the EU-COPA）提出了关于欧洲农业模式的详细的定义：“在欧洲，农业不仅提供了健康的、高质量的食物和非食物产品，它还在土地利用、城乡计划、就业、活跃农村、保护自然资源和环境、田园景色方面起着重要作用。而且，通过出口农产品和食物，农业不仅对欧盟的外贸平衡做出了贡献，同时通过食品援助，农业对世界范围内的食品平衡做出了贡献。”（Moyer et al，2002）在1999年3月，经过长时间酝酿，欧盟农业委员会终于通过了《议程2000》，《议程2000》农业政策改革得到批准，标志着“多功能农业”模式已被欧盟农业政策所接受。

与此同时，从外部环境看，自关贸总协定（GATT）实施以来，贸易自由化成为世界一股不可逆转的潮流，特别是欧盟与美国通过谈判达成《农业协议》后，欧盟共同农业政策面临巨大的压力。过去那种直接的价格支持和出口补贴的“黄箱”政策已是WTO削减对象，欧盟一方面在“绿箱”政策的框架内寻求对农业的支持，另一方面还要继续维持对农民的补贴。“多功能农业”正是为了维持农民补贴而设立的。因为农业提供的多功能公共物品不属于《农业协议》所管辖的可贸易的商品范畴，所以应属于“非贸易关注”的范畴。因此“多功能农业”受到了更大的关注和支持。

2. 欧盟实施“多功能农业”的措施

欧盟不仅积极倡导“多功能农业”，将其作为欧盟未来农业发展的方向、改革的目标，而且在欧盟内部和成员国内积极实施“多功能农业”（乐波，2006）。其中，最主要的变革有两个方面：

第一，将农村发展列为共同农业政策的两大支柱之一。《议程2000》将农业发展关注的重点更多地放在农村发展上，以农民为导向是欧盟农村发展政策的突出特点。农村发展的内涵比农业发展更为广泛。对于农民，欧盟一方面要减少产品价格支持和补贴，另一方面又要通过以面积为基础的直接补贴，对农民的收入给予一定补偿。对于农业，欧盟对农业生产的质量、环保以及食品安全实行三优先，走从“多产”经“少产”到“优产”之路，着力提高农业竞争力。对于农村，欧盟强调农村发展形式多样化，增加传统色彩，追求保持赏心悦目的农村风光和充满活力的农村社区，保持稳定的就业。

与林地穿插布局的奥地利坡地农田

农村发展的措施分为两类：第一类（RD1）包括农业环境、植树造林、农田休耕和自然环境退化的治理项目。第二类（RD2）是现代化和多样化措施，包括农业土地的投资、青年农民农场的建立培训、加工和市场设施的投资、农村地区的适应和发展等。自然条件不同的地区农业发展的资助资金的来源有所不同，但主要来源于欧洲农业指导与保证基金（EAGGF）。这些资助资金优先考虑那些经济多样化的项目，增加对中小企业的扶持力度，重点放在职业培训、地区发展和环境保护。为此，欧盟对农村发展的一系列具体项目规定了明确的资助标准。例如，对年轻农民的创业资助25 000欧元；对在困难地区发展农业者每公顷资助62～494欧元；对有益于环保的项目每公顷资助1 112～2 224欧元；为弥补植树造林带来的损失每公顷补偿457～1 792欧元，对保护森林和生态者每公顷给付99～297欧元（裘元伦，2003）。

第二，对农民的支持从产量补贴转变为附加以环境保护条件的直接收入补贴。欧盟共同农业政策的第一根支柱是市场支持。在共同农业政策实施之初直到1992年前，实行价格支持和出口补贴是欧盟保障农产品供给和保护农业生产的政策核心。1992年后，直接收入支持的条件是准强制性休耕，即对愿意休耕土地而且休耕率达标的农户进行直接补偿。

农民要拿到政府的直接收入补贴，需要与政府签订“交叉遵守”（cross compliance）协议。该协议鼓励农户按照《良好农业操作规范》的要求开展一系列资源节约、环境友好的农业生产活动。为了获得全额政府补贴，农民必须达到环境保护、粮食安全、动物健康、动物福利以及职业安全等标准。另外，为了避免由补贴与产量脱钩引起的土地荒废问题，所有有资格获得直接补贴的农场必须使农地保持良好的农耕状态。欧盟各成员国必须每年至少对1%的农场实施检查和评估，以确保符合要求，农民若不能满足“交叉遵守”标准要求，则会导致年度直接补贴减少甚至全部撤销。

奥地利利用废木屑生产沼气的生物质电厂

西班牙利用荒地发展温室大棚

（二）欧盟“多功能农业”的启示

我国农业历来承载着国民生计、文化传承、社会稳定等功能。但是，随着经济的快速增长，城市不断扩张，资源压力不断增大，农业增加值占GDP的份额减少，农业收入比例降低，农民的转移与流动性增强，越来越多青壮年农民离开农业生产。在这种背景下，农业越来越成为相对弱势的产业，同时土壤质量退化、耕地减少、水质污染、居住环境恶化、村庄空心化与老弱病残化加剧，农村缺少了应有的生机与活力和传统社会的人文与和谐气息，社会问题日益增多。如何使农业、农民与农村变得充满生机，必将成为中国农业政策的新方向。

当前我国农业正处于由传统农业向现代农业转变的关键时期，也是农业的多种功能得到进一步开发和利用的时期。多功能农业需要全面系统地考虑与协调农业的各种功能，而不是孤立地从产业角度、经济角度，更不是仅从粮食角度出发考虑农业问题。它要求从传统的农产品视角转向以人为本、以农村为本的视角。必须客观地评价农业、农民与农村对社会的整体贡献，并予以合理补偿（姬亚岚，2009）。要集中经济学家、农学家、环境学家、社会学家、政治学家等智慧，研究农业多功能理论及其在中国的应用。

专 栏

欧盟良好农业操作规范

良好农业操作规范（Good Agriculture Practices，GAP）是一套用于农业生产且生产结果与执行者利益相一致的操作规范，是用于农场生产和产品加工过程的一套行为准则，目的是在保证经济、社会及环境的可持续发展的同时，人们获得安全、健康的食品及非食品农产品。该标准广泛应用于田间作物种植、水果和蔬菜种植、牛羊养殖、生猪养殖、家禽养殖、畜禽公路运输等多方面的农业产业环节。

GAP起源于欧洲，由欧洲零售商协会（Euro-Retailer Produce Working Group，EUREP）于1977年发起，其目的在于促进良好农业操作的发展。20世纪末期，欧洲经历了疯牛病等一系列安全问题后，消费者对食品本身的关注转向了农产品的生产过程，欧洲的生产者和零售商为避免因消费者对食品系统失去信心而蒙受巨大损失，开始建立统一的食品安全标准来满足消费者的要求。在1997年，欧洲零售商协会起草制定了针对供应商的产品认证标准，2001年EUREP秘书处首次将EUREP GAP标准对外公开发布。

EUREP GAP标准分为综合农场保证（IFA）、综合水产养殖保证（IAA）、花卉和咖啡四类技术规范，其认证领域不断扩大，由最初只涉及新鲜水果、蔬菜扩大到花卉、咖啡、畜禽产品和水产品。目前已基本涵盖了种植业、畜牧业和渔业三大行业。每类技术规范包括相应的通则（General Regulations）、控制点与符合性规范（CPCC）和检查表（Checklist）三个部分。该标准执行情况也是通过第三方认证的模式加以衡量，这样既保证了其公正性，也可保证执行和审核的一致性。在过去的十多年间，由于EUREP GAP理念符合全球贸易发展模式，在全球范围内越来越多的生产者和零售商加入进来，EUREP GAP开始成为一个全球标准，在2007年9月曼谷举行的第八届全球大会上，EUREP GAP更名为GLOBAL GAP。GLOBAL GAP的系统化的道路，使企业不再需要通过各种单一认证，已成为跨地域的国际认可的GAP标准。已有五大洲的112 576家生产者获得GLOBAL GAP认证，这一认证已逐步成为参与国际贸易活动的必备资格（任鑫鹏，2013）。随着欧洲对于食品安全问题关注程度的增加，欧盟对进口农产品的要求越来越严格，没有通过GIDBAL GAP认证的供货商将在欧洲市场上占有越来越小的市场份额，甚至有可能被逐渐淘汰出局。

二、美国的“可持续农业”

（一）美国“可持续农业”的做法

1. 美国“可持续农业”的产生背景

美国独立初期，农业相当落后，当时农业人口比例占90%。但从19世纪开始，美国农业有了大的发展，主要得益于美国农业教育体系（赠地大学）、农业服务体系及市场流通体系的发展。20世纪40年代，由于现代工业的快速发展，美国农业开始步入现代化。到20世纪70年代，美国农业已全面实现了农业现代化，这包括农业生产的全面机械化，生产经营的集约化、产业化、专业化和社会化。

20世纪80年代开始，美国注意到了现代工业化农业产生的种种弊端。首先，农业高度机械化和盲目开垦带来了非常严重的水土流失。在20世纪30年代，由于干旱和不恰当的大规模开荒造成沙尘暴肆虐美国中部大平原。其次，农业的化学化还有一个效益递减的问题。以美国玉米为例，1980年平均每施用1吨化肥可以收获15～20吨玉米；到1997年，每施用1吨化肥只能收获5～10吨玉米。再次，由于农业产业化带来的大规模单一化种植，一些病虫害获得了大规模暴发的条件。1970年美国玉米由于玉米小斑病菌大流行减产15%，其中受灾严重的伊利诺伊州减产25%以上。同时，大规模单一化种植使得大部分食品需要长途运输才能到达终端市场，生产成本上升，政府财政补贴加大。因此，大型农业机械和化肥农药、长途运输，所有这些因素综合起来，使得美国农业是世界上耗能最高的农业。能耗巨大，对资源的消耗持续加剧，难以保证长远发展，农业生态环境受到破坏，农产品的质量不能得到保证。针对这些问题，美国在20世纪80年代中期提出了以发展“可持续农业”（Sustainable Agriculture）为方向的农业生态转型。

美国加利福尼亚州销售有机产品的农贸市场

美国“可持续农业”主张“尽可能减少化工产品，如化肥、农药、添加剂等的使用，节约资源，降低成本，促进农产品质量和农业生态环境的改善”（Gregory，1994）。可持续农业并不完全否定现代农业的技术，而是以农业生产效益和效率提高与资源环境保护为出发点，因此具有普遍性和可操作性。美国“可持续农业”发展核心在于改进农作物品种结构和耕作制度，一方面重视提高农业生产力和生产水平，利用传统技术应用和现代生物、生态技术的开发研究，充分发挥农业高新技术的作用，强化种植业整体生产技术体系；另一方面注重农业资源节约和生态环境保护，制定相应的发展策略与技术开发体系，努力减少化肥、农药、添加剂等化工产品的投入，使资源得到有序利用，农产品质量标准提高，土壤肥力和生态环境得到不断改善，实现经济可行性和社会可行性的协调统一（梁志杰等，1993）。

美国路易斯安那州的水稻田

2. 美国“可持续农业”的具体做法

“可持续农业”目前在美国发展得较好，这与其完善的法律体系、有力的财政支持、雄厚的科技实力分不开的。

第一，完善的法律体系是“可持续农业”规范发展的前提。美国的“可持续农业”发展有一套较完善的法律、法规体系作为保障。早在1990年，美国颁布的《污染预防法》中就对“可持续农业”做出明确规定，之后经国会通过的《美国的1990年农业法》，通过立法形式选择通过研究和教育途径来建立一种可持续的、有利可图的与保护资源的农业生产体系。为了实施低投入发展模式，以法规形式制定了农药、化肥等的投放量标准，规定对生产、使用农药、化肥造成环境污染者，采用投资课税的方式征收农药税和化学肥料税。在美国任何一种农药都必须在农业部门进行登记注册，为经检验后注册的农药颁发相应的使用证书。证书每年都会进行一次审核，以保证农药使用的规范。在农药的使用过程中，各州都会对农药的使用进行检查，包括残留分析、用量分析和毒理分析等，然后对农药使用规范进行修改（陈秋红等，2010）。美国的一般农产品种植必须遵循八项法律、法规，包括《种子法》《物种保护法》《肥料使用法》《自然资源保护法》《土地资源保护法》《植物保护法》《垃圾处理法》和《水资源管理条例》。

此外，土壤污染防治主要有两部法律：一是1976年颁布的《资源保护和回收法》（RCRA），二是1980年颁布的《综合的环境反应、补偿和责任法》

（CERCLA）。据此美国政府建立了名为“超级基金”的信托基金，旨在对实施这部法律提供一定的资金支持，故常将该法称为“超级基金法”。CERCLA法主要用于治理全国范围内的闲置不用或被抛弃的危险废物，即所谓的“棕色地块”，并对危险物品泄漏做出紧急响应。法案第102条授权美国环保局（EPA）局长可以颁布规章，指定只要渗漏到环境中去就可能对公众健康、福利和环境造成“实质性危害”的物质为“危险性物质”。当事人不管有无过错，任何一方均有承担全部清理费用的义务。法案允许EPA先行支付清理费用，然后再通过诉讼等方式向责任方索回。EPA在清理危险物时可以由自己的机构或委托私人机构分析该地区的危险程度，选择、设计清理方案，以进一步采取相应的清理行动。

为了确保农产品质量，在相关质量安全法律、法规的基础上，美国还制定了有机农产品质量安全认证标准。规定有机农作物在认证前必须停止使用禁用的化肥农药3年。执行有机栽培必须符合有机标准，申请发照的农民必须向认证机构递交有机农作物生产计划，农民要记录所有栽培过程并保持5年。

第二，有力的财政扶持是“可持续农业”持续壮大的基础。美国政府对发展

美国加利福尼亚州生产有机蔬菜的农场

"可持续农业"的财政扶持力度很大，主要体现在三个方面：

首先，对农业生产的扶持。美国已有2万多个生态农场，这些生态农场成为美国可持续农业财政扶持的主要对象（李伟娜等，2013）。从20世纪90年代起美国开始了农业"绿色补贴"的试点，设置一些强制性的条件，要求受补贴农民必须检查自身环保行为，定期调查其农场所属区域的野生资源、森林、植被情况，检验土壤、水、空气，并根据农民的环保实施质量，政府决定是否补贴以及补贴额度，对表现出色的农民除提供"绿色补贴"外还暂行减免农业所得税；在可持续农作制度改革过程中，为了引导农场采用休闲方式降低生产成本与保持水土，美国政府制定了休耕补贴政策，对占全美耕地24%的易发生水土流失土地，实行10～15年的休耕，休耕还林还草的农户获得政府的补助金。鉴于"可持续农业"的发展要求，美国显著加大了对农业生态环境保护的投资力度。2002年5月，美国出台了《2002年农场安全与农村投资法案》。该法授权农业部通过实施土地休耕、水土保持、湿地保护、草地保育、野生生物栖息地保护、环境质量激励等方面的生态保护补贴计划，以现金补贴和技术援助的方式，把这些资金分发到农民

美国的农场

手中或用于农民自愿参加的各种生态保护补贴项目，使农民直接受益。其次，加大了对“可持续农业”基础设施建设的投入。美国农业灌溉工程的科研设计等技术方面的全部费用由联邦政府支付，灌溉工程建设费用由联邦政府资助50%，其余由地方政府或由政府提供担保的优惠贷款支付。此外，美国政府每年还向农场主提供数亿美元的资助，协助发展农业灌溉。最后，对农业科研与市场营销的扶持。美国政府启动专项基金用于“可持续农业”的科技研究与推广、营销宣传、职业培训、信息服务等。例如，加利福尼亚州农业厅为了把农药投入对农业生态环境的影响降到最低，对农产品农药残留分析给予大量的资金支持，并逐年增加检测项目和分析样本。

第三，雄厚的科技实力是“可持续农业”迅速发展的后盾。美国拥有完善的“可持续农业”科研与应用推广体系。政府于1988年提出了“低投入持续农业计划”（LISA），1990年又提出“高效持续农业计划”（HESA），目的是为了探索一种以环境保护为主攻目标、依靠科学技术进步的农业生产体系，并在美国东北部、中北部、南部和西部地区3万多个农场试行（国秀丽等，2005）；美国注意开展作物轮作、休闲轮种、作物残茬覆盖少免耕法、作物病虫害综合防治、水保耕作、农业可更新资源利用（覆盖物、厩肥）、转基因品种开发、网络化技术等一系列技术试验与推广研究，一大批农业科学家参与了生态农业技术的试验研究活动；在解决农业面源污染领域，开创了最佳管理措施（BMPs），主要是通过技术、规章和立法等手段有效地减少农业非点源污染，其着重于污染的源头管理而不是针对污染的末端处理（章明奎等，2005）。1990年后，农业试验研究部门研究开发出利用3S技术的精准农业机械，其上装有计算机控制系统、产量检控器、激光测定技术等先进技术设备，并在明尼苏达州农场进行了精确农业技术试验，用全球定位系统（GPS）指导施肥的作物产量比传统平衡施肥作物产量提高30%左右，试验成功后小麦、玉米、大豆等作物的生产管理都开始应用精确农业技术。20世纪90年代中期，精准农业在美国的发展速度相当迅速，到2009年，安装有产量监测器的收获机的数量增长到35 000台。美国农业研究局的一个农业系统竞争力与可持续性全国性研究项目（涉及15个州），代表了发达国家在生态农作制度研究领域的最新方向。此外，由于美国的农业信息化程度较高，在生态农业技术推广、农业检测等领域进展很快。

（二）美国“可持续农业”的启示

纵观美国从20世纪80年代开始的农业生态转型战略，对中国的启示主要有三点：

第一，逐步完善中国生态立法规范。美国的法律体系非常完备，联邦与州都有立法机构，整个社会发展与管理运作都以法律为依据，各级机构及个人必须在法律规定的范围内行使其职责。在农业生产和产品市场流通、产品质量及农业资源与环境保护等方面都有明确的法律规定。包括联邦农业部在内的多级行政机构实质上都是执法监督与管理机构。至今美国有几百部不同的农业法律，用于规范农业行为。相比之下，中国关于农业资源环境的法律政策大部分是纲领性规划，如《中华人民共和国环境保护法》《中华人民共和国环境影响评价法》《农业部关于加强农业农村节能减排工作的意见》和《农业污染防治规划》等，对中国农业可持续发展的保障性措施针对性和可操作性较差。针对中国现状，应逐步细化中国关于生态农业发展的立法工作，针对不同问题制定相应的发展策略，加快完善与生态农业密切相关的法律体系建设，使农业生产经营、农业环境资源保护真正做到有章可循、有法可依，为生态农业建设的稳步推进提供法律保障。

第二，强化经济政策对农业可持续发展的引导作用。美国的政策是保障农业可持续发展的基础，因为农业与工业相比，抗击风险的基础较弱。同时，可持续

美国偏远乡村的风光

发展需要对现阶段的生产机械和生产工艺进行改造和升级，必须投入大量资金，仅依靠农业市场的收益是远远不够的。中国的农业发展正在逐步迈向机械化和信息化，但可持续发展仍处于起步阶段，所以中国政府必须要加大相关财政的投入，进一步加强政策的引导作用，促进生态农业的可持续发展。

第三，大力推广生态农业技术。对中国这样一个农业大国来说发展生态农业是国计民生的重要支柱和环境生态系统平衡的基础。人均资源的稀缺决定了中国的农业发展必须走集约、高效、绿色的现代生态农业的发展道路。在我国生态农业发展战略实施中，可以借鉴美国的技术，采用作物轮作法、病虫害综合防治法、残茬覆盖少免耕法，最大限度地有效利用资源，在提高产量保证粮食安全的同时保护资源环境。

专栏

美国最佳管理实践

最佳管理实践（Best Management Practices，BMPs）是一系列农业养分和农药管理措施的总称，是农业清洁生产的重要手段（章明奎等，2005）。虽然不同的人对BMPs持有不同的理解，但多数人认为BMPs是服务于一个特定功能的单个或一系列实践活动。概括地说，BMPs分别从源头控制措施、过程阻断措施、政策与管理措施、加强面源污染科学研究和监测管理四个方面的措施进行治理。它要求能科学地展示使农业生产的负影响达到最小的生产系统和管理策略，或定义为获得最大的粮食、纤维生产的农业效益、限制农业生产对环境的不良影响，并在经济上可行的田间操作程序。同时，最佳管理实践也是预防和削减非点源污染负荷最有效的实践措施，在控制非点源污染中占有极为重要的地位。

最佳管理实践包括养分管理、耕作管理和景观管理等三个层次，它们在空间尺度上不同，在效果上互相配合，并围绕最大效率地保证物质循环、减少养分的损失、获得良好的环境的中心原则，其中养分管理是BMPs的核心（章明奎等，2005）。管理的目标是不损害生产者的经济利益，同时又能将农田营养物质对环境的危害降至最低限度，管理措施内容包括针对区域氮素和磷素养分平衡管理，切断氮、磷和农药源及流失路径的联系以及实现这些目标而实行的经济、教育、科技等具体措施。实用的BMPs必须具环境保护性和经济可行性，并以科学和有关信息为依据，必须针对真实存在的问题。

英、美等国是最早进行BMPs的国家，20世纪70年代起，英、美等国开始实行BMPs管理方式，以有效控制非点源氮、磷对水生环境的危害。1972年美国《联邦水污染控制法》首次明确提出控制非点源污染，倡导以土地利用方式合理化为基础的最优管理实践（BMPs）。1987年的《水质法案（WQA）》则明确要求各州对非点源污染进行系统的识别和管理，并给予资金支持。在详细制定的BMPs体系下，美国的农业面源污染得到了良好的控制，农村生态环境优良（汪洁等，2011）。

三、日本的“环境保全型”农业

（一）日本“环境保全型”农业的做法

1. 日本“环境保全型”农业发展背景

日本“环境保全型”农业概念的提出始于20世纪70年代，其重点是减少农田盐碱化、农业面源污染（农药、化肥），提高农产品品质安全。在明治中期以前，日本还是个农业国，农业人口占总人口的一半以上，当时农民过着自给自足的生活。20世纪50年代以来，随着经济的发展，工业技术革新的成果不断进入农业领域，促进了农业技术革新和农业生产力的发展，同时也产生了许多负面效应，由于长期大量使用化肥、农药和农用薄膜，造成土壤污染、水污染、食品污染、农业环境恶化。据统计，全国化肥（氮、磷、钾）需要量1950年为68.5万吨，1987年为203.6万吨，后来虽然有波动式下降，但1991年还保持在191.6万吨的水平，大量使用化肥、农药成为农业环境的一大污染源，也降低了农产品的营养成分。而且在施用农药时每年都有上千人中毒，1986年竟高达2 631人（衣保中等，2006）。面对来自资源、环境的压力，为了治理农业环境，促进农业可持续发展，日本开始倡导发展“环境保全型”农业，实现农业发展的生态转型。

1992年日本农林水产省在其发布的《新的食品、农业、农村政策方向》中首次提出了“环境保全型农业”之后，开始全面推进环境保全型可持续农业的发展。日本将“环境保全型农业”定义为：发挥农业特有的物质循环机能，持续注意与生产效率的协调，减轻由于使用化学肥料和农药而造成的环境负荷的可持续农业（周玉新等，2009）。在实践中，主要是通过“减量化、再生化、有机化”措施来完成“环境保全型”农业的目标。其基本思路是立足于人口、资源、环境与经济平衡发展，强调维护生态平衡、环境保护以及农村经济发展的协调关系，主张以有机物还田和合理轮作为基础，利用农业的物质循环机能，一方面限制或减少人工合成化学制品的使用，减少其对环境的负面影响；另一方面在环境容量内重新构筑农业生产技术，加大对生物农药和生物肥料的开发与应用，增进其对环境的积极影响，促使农业经济效益与生态效益的可持续发展。

2. 日本“环境保全型”农业的实施措施

（1）政府宏观调控措施。日本是世界上农业支持与保护水平最好、政策体系最完善的国家之一，这种对农业的保护与支持政策在很大程度上为日本农业可持续发展创造了条件。在贯彻实施“环境保全型”农业政策的过程中，日本政府非常重视环境法规的保障作用，形成了由《农业基本法》为总法、一系列专项法为辅助组成的环境法律法规体系。1999年7月，在对1961年颁布的《农业基本法》进行评估之后，日本政府颁布实施了新的《食物、农业、农村基本法》，使之成为指导日本振兴农业经济和实现农业可持续发展的“母法”。新《食物、农业、农村基本法》核心在于实现农业可持续发展与农村振兴，确保食物的稳定供给，发挥农业、农村的多种功能。之后作为配套法规，又制定实施了《家畜排泄法》《肥料管理法》《可持续农业法》和《有机农业促进法》等专项法规，内容涉及从农业生产投入到食品加工和饮食业等诸多环节。另外，日本政府在农业发展的不同时期，还陆续出台相关的法律法规，以此来推进“环境保全型”农业的发展。如《食品循环资源再生利用法》《水资源开发促进法》《农地管理法》《农药残留法》《地力增进法》《沿海渔业整顿开发法》等。这些法律都是以《食物、农业、农村基本法》为基础的，它们之间相互协调、相互促进，有力地保障着“环境保全型”农业的建设和发展。

在健全农业环境保全法律的同时，政府也积极制定各种资金扶持政策。农户享受的资金扶持政策主要有现金补贴、政府贴息、税收减免等。例如，为从事“环境保全型”农业的农户提供专用资金无息贷款；对堆肥措施或有机农产品贮运设施等进行税款返还或资金补贴；被认证为“农业生态者”的农户，给予金融、税收方面的优惠政策。政府各项优惠政策的实施有效地调动了农民发展“环境保全型”农业的积极性，对日本农业可持续发展影响重大（井焕茹等，2013）。

在市场监管中，一方面，日本政府采取一系列的认证制度，1990年制定了《农林物资规划和质量表示标准法》（即有机JAS标准），实行了对有机食品的认证。根据规定有机食品进入日本市场必须要在农林水产省注册的认证机构进行认证，并对认证机构进行监督和检查。另一方面，通过消费者的市场选择来巩固和提高农户发展“环境保全型”农业的积极性。

（2）高新技术的研究和推广措施。高新农业技术是农业转型的关键。因此，日本一直注重“环境保全型”农业技术的研究。政府和有关部门对有一定规模和技术水平高、经营效益好的环保型农户，可将其作为农民技术培训基地、有机食品的示范基地、生态农业观光旅游基地，以发挥其为社会服务的功能。与此同时，全国还有不少大学与研究机构专门对“环境保全型”农业进行技术支持。很多大学都有“环境保全型”农业研究机构，这些机构的特点是研究人员不多，但研究的成果非常有效，并不断把国际上生态农业的先进技术结合本国国情进行开发并推广。

日本“环境保全型”农业的发展特别注意提高农业环境治理和改善方面的技术含量，如利用生物技术，开发与生态协调的高效实用技术、残留农药简易诊断技术、土壤诊断技术、无农药无化肥栽培技术、测土施肥技术、抑制化肥流失的技术等。为了防止农药对食物、水质及环境的污染，日本积极研究开发低毒农药，并加强农药的注册管理与使用指导。1971年以后，根据修改后的《农药管理法》，对农药的使用加强了限制，对毒性大、残留性高的农药按《农药管理法》实行严格的注册管理制，凡是要注册的农药，农药生产者或进口商必须将药效试验、毒性试验、代谢试验、残留试验、对环境影响试验等资料与注册申请书，药物同时提交农林水产省审查、注册（井焕茹等，2013）。截至2013年日本注册的农药大约有6 000种牌号，除注册审查外，农林水产省农业生产资材审议会下设农药施用安全委员会，负责农药危害安会使用指导，每年6月还举办“防止农药危害活动”以提高全民的预防农药危害意识和环保意识。

随着高新技术的研究和推广，日本环境保护技术的开发利用已日见成效。截至2013年4月1日，日本国内符合有机标准的耕地面积为9 529公顷，占全国耕地总面0.21%，有机农产品的种类已覆盖了大米、小麦、蔬菜、水果、牧草等主要作物（日本农林水产省，2013）。同时，日本还有不少环保型农业典型地区，例如，滋贺县通过使用新施肥法保全水质，减少了20%的氮肥施用量和40%～50%的氯肥流失量（衣保中等，2006）。神奈川县三浦市通过确立合理轮作体系和引进抗线虫植物，维护土壤生态环境。香川县大野原町设立堆肥中心，利用林产废弃物和家畜粪尿制堆肥充分利用废弃物资源，减轻环境压力。这些典型地区的经验带动了农业环境治理和环保型农业的发展。

（3）鼓励“环境保全型”农业模式的多样化。在日本，小农经济在农村占有绝对优势，资源的节约与充分利用是日本发展“环境保全型”农业首要考虑的。在政府与社会各界的支持下，日本发展“环境保全型”农业的形式多种多样。主要有：第一，再生利用型，即通过充分利用土地的有机资源，对农业废弃物进行再生利用，减轻环境负荷。如，将家畜粪便经堆放发酵后就地还田作为肥料使用，将污水经处理后得到的再生水用于农业灌溉等，这都是充分利用农业再生资源的措施。第二，有机农业型，即在生产中不采用通过基因工程获得的生物及其产物，不使用化学合成的农药、化肥、生长调节剂、饲料添加剂等物质，而遵循自然规律和生态学原理，协调种植业和养殖业的平衡，采用一系列可持续发展的农业技术，维持农业生产过程的持续稳定。其主要做法有：选用抗性作物品种，利用秸秆还田、施用绿肥和动物粪便等措施培肥土壤，保持养分循环；采取物理和生物的措施防治病虫草害；采用合理的耕种措施保护环境，防止水土流失，保持生产体系及周围环境的基因多样性。第三，稻作—畜产—水产三位一体型，即在水田种植稻米、养鸭、养鱼和繁殖固氮蓝藻的同时，形成稻作、畜产和水产的水田生态循环可持续发展模式。这种模式的做法是在种植水稻的早期开始养鸭，禾苗长大后，田中出现的昆虫、杂草等为鸭提供饲料，鸭的粪便作禾苗的肥料，又可为水田中的红线虫、蚯蚓、水蚤及浮游生物提供食物来源，同时又给鱼等提供饵料，从而实现生态循环。这种生态农业技术已在日本农村推广和普及，该技术所产生的综合效益也被众多水稻种植农户所认可。第四，畜禽—稻作—沼气型，即农民在养鸭、牛等家畜过程中，将动物的粪便作为制造沼气的原料。同时，农作物的秸秆经过加工用来作家养畜禽的饲料，或作为沼气的原料，沼气又可为大棚作物提供热源等。这样，经过能量转换实现生态均衡。

日本在“环境保全型”农业建设中采取了舆论宣传、政府支持、农协引导、生产者与消费者对话和市场拉动等方式，坚持以生产独立法人为建设主体按市场经济规律办事。

日本有机农产品生产

（二）日本的农业生态转型对中国的启示

从日本“环境保全型”农业和有机农业的实践经验来看，改变农业生产方式、减少农用化学品的投入、发展环境友好型农业，是改变生态环境恶化趋势，实现农业长期、稳定、可持续发展的重要途径。分析日本农业生态转型的政策演变和推进措施，可以为我国探索生态农业发展提供许多有益启示。第一，完整的农业发展法律法规体系。日本通过立法把农业环境保护政策和措施法制化，以立法的形式推进农业环保政策和措施，使农业环保政策和措施具有延续性，同时加大执法力度，使有关法律得以贯彻执行。第二，支持与保护农业发展的形式多样。支持和保护农业应该是一项综合性的工作，需要多部门多种政策的组合协调。日本的农业保护体系形成了金融优惠、财政支持、农业保险、贸易保护等完整的保护体系、多样化的支撑体系。第三，建立权威的认证制度。日本具有完善的有机食品认证制度。通过严格执法，健全、监督和检查认证体系和制度，维护农业生产者的利益和市场秩序，调动农民推进"环境保全型"农业的积极性和主观能动性。第四，政府在农业生态转型中起主导作用。首先，日本政府对农产品市场实行了强有力的政府指导和监督，通过对环保型农业生产的高补贴和扶助，带动本国农业向生态发展方向转型。其次，在环境法律体系建设、环保技术研发、认证体系和制度的构建，政府都具有明显的主导地位。

四、其他国家的农业生态转型做法

（一）瑞典的高效生态农业

瑞典的生态农业发展，一直处于世界领先地位。农业生产上注重使用天然肥料（牛、羊、猪粪便）、物理除草等。为保持土壤肥力，减少病虫害，瑞典还采用了4年轮作的种植方法，即轮种小麦、豆类、牧草、燕麦等。瑞典生态饲养禽畜主要采用室外放养、喂养生态饲料等方法。对禽畜传染病以预防为主，一般不用药，用过抗菌类药的禽畜要满1年后才能出售，以保证禽畜体内不残留对人不利的成分。在瑞典，生态农作物产量比普通农作物产量稍低一些，但其售价要比普通农作物高出1倍。瑞典政府要求把国内10%的耕地转为生态农业种植，并且采取了各种措施来确保经营生态农业农民的合理收入，保证生产高质量食品，保持土地持久肥力，限制对非可再生资源的使用（任爱华，2004）。

（二）以色列的节水生态农业

以色列的农业发展是一部长期与不利的自然条件斗争和最大限度利用珍贵

水资源、可耕地资源的成功史。以色列农业生态环境恶劣，因此节约水资源、改造沙化土地、荒山岭和沼泽地成为科学工作者的首要任务。1960年，滴灌技术的发明，使农业革命找到了突破口。政府通过政策倾斜和市场导向，推广滴灌技术，优先开发沙漠地区，沙漠改造突飞猛进，通过植树种草，引入或发掘水源，养殖新的动植物品种等手段，使沙漠地区的环境、气候、生态得到极大改善。当年许多荒无人烟的沙漠地区如今到处是森林、果园、温室和农田。可耕地面积比建国初期净增60万公顷达到100万公顷，可灌溉农田从7.4万公顷上升至62.9万公顷，农产品增长了16倍，超过人口增长的3倍，创造了一个世界奇迹（贺学礼，2001）。

以色列对95%的农作物实施了化学投入品控制，农药使用受到农业部、卫生部和环境部的共同监督（贺学礼，2001），并由农业部植物保护和检疫局负责农药注册及管理事务。为防止农药对水源的污染，已通过立法禁止在水源附近喷洒任何生物和化学物质，禁止在水源中洗刷盛放农药的器械。采用先进的滴灌技术和使用长效肥料等措施，以确保肥料中的硝酸盐最低限度地排入到土壤中和最大限度地被作物吸收，减少和避免肥料的污染。通过科学使用农药、化肥等，改善了土质和土层结构；通过污染物的回收与治理，改善了环境质量。如今的以色列，荒山改造成了森林公园，沼泽变成了农田，南部沙漠建了许多绿洲和温室，实现了农业的可持续发展。

（三）韩国的环境友好型农业

针对农业发展中由于依赖高投入、高产出伴生的环境污染而导致的一系列影响农业可持续发展的问题，韩国政府自20世纪90年代初期就着手促进环境友好型农业发展，20世纪90年代末以来制定和实施一系列“亲环境农业”政策促进计划。1997年颁布的《亲环境农业培育法》将亲环境农产品划分为有机农产品、转换期有机农产品、无农药农产品、低农药农产品、一般亲环境农产品等类型，并给予相应证书。同时就亲环境农产品证书的申请、审批、审批机关的认定、证书有效期限确定以及违法行为的处罚等进行必要的规定，保障认证的公正性和有效性。2000年制定的《亲环境农业培育五年计划（2001—2005）》，以农业与环境协调、可持续发展为理念，提出两大基本目标：第一，通过确立适宜于区域条件、农民经营规模、农作物特点的亲环境农业体系，提高农民收入，生产高质量安全农产品。第二，通过确立农产、畜产、林产相联系的自然循环农业体系，保护农业环境，增进农业的多元性公益职能。到2012年，生态农业种植面积已达到17万公顷左右，相当于全国农业耕作面积的9.5%。从2010年开始，政府结束了低农药产品的认证制度，集中支持无农药和有机农产品生产类型的认证，无农药、有机栽培的比率从2001年还不到40%，增加到了2012年的77.4%。

为补偿实践环境友好型农业的农民可能遭受的收入减少，奖励农业、农村的环境保护和安全产品生产，1999年韩国政府开始引进并实施亲环境农业直接支付制度，向亲环境农产品生产者直接支付补偿金（闻海燕，2012）。对种植生态农产品造成低于一般农产品收益的，两者差价由政府予以补贴，并对有机农产品和低农药农产品实行差别补贴。对生产普通农产品改为生产生态农产品的，政府免费提供基础设备、材料并给予补贴。此外，韩国很重视对农民的职业教育，丰富他们有机农业生产知识。2005—2009年，实施生态农业培训计划，通过多种形式免费培训农民，使农民掌握有机农业的科技知识和操作规范。

韩国对种植有机农产品实行差别补贴

（四）古巴的特色生态农业

在1989年以前，古巴农业主要集中于发展供出口的食糖产业，57%的粮食要靠进口（Rosset，1998）。在苏联解体和美国禁运的影响下，古巴的贸易损失了85%，化肥、农药等农业化学投入品减少了50%以上（文佳筠，2010），随后发生了粮食危机。有些地方每天的粮食配给量每人只有一根香蕉和两片面包。危机使古巴许多农业技术人员在缺少化肥、农药、机械以及石油的情况下变得束手无策。针对这种情况，古巴大型国有农场被重组成规模更小的集体农庄或者农民合作社，以便于推行那些劳动密集型的传统农业方法。古巴科学家开始研发生物杀虫剂和生物肥料来取代化学制品的使用。各农业大学新开设了农业生态学培训方面的课程，并建立了一个全国性的中心支持新的研究，满足农村公社的培训所需。目前，符合有机农业和永续农业原则的许多传统耕作方式一直在一些农民及其合作社中保留着。

现在古巴的农业大力推行有机农业、永续农业、城区菜园、畜力以及生物性肥料和害虫管理。生物制剂（生物肥料、生物杀虫剂、杀菌剂等）产业发达，不但满足国内需要，还有相当一部分供出口。古巴农业在生态和社会可持续发展方面取得了巨大的成就。古巴生产的农产品80%左右是有机的，同时人们的饮食结构更加多样化，更加健康（文佳筠，2010）。

五、国际上可持续农业与有机农业的做法

（一）联合国推动农业可持续发展

国际上农业可持续发展（Agricultural Sustainable Development）概念的产生，最早可以追溯到20世纪50年代出现的对于环境问题的关心，那时社会上引发了很多对于未来发展的辩论。20世纪60年代，在雷切尔·卡森的著作《寂静的春天》影响下，由农业引起的环境风险被广泛关注。70年代，罗马俱乐部提出了一份具有争议性的报告《增长的极限》。在此报告中提到当社会面临环境资源被过渡使用、耗尽或受损时会产生的一系列的经济问题，并指出需要不同类型的政策来支持经济的长久性的增长。1987年以布伦特兰夫人为首的世界环境与发展委员会（WCED）发表了报告《我们共同的未来》。这份报告正式使用了可持续发展概念，并对之做出了比较系统的阐述，产生了广泛的影响。该报告中，可持续发展被定义为：“能满足当代人的需要，又不对后代人满足其需要的能力构成危害的

发展。”它包括两个重要概念：需要的概念，尤其是世界各国人们的基本需要，应将此放在特别优先的地位来考虑；限制的概念，技术状况和社会组织对环境满足眼前和将来需要的能力施加的限制。随后1991年4月，联合国粮农组织在荷兰召开农业与环境国际会议，发表了著名的《登博斯宣言》（Den Bosch Declaration on Sustainable Agriculture and Rural Development），拟定了关于农业和农村持续发展的概念和定义：“采取某种使用和维护自然资源基础的方式以及实行技术变革和体制改革，以确保当代人及其后代对农产品的需求得到不断满足。这种可持续的发展（包括农业、林业和渔业）旨在保护土地、水和动植物遗传资源，是一种优化环境、技术应用适当、经济上能维持下去以及社会能够接受的方式。”首次把农业可持续发展与农村发展联系起来，并力图把各种农业的持续发展要素系统组合到一个网络中，使其更具有可操作性。提出了为过渡到更加持久的农业生产系统，农业和农村持续发展必须努力确保实现三个基本目标（Olson，1992）：第一，在自给自足原则下持续增加农作物产量，保证食物安全。第二，增加农村就业机会，增加农民收益，特别是消除贫困。第三，保护自然资源，保护环境。从总体看，农业可持续发展的目标是追求公平，追求和谐，追求效益，实现持续永久的发展。而在此概念基础上建立的各种指标体系则是对农业系统可持续发展状况的监测和评价，也不断地促进着农业的可持续发展。

2013年12月，联合国粮农组织发布了一个可持续食物与农业评估体系

保护自然资源，保护环境

（SAFA）。SAFA设定的全球范围内食物和农业体系具有四个方面的可持续性：良好管理、完整环境、经济弹性和社会福利（FAO，2013）。在良好管理、完整环境、经济弹性和社会福利的框架下，该评估体系分为21个通用准则，主要反映可持续发展各方面的目标。这些通用准则可以运用于任何一个层面，包括国家、某个供应链或者具体的生产单位。21个通用准则又被细化为58个子主题项，与具体的可持续发展任务相关联。58个子主题项之下有118个默认指标，作为可持续发展的衡量标准。118个指标又被分为绿色标准与红色底线两部分（FAO，2013）。SAFA指标体系侧重于对供应链和供应链中企业的评价，比较强调民众的参与度。该体系考虑到实际情况的变化，没有对每个指标规定临界值和目标值，而只对各指标进行利弊得失分析，注重指标对政策的发展、完善以及对实践的指导作用。

（二）国际有机农业的发展

1. 国际有机农业运动联盟

国际有机农业运动联盟CIFOAM成立于1972年，是世界上分布最广泛、机构最庞大、最具权威性的国际有机农业组织。目前拥有115个国家的759个组织和机构成员。IFOAM的主要任务是代表世界范围的有机农业运动，为全球交流和合作提供平台，促进有机农场体系的发展，包括环境的可持续发展及满足人类的需要等，将世界范围内的有机运动网络联合起来。

IFOAM基础标准是指导和规范全球有机农业运动的基础和指南，基础标准本身不能作为认证标准，它为认证机构及世界范围的标准组织制定其认证标准提供了一个框架。基础标准2000年9月经IFOAM的巴西例行会议通过。它反映了有机生产和加工的方法的现状。这些标准不是最终文本，要根据生产和技术的发展随时进行修订，从而促进有机农业的发展。

基础标准覆盖的范围包括以下几个方面：有机生产和加工的原则目标，基因工程，种植业（包括农作物及品种选择、转化期长度、种植多样性、施肥方针、害虫病虫杂草管理、污染控制、土壤和水土保持、植物来源的非栽培材料），畜牧业（包括畜牧业管理、转化期长度、动物引进、繁殖和育种、有关肢体残缺、动物营养、兽药、运输和屠宰、养蜂等），水产养殖（草案标准）（包括向有机农业转化、基础条件、生产地点要求、捕捞区位置、动物健康和福利、繁殖和育种、营养、捕捞、活的海洋动物运输、屠宰等），食品加工和处理（包括综合、害虫和疾病控制、成分添加剂和加工辅助剂、加工方法、包装等），织物加工（原材料、一般加工、湿加工的环境准则、投入品、加工过程中不同阶段的特殊规定、标签等），森林管理（包括向有机森林管理转化、环境影响、天然林保护、种植园、非木材森林产品、标签、社会公正等）。此外，基础标准的附录包括用于施肥和土壤调节的产品，用于植物害虫和疾病控制、杂草管理的产品包括植物生长调节剂，对有机农业投入品评价准则，用于食品加工的加工辅料和非农业来源的允许成分列表，有机食品用加工辅料和添加剂评价准则。

随着有机农业的迅速发展，有机农业全球认证开始实施，IFOAM批准的有机农业颁证机构有瑞典的KRAV、澳大利亚的NASSA、美国的OCIA和CCOF、英国的SAOMCO、德国的NATURLAND等数十家。当产品使用有机标签在市场上进行销售时，生产者和加工者必须经过认证机构采用符合或超过基础标准的标准进行认证。认证机构需要经常检验组织的生产和加工是否与其采用的认证标准相符。这样的认证能确保有机产品的可信度并建立消费者的信任。

远洋捕捞

2. 各国做法

（1）欧盟的有机农业。在欧洲，各国针对常规农业所带来的弊端，根据自己不同的国情及农业资源禀赋一直在探索不同的有机农业发展模式。英国是最早进行有机农业试验和生产的国家之一。自20世纪30年代初英国农学家A. 霍华德提出有机农业概念并相应组织试验和推广以来，有机农业在英国得到了广泛发展，其基本要旨是在经营的土地上不施用化肥、农药、化学除草剂、化学添加剂及合成的激素类，不让农畜产品受到有害物质的污染（Marshall，2002）。

除英国外，德国和荷兰的有机农业运动也十分活跃，取得了不少成效。在德国，有机农业是以生物农业或生物—动力学农业的形式出现的，尽管提法不同，但意义与内容是一样的。德国是欧洲高度工业化的经济发达国家，现代化常规农业生产水平很高，约占全国人口5.3%的农业人口担负着全国6 200多万人口农畜产品的生产供应，自给率达81%。自1950年开始，德国大力发展以石油为能源的现代化农业，每公顷农机动力投入达26千瓦，居世界各国之首，化肥用量也成倍增加。多年来，沉重的机械破坏了土壤结构；大量化学产品的使用污染了环境，严重影响人畜健康；能源价格上涨也增加了农民的负担。20世纪70年代以来，农学家们在保护农业环境防止污染方面做了大量工作，其中重要的一个内容就是进行有机农业实践。德国不搞单一经营，强调农牧结合。农业规划合理，生态环境优美。主要做法是在生产过程中不使用化肥、农药、化学除草剂、添加剂与合成类激素。在德国，由于现代化常规农业生产水平高，实行有机农业的农场，单产水平和生产效率均较常规农业低。为了解决有机农业的农户经济收入低的问题，他们建立并保持自己独立的“自然产品”销售系统，在各大城市均有出售无化学污染食品的“自然产品”商店，以高于常规农业产品售价的0.3～1倍的价格出售。

荷兰有机农业的发展也与政府大力支持密不可分。荷兰政府除积极鼓励农牧民从事有机种植与畜牧外，对有机农牧业实行津贴，从事有机种植与畜牧业的农牧户，每年的收入已从几年前的6.2万荷兰盾，增至8.2万荷兰盾，增幅高达30%（葛体达等，2011）。政府给予有机农牧业的津贴完全可抵消有机农牧业运作的额外开支，从而保证了农牧民收入的增加。许多规模庞大的合作社，统筹进行有机农牧产品的收购。如今荷兰各大城市的大型超级市场都有数百种有机果蔬和乳品供消费者选择。荷兰有机农业不仅仅关注最终产品，更强调过程管理。为此开展多部门、多行业的协作，强调产、供、销一体化和生产的标准化、规范化，实行“从土地到餐桌”的全程质量控制。此外，有机生产是商品化生产，把市场信誉放在首位。为保证产品质量，有机农业要求严格执行标准、严格检查、严格市场监督，更注重系统化管理。荷兰的有机农业利用自然界各因素相互制约、相互促进、相辅相成的原则，在能流、物流、信息流良性循环的基础上开展。其技术主要体现在土壤改良和有机肥技术、微生物多样性、人畜共患病研究、产品质量安全、土壤和水资源保护等方面。在有机生产中，充分利用生态农业技术以及自然界的光能、热能和降水，以土壤自身肥力为基础，实行生草覆盖，限制使用化学肥料和农药，多施有机肥，合理配施其他肥料；科学用药，优先采用农业、物理和生物技术防治病虫草害；注意保护生物多样性，保持生态平衡，使生态系统能够良性循环，使农业生产能够持续发展。

（2）美国的有机农业。美国也是高度重视有机农业的国家之一。罗代尔（J. I. Rodale）于1942年创办了第一家有机农场。1945年罗代尔出版了《堆肥农业和园艺》，受到广泛欢迎。它告诉人们如何利用自然生物的方法去培育更健康的土壤从而获取更健康的食物，并在自己的农场中进行实践，在扩大农场和以往研究成果的基础上于1974年成立了罗代尔研究所，成为美国有机农业发展的先驱。

美国市场上销售的有机西红柿

1981年10月，召开了第二次“小规模集约生产食物”的国际会议，美国农业部官员在大会发言中明确表示政府支持发展有机农业，并认为它是克服现代化农业所引起危机的重要途径。其后，美国农业部派出有关专家到罗代尔研究所参加研究工作，总结推广他们的经验，并于20世纪80年代成 立了替代农业研究所。美国有机农业发展过程中比较注重有机农业建设中的组织工作，并以现代化科技为依据把科研与教学、推广密切结合起来。当前美国的有机农业发展研究主要集中于寻求建立合理的、可行的系统途径，探索适合于小农场的技术体系。

20世纪90年代以来，在美国出现了不少“有机农场”“生态农场”，这些农场按经营方式可分为两类：一类是完全不用化肥、农药、除草剂和生长激素，仅依靠生物能源及利用物种的多样性和相竞相克、互利共生从事农业生产；另一类是主要以生态方式从事生产，但并不排除合理的、少量的化学投入品的使用。据美国农业部（USDA）统计数据，2012年美国从事有机农业的农场与2007年相比增加了83%，获得有机认证的农产品销售额达到31亿美元，其中42%的有机农产品是由农场直接向消费者出售。其中加利福尼亚州作为美国最大和最发达的农业州，有机农业面积占全美有机农业总面积的14.4%，有机农产品商品总价值也占全美的38.4%。政府给那些不用化肥、农药和除草剂的农场颁发有机农场证书，持有这种证书的农场产品售价较一般农场同类产品高15%～20%（Delate，2006）。美国农业部调查研究指出，有机农业较好地解决了病虫害防治问题，能源消耗少，经济收入高，而且不影响机械化操作，其最大的优点是提高土壤生物学肥力，不污染环境，不破坏生态平衡，提高了产品质量（Rigby et al，2001）。

（3）日本的有机农业。与欧美等国家不同，日本的有机农业政策是建立在国土狭小、农产品自给率低的国情基础上的，侧重于农业的国土保全功能，主张有效地发挥农业所具有的物质循环功能，使有机农业与生产效率相协调，通过土壤改良减轻使用农药、化肥等造成的环境负荷，兼顾“食”与“绿”，即提高农产品自给率与环境保护并举（罗芳等，2010）。日本有机农产品的法规和标准由日本农林水产省制定并实施。根据日本的有机食品生产标准（简称JAS法），进入日本市场的有机农产品必须经由在农林水产省注册的认证机构进行认证。目前，有机农业被农户们视为发展“环境保全型”农业的首选。截至2013年4月1日，日本国内符合有机食品生产标准的耕地面积为9 529公顷，占全国耕地总面积0.21%，有机农产品的种类已覆盖了大米、小麦、蔬菜、水果、牧草等主要作物。

日本有机农业协会（简称JOAA）是推动日本有机农业发展的重要机构。该协会于1971年10月成立，是一个非营利的志愿组织，主要由热心发展及推广有机农业活动的生产者及顾客组成。JOAA完全依靠会员缴纳的费用运作，没有接受政府或其他机构的资助。JOAA的核心目标之一是在生产者与消费者之间建立一个“提携”系统（直销平台）。生产者与消费者直接对话与接触，加深相互的了解，双方同时提供人员及资金去支持该系统内的运输。JOAA会员用创新的方法招揽农民去收集和分销产品，使消费者能够在他们自己创造的市场里得到有机产品。“提携”的内容包括六点：一是合乎生态原理及实现农业的自给自足。种植一定数量而种类不同的农作物，并饲养一些牲畜，管理的规模不应太大，可以利用自制的堆肥和牲畜的粪便做肥料，基本做到自给自足。二是消费者协助生产者，体验耕作。在“提携”体系里，消费者会探访生产者，在农场里帮忙，分担该系统管理所需要的劳动。三是简化挑选及包装程序。在“提携”体系里，生产者在分销产品给顾客时，不用花太多时间去挑选，包装简单且节省劳力。四是自行分销。生产者知道哪些人食用他们的产品，消费者也知道谁供给他们食物。五是转变饮食。消费者会接受农场运来的农产品（无论农产品的大小、数量及外表如何），并在很大程度上改变他们的饮食习惯，即食用当季的时令农产品，而不是选择那些反季节的大棚作物。六是协议定价。供求双方通过直接协商，达成价格协议。一方面，价格一般会高于传统市场的收购价，这会让生产者感到满意；另一方面，消费者也会满意这个价格，因为它同超市的农产品相比同样便宜，而且质量更好、更放心。有些消费者组织甚至赔偿生产者因改变管理模式而减少的收入。他们准备了一个耕作基金（不收利息的货款），当生产者因天灾、意外等出现经济困难时，便伸出援手。

六、国际经验借鉴

国外农业生态转型是以完善的理论体系为指导，以成熟的市场需求为驱动，以政策法规保障和高科技为支撑，以严格的质量监控为保证，以系统的咨询服务为依托而不断发展壮大起来的。因此我国发展生态农业必须在立足国情的基础上汲取国外生态农业发展的经验和教训，探索适合我国国情的生态农业经营方式及合理模式。

（一）实施生态转型战略

世界上典型的农业生态转型战略包括了预防、创新、循环和双赢原则。预防原则包括发展生态农业、生态工业、生态旅游、生态城镇、保护自然和生物资源等。创新原则包括环境友好的知识创新、技术创新和制度创新，提升生态效率和生态文化等。循环原则包括发展循环经济，提高废物再循环、再利用、再制造和废物处理率等。双赢原则包括经济发展的同时，加强生态重建，降低生态退化，实现经济和环境双赢等。根据国外生态农业的发展经验，我国在生态农业建设中，要树立科学发展观，倡导生态文明观，推广可持续发展模式，摒弃"竭泽而渔"的经济增长方式，寓环境保护、生态建设于农业发展之中，加快农业的生态转型。

（二）完善政策法规体系

与常规农业发展模式相比，现代高效生态农业具有更强的正外部性，同时也承担着更大的机会成本，弥补的办法就是实施扶持政策，建立激励机制，引导农

欧洲都市农业

业生产者的行为，构建一个良好的法律、法规体系，促进引导生态农业的规范化实施。借鉴国外经验，结合中国实践，通过立法，制定生态农业法律，做到有法可依，有章可循，有助于规范各级政府、各部门、社会民众的责任和义务，明确推行生态农业的途径、方向和技术标准。完善生态农业法律、法规体系首先要制定一部切合中国实际的、内容科学性和可操作性强的“生态农业促进法”，以此作为我国发展生态农业的基本依据。其宗旨是积极鼓励各种高效利用农业资源、保护和改善农业生态环境的行为；其制度应涉及生态农业发展的规划制度、产业指导制度、公众参与制度、生态环境有偿使用制度、生态补偿制度等。同时，借鉴发达国家经验，在我国已经制定的《中华人民共和国清洁生产促进法》《中华人民共和国环境影响评价法》《中华人民共和国环境保护法》《中华人民共和国循环经济促进法》等法律法规基础上，抓紧制定相配套的法律法规，如“生态农业生产管理办法”“清洁生产审核办法”等。此外，完善农业生态环境保护的政策体系，强化补贴、税收等支持政策，充分利用经济手段引导生态农业发展。

（三）健全市场运作机制

各国在农业生态转型中都重视发挥市场的基础性作用，在发挥市场主体作用、建立新型营销模式、优化价格形成机制等方面采取了一系列措施。中国应发挥行业协会和农村经济合作组织的作用，引导生态农产品市场主体健全收购、加工、销售网络，合理扩大经营规模、降低经营成本，通过优质的市场服务，增加消费者的信任，满足消费者对产品质量的需求，以赢得市场竞争力。进一步加快中国生态农业市场规范化建设，建立新型的市场营销机制，例如会员制、直销模式、产品标识制度、电商网络和生态旅游营销等。优化农产品价格形成机制，做到优质优价，确保生态农业的合理收益。

（四）建立配套技术体系

从国际经验看，发展生态农业既要注重挖掘传统生态农业技术精髓，又要结合实际加快技术创新，并进一步集成，形成现代生态农业技术体系。要借鉴国外经验，实行科研、推广、教育“三位一体”的体制，克服目前农业科研、推广和教育相互独立、自成体系的弊端。在技术路线选择上，坚持以我为主。我国虽然不能像西方国家那样实施耕地休耕制，但也可以在局部实施“相对休耕”，即在这些耕地上可以允许粮食不增产，甚至一定量的减产，前提是不危及国家粮食安全。例如，在13个粮食主产省外的地区以及粮食主产省内的非粮食主产县实施“相对休耕”。“相对休耕”不是永久的，当这些地区的耕地生产能力恢复到一定程度，必然又会为粮食的增长做出新的贡献（朱立志，2013）。同时要健全生态农业标准化体系。生态农业标准化体系一般由管理标准、技术标准和产品标准三部分组成。中国虽已形成不少相关的技术体系，但绝大多数尚未标准化，极大地制约着中国生态农产品的国际化。应根据生态农业发展的需要，参照国际标准制定生态农业标准化体系，使我国生态农产品与国内外市场良性对接，以促进中国生态农产品市场化和国际化，提高中国生态农业国际竞争力。

（五）强化公众生态理念

发达国家在经过“石油农业”给生态环境带来的不良影响后，政府高度重视保护生态环境与推进生态农业，从立法、政策、贷款和舆论宣传上相互配合，营造了一种发展生态农业的社会氛围。我国也应该把生态农业建设作为提高农产品质量安全水平，实现农业生态良性循环和农业产业可持续发展的重要战略措施，将其列入提高人类生活质量和社会进步水平的重要任务之中。强化宣传、提高全民环保意识是基础，提高政府重视与支持程度是关键。

强化全体国民的生态农业理念，首先，要开展全民可持续发展观教育。从青少年开始普及生态知识，倡导清洁生产、绿色消费理念，促进全民生态意识水平的提高。改变现行考核方式，将单纯以GDP为考核依据转变成以经济、社会、环境的协调发展为考核依据。其次，要通过宣传调动农民生态农业建设的积极性。农民是生态农业建设的主力军，只有调动起广大农民的积极性，生态农业建设才能付诸实践。同国外相比，目前中国农业生产经营者和各级农业管理人员环保意识较为淡薄，对生态农业认识不足、重视不够，这是生态农业发展的重要障碍之一。要做好广大农民和涉农工作者的教育工作，动员农民自觉地积极参加到生态农业建设中。要充分利用电视、广播、网络等宣传媒体，多形式、多层面、全方位宣传保护生态环境、建设生态农业的意义，形成全社会关心、支持和积极参与生态环境保护、建设生态农业的良好氛围。

第四章
中国生态农业的典型模式与技术体系

中国生态农业的一个重要任务就是克服只见树木不见森林的片面观点，把过去容易忽视的生态环境效益统一纳入到与社会效益、经济效益一起统筹考虑，把片段化操作的农业生态系统重新有效地组织起来。我国在生态农业实践中把这些能够处理好生态、生活、生产关系，重视顺应和利用自然，效益好、应用广的农业生态系统的结构形式称为生态农业模式。在农业生态系统（生态农业模式）运作过程中推动资源节约、环境友好、污染控制、废物循环、产品优质、生态协调的一系列相互配套、相互兼容的技术被称为生态农业的技术体系。在本章中讨论到的主要模式与技术之间的关系见右图。

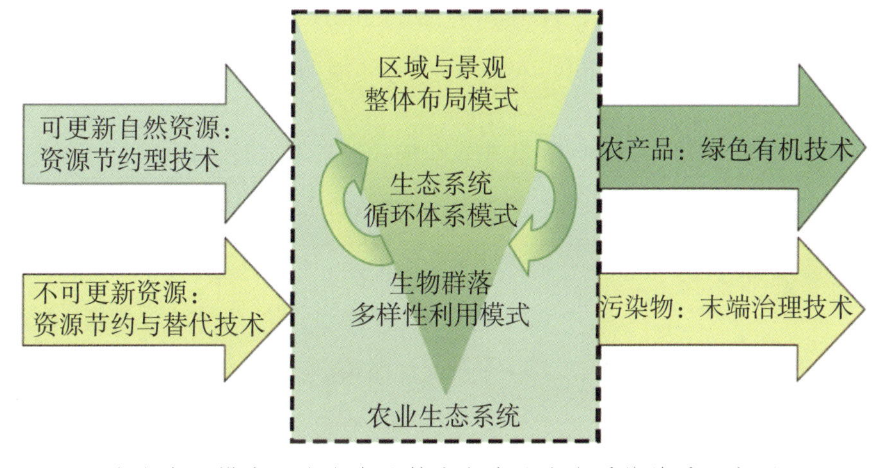

生态农业模式、生态农业技术与农业生态系统关系示意图

一、生态农业的典型模式

（一）生态农业模式概述

农业生产是在一个相互联系、关系密切的体系中进行的。常规农业生产往往只见“生产”，不见“生态”与“生活”，或者仅仅重视“高产、优质、高效”，忽视了“生态、安全”。在中国农业现代化过程中，老的工业化农业模式中那种高投入、高产出、高污染的直线生产模式，由于其快捷、高效曾经得到过青睐。人们为了扩大农业生产把生态上十分重要的林地、湿地、草地变成农田。重要生态功能区受到破坏，水土流失、缺水、风沙、旱涝等生态问题频发。今天之所以要退耕还林、退耕还草、退耕还湖就是因为过去在布局上出现了重大失误。为了追求简单和机械操作，作物大面积连片单一种植。农业生态系统的生物多样性减少导致了病虫草害频发和系统稳定性下降。化石农业过分依赖农药化肥，造成环境污染和资源紧缺。为此生态农业的一个重要任务就是重新认识农业的整体性，借鉴自然生态系统的运作模式，重新设计、布局和整合农业生产体系，建立能够协调农业经济效益、社会效益和生态效益的生态农业模式。

根据生态学的组织层次，生态农业的模式可以分为三个层次，即区域与景观布局模式、生态系统循环模式和生物多样性利用模式。在一个农业的区域和景观区中，最重要的就是平衡农业生产、生活、生态功能的整体布局。在一个通过能量和物质流动串联起来的农业生态系统中，最重要的就是保证能流、物流的畅通和物质的循环利用。在物种、种群和群落的生物构成中，农业需要充分利用生物多样性，建立不同农业生物之间、农业生物与环境生物之间的良好互动关系（表4–1）。

表4–1 生态农业模式的基本类型（骆世明，2009）

生物层次	模式基本类型	各分类的类型	举例
生态景观	景观模式	（1）生态安全模式	农田防护林模式，水土流失防治模式
		（2）资源安全模式	集水农业模式，自然保护区设置模式
		（3）环境安全模式	污染土地修复模式，污染源隔离模式
		（4）产业优化模式	流域布局模式，农田作物布局模式
		（5）环境美化模式	乡村绿化模式，道路景观设置模式

（续）

生物层次	模式基本类型	各分类的类型	举　例
生态系统	循环模式	（1）农田循环模式 （2）农牧循环模式 （3）农村循环模式 （4）城乡循环模式 （5）全球循环模式	秸秆堆肥回田模式 “猪—沼—果”生态农业模式 卫生厕所和农家肥堆沤回田模式 加工副产物利用模式，城市有机垃圾利用模式 碳汇林营建模式
生物群落	立体模式	（1）山地丘陵立体模式 （2）农田平原立体模式 （3）水体立体模式 （4）草原立体模式	果草间作模式，橡茶间作模式 桐农间作模式，作物轮间套作模式 鱼塘立体放养模式 饲料植物混合种植模式，家畜混养与轮牧模式
生物种群	食物链模式	（1）食物链延伸模式 （2）食物链阻断模式	腐生食物链模式（沼气、食用菌、蚯蚓） 污染土地的植物生产模式（仅种植花卉、树木等）
个体基因	品种搭配模式	（1）抗逆性搭配模式 （2）资源效率搭配模式	耐低磷大豆、抗稻瘟病水稻的利用 高光合效率、高水分利用效率品种的利用

（二）区域生态功能与景观生态布局模式

1. 区域农业布局

（1）区域生态功能区划分的目标与原则。区域生态功能与景观布局的主要目标就是在国土空间布局中处理好生态、生产和生活的格局。在区域层面重要的是要区分好各类主体功能区。根据国务院2010年12月21日发布的《国务院关于印发全国主体功能区规划的通知》，“推进形成主体功能区，就是要根据不同区域的资源环境承载能力、现有开发强度和发展潜力，统筹谋划人口分布、经济布局、国土利用和城镇化格局，确定不同区域的主体功能，并据此明确开发方向，完善开发政策，控制开发强度，规范开发秩序，逐步形成人口、经济、资源环境相协调的国土空间开发格局”。其遵循的原则包括：根据自然条件适宜性区分主体功能，根据资源环境的承载能力控制开发活动强度，优化空间结构提高空间利用效率，把增强生态产品作为一个重要的国土空间开发任务。通知要求各省、自治区和直辖市都要组织完成省级的主体功能区规划编制工作。各个省、自治区和直辖市管辖下的市、县等行政单位都应当在上一级主体功能区规划的基础上，进行本级管辖范围的主体功能区规划编制。在主体功能区的农产品主产区中，也需要注意其中的生产、生活与生态格局，平衡提供农产品和其他生态产品和生态服务的关系。在农业生产区域中，要注意平衡各类种养业的产业布局。

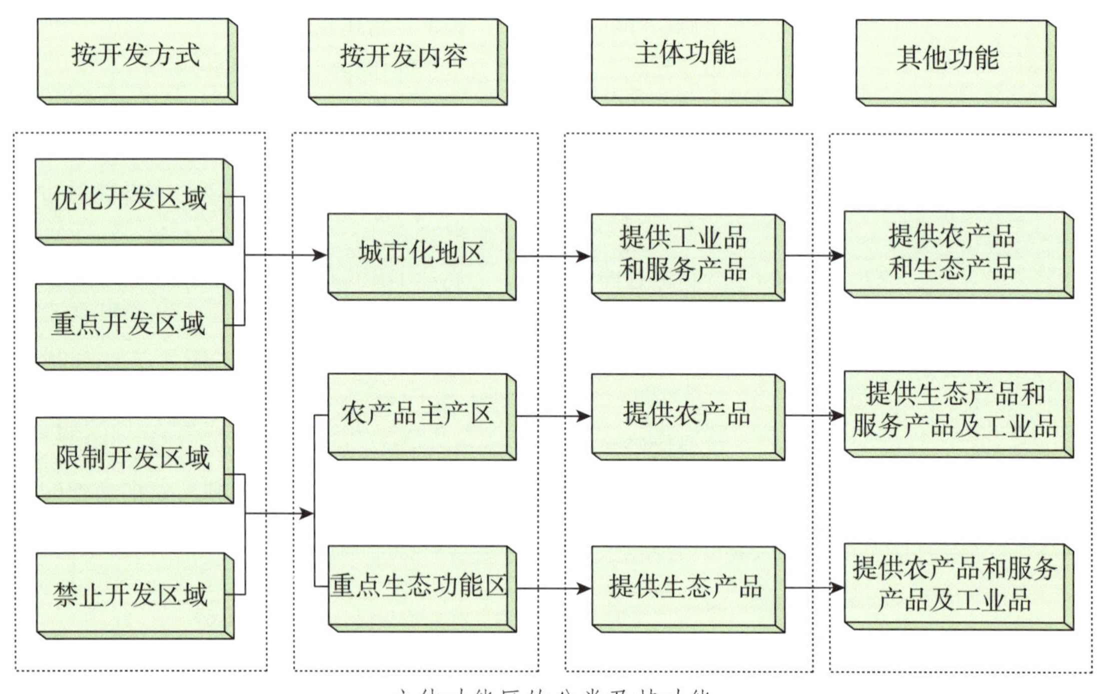

主体功能区的分类及其功能

（资料来源：《国务院关于印发全国主体功能区规划的通知》）

（2）区域与景观布局的基本方法。在进行区域与景观布局的规划时，最重要的就是收集有关区域的自然、社会、经济现状资料，进行实地调查，并接触与规划有关的利益相关方，听取他们的意见和建议，统筹分析当前布局中存在的优势和劣势，探讨未来的挑战与机遇。在此基础上提出布局的规划方案。对于国家和省级的主体功能区规划可以分为近期（5年）、中期（10年）和远期（20年）规划。对于单个农业主产区以及范围更小的乡镇、村的农业与农村规划来说，也可以相应提出时间相对短一些的规划方案。规划方案最重要的就是空间布局的安排，以布局的图件（规划图件）表达，对这个方案还要进行环境影响评价和效益分析，要提出保障实施的具体措施，阐述的理由以文字形式（规划报告）表达。

方案还应当进一步征求公众的意见和建议以及组织专家进行必要的可行性论证工作。

（3）我国的农业主产区分布。在我国主体功能区规划中，提出的农业主产区为“七区二十三带”。

东北平原主产区：建设以优质粳稻为主的水稻产业带，以籽粒与青贮兼用型玉米为主的专用玉米产业带，以高油大豆为主的大豆产业带，以肉牛、奶牛、生猪为主的畜产品产业带。

黄淮海平原主产区：建设以优质强筋、中强筋和中筋小麦为主的优质专用小麦产业带，优质棉花产业带，以籽粒与青贮兼用和专用玉米为主的专用玉米产业带，以高蛋白大豆为主的大豆产业带，以肉牛、肉羊、奶牛、生猪、家禽为主的畜产品产业带。

长江流域主产区：建设以双季稻为主的优质水稻产业带，以优质弱筋和中筋小麦为主的优质专用小麦产业带，优质棉花产业带，“双低”优质油菜产业带，以生猪、家禽为主的畜产品产业带，以淡水鱼类、河蟹为主的水产品产业带。

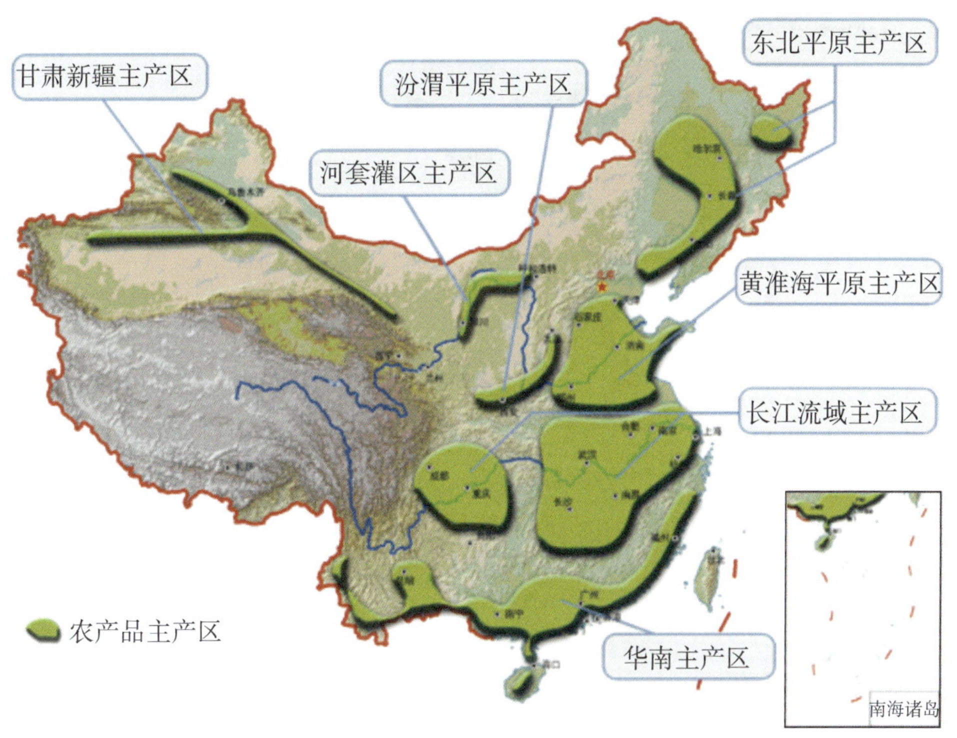

中国农产品主产区
（资料来源：《国务院关于印发全国主体功能区规划的通知》）

汾渭平原主产区：建设以优质强筋、中筋小麦为主的优质专用小麦产业带，以籽粒与青贮兼用型玉米为主的专用玉米产业带。

河套灌区主产区：建设以优质强筋、中筋小麦为主的优质专用小麦产业带。

华南主产区：建设以优质高档籼稻为主的优质水稻产业带，甘蔗产业带，以对虾、罗非鱼、鳗鲡为主的水产品产业带。

甘肃新疆主产区：建设以优质强筋、中筋小麦为主的优质专用小麦产业带，优质棉花产业带。

即使是在这些农业主产区中，还要注意一些重要生态关系的处理，例如北方的水资源短缺和黔桂区域的喀斯特地貌对农业开发强度的制约等。农业生产活动特别是主产区不能够扩展到重要的生态功能保护区和各地的自然保护区。

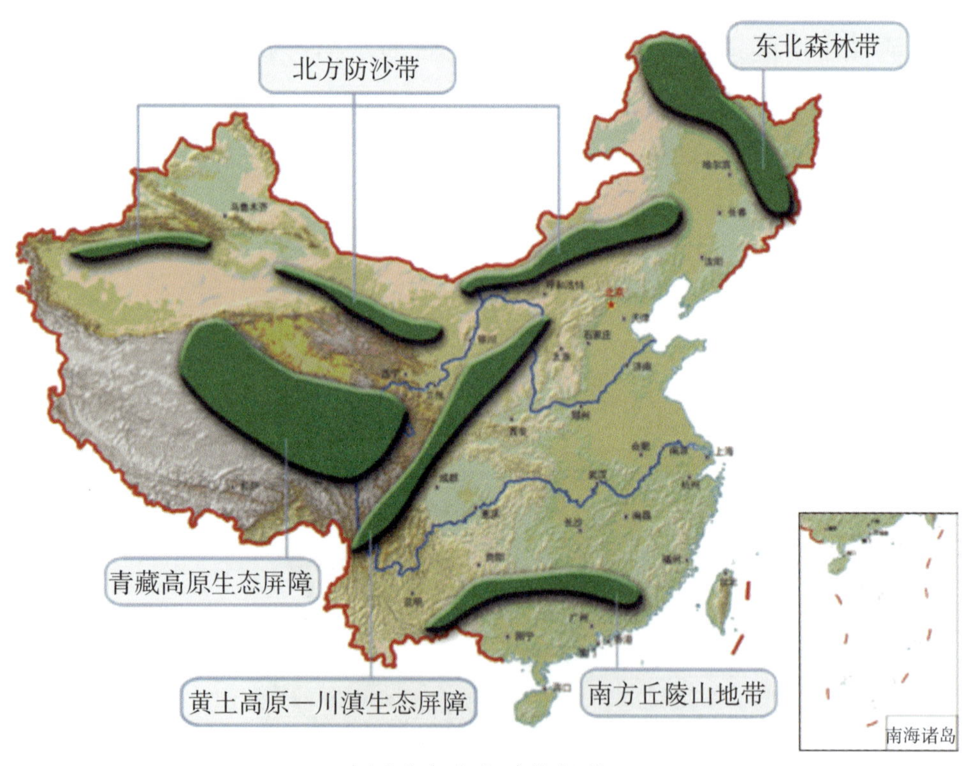

我国重点生态功能保护区

（资料来源：《国务院关于印发全国主体功能区规划的通知》）

2. 流域景观模式

一个流域实际上就是一个基本的水文单位，农业所依赖的水资源主要来源于流域上游自然植被截留存储的降水与高山上春夏季冰雪的融化。因此农业布局必须注意用水与产水的平衡。在集水区的上游山地丘陵，地形比较陡峭，容易产生水土流失，因此农业布局中必须注意耕作与水土保持的关系。在一些比较大的流域中，从山下到山上，高度差比较大，随之会产生温度和降水的梯度变化。我国越往北，山地丘陵的阴坡和阳坡的日照和温度差异就越大，因此适宜的农业生物物种和品种也有所差异。因此根据流域不同生态条件，适当安排各种生态适宜的生产项目十分重要。综合这些因素形成的流域合理布局就成为各地的流域景观模式。

华南地区常见的流域农业布局景观（骆世明，2010）

在华南一种常见的流域景观布局模式是在山上部和比较陡峭的部位，保留足够的森林与自然植被作为水保林或者水源林，在近村落的山地种植经济林木和果园，在增加经济收入的同时也有利于减少水土流失。山谷和平川的耕地是主要的农耕区域，以蔬菜、水稻等作物为主，实施一年多熟耕作制。低洼地因地制宜地开辟为基塘系统，养鱼养鸭，种桑养蚕。低洼地也可建立高畦深沟系统，降低地下水位，在畦上种植木瓜、柑橘、蔬菜等作物，在沟中种植芋头、水稻，甚至养鱼和种莲藕。河堤上种植荔枝、香蕉等作物，如果近海台风多，就种树，建立防护林。

云南元阳梯田已经列入联合国粮农组织的世界农业文化遗产。即使是在西南秋冬大旱的年份，元阳梯田还有水灌溉浸冬。这不得不赞赏当地群众在流域布局中的智慧。当地的梯田开垦仅仅占据大山的中下部，村落建立在山腰，其上就是大片自然植被。这种林农布局保障了水田旱季不旱。

云南元阳梯田的景观结构

在黄土高原也有很多适应当地自然条件的流域景观布局。有一种布局在当地描述为“山顶戴帽子（草灌木），坡上挂果子，山腰系带子（水平梯田），山下穿裙子（造林），沟里穿靴子（打淤地坝，建柳谷坊）”。位于黄土高原丘陵沟壑区的宁夏西海固地区同河流域，在当地生态农业建设中开展了小流域综合治理。在沟谷打坝挡川，修造基本农田，增产粮食。在缓坡地上，实行草田轮作，苜蓿和草木樨与燕麦、糜谷子轮作。在陡坡则退耕种树种草，栽种杨、柳、榆、松、沙枣、刺槐、柠条、紫穗槐、沙柳等。在养殖业中以绵羊、牛、鸡和兔为主，适当控制对草山有害的山羊。在粮食面积减少30%，且只施有机肥条件下，这种流域布局的作物单产成倍增长，粮食总产增加1.5倍，水土流失得到了有效控制。

位于河北省沙河市册井乡的白庄小流域属于太行山的低山丘陵区，很容易发生水土流失。为此当地实施了25° 以上陡坡沿等高线开鱼鳞坑，缓坡地修建水平梯田和环山水平沟，沟谷建造谷坊、淤地坝、排水沟和截洪沟，形成了完整的工程防护体系。在此基础上，建立了“松槐戴帽，果树缠腰，梯田抱脚，以短养长，以灌护乔，乔灌草综合搭配”的流域植被布局。水土流失被制止，土壤肥力增加，作物产量和水果产量上升，养殖业得到大发展。在山东省，一个成功的流域布局模式就是“山顶乔灌草戴帽，山腰经济林缠绕，山脚梯田粮油菜，堰边种植花草条，谷坊塘坝沿沟建，林水路田都配套”。这个模式在沂蒙山区的山东省临朐县东部、南部沙山丘陵大量应用，就取得了很好的成效。

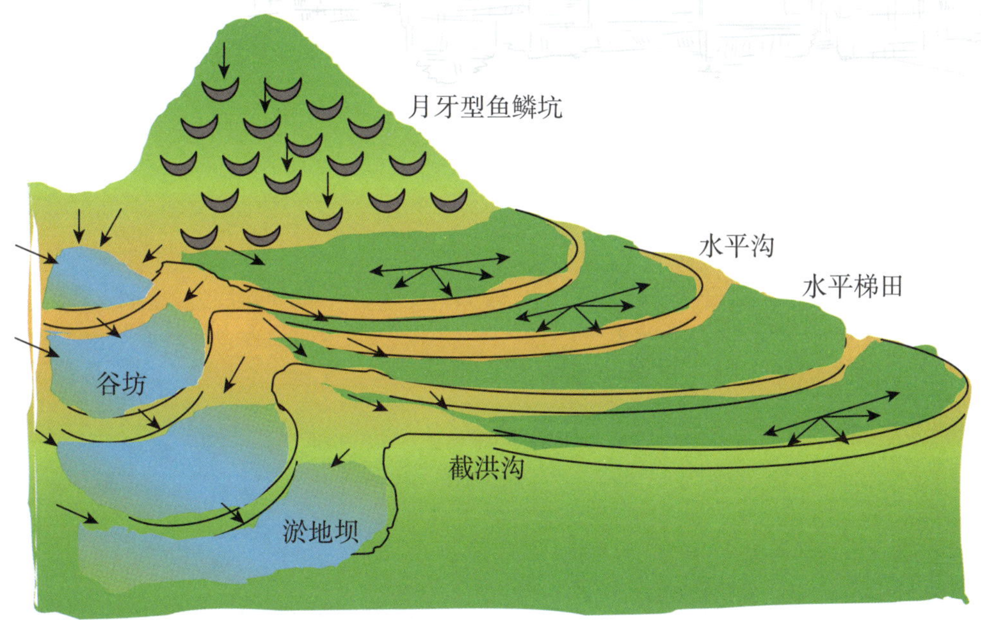

太行山低山丘陵区的水土流失治理模式示意图

3. 农区景观模式

在农区的景观布局中，需要通过村边树林、农田林网、河流植被缓冲区、农田边缘田埂等方式保留足够的自然植被面积。这些植被有利于保护生物多样性，减少作物病虫害，有利于抗风保温增湿，改善农田小气候环境，有利于农业的稳产高产。

在农作物生产布局上应当尽量避免大面积单一作物连片种植。适当的镶嵌种植有利于通过轮作制度的建立减少作物连作障碍，有利于通过不同作物之间的抗性关系减少作物病虫暴发，容易通过不同作物的养分特性平衡土壤养分的消耗与补充。

农田区域的自然植被——农田防护林网

农田区域的自然植被——河流植被缓冲区

不同作物适当镶嵌的种植布局

4. 牧区景观模式

牧区在大范围内实施轮牧制度是既保障牲畜获得丰富饲草，又能够让草原资源得到恢复的重要实践经验。然而，如果草原产权不明，人口密度增加，放牧强度上升，就容易产生无节制放牧引起草场退化的“公地悲剧”。如果实行家庭划片承包，也会由于承包面积过小，不能满足草场轮牧和恢复需要，反而导致草场的沙化和荒漠化。石永亮（2013）研究了我国和蒙古国的放牧模式，结果表明我国牧区可以通过几种方式恢复资源的景观连续性，从而恢复轮牧制度。第一种模式是单户牧场面积比较大时，几个家庭之间自愿联合组成合作放牧小组，把牧场划分成为不同季节利用的牧场。第二种模式是在牧业村内统一管理和调度草牧场，合理利用冬春和夏秋草场，贫困户适当多分配一些好的草场，以补偿放牧数量上的差异，结果实现了大区域的季节性划区轮牧。第三种方式是以旗为单位先固定冬、春、秋牧场，再把这部分牧场划分各户承包。夏季牧场则以乡为单位，规定夏季放牧2～3个月。这样夏季牧场就能够留出足够的恢复期。例如呼伦贝尔市陈巴尔虎旗的莫尔根河流域，被确定为全旗的公共夏季牧场。

牧区景观

5. 湿地景观模式

按照《国际湿地公约》，“湿地系指不问其为天然或人工、长久或暂时之沼泽地、湿原、泥炭地或水域地带，带有或静止或流动，为淡水、半咸水或咸水水体者，包括低潮时水深不超过6米的水域”，通常包括浅海、河口、河流、湖泊、沼泽和人工水面（水库、池塘、稻田）。稻田、鱼塘、池塘、湖泊、河口、浅海都是重要的农业和渔业区域，但是又都具备非常重要的湿地生态功能。

在南方高温多雨的条件下，在流域范围内湿地体系利用的一个常见模式就是：①上游水库：以蓄水、供水、调洪为主，在不影响使用水质标准的条件下少量养鱼。②河道：采取定量核定发放捕鱼许可证，捕鱼严禁使用小网眼渔网以及电鱼、炸鱼、毒鱼等方式。珠江流域每年5月到6月份实施禁渔期，同时周年释放鱼苗。通过这些方式平衡流域鱼的捕获量与增殖量关系。③稻田：进行水旱轮作，豆科作物与水稻轮作，用地养地相结合。④低洼地高畦深沟模式：畦上种植果树、甘蔗、蔬菜，沟里种植水生作物与养鱼。⑤低洼地的高强度利用：包括淡水养殖，莲藕、马蹄、慈姑、茭白、菱角、席草等水生作物种植。⑥低洼地的低强度利用：收获滩涂的芦苇等自然湿生植物作为工业原料。

在农业和渔业布局中，必须注意平衡湿地的生产与生态功能。过去我国一些地方错误地实施大规模围湖造田，致使下游湿地对江河流量季节性波动的缓冲能力和对污染的消化能力下降，还威胁到了多种生物的栖息地，后来不得不实施退耕还湖。一些具备重要供水功能的水库由于进行了网箱养鱼而造成了蓝藻暴发，这是水体功能规划失败的教训。我国热带、亚热带区域沿海的红树林曾经一度被毁，目前由于红树林具备保护堤坝、提供生物多样性栖息地的功能，不少已经列入了被保护范围并得到逐步扩大。

6. 乡村旅游模式

在农业和农村开展旅游的类型可以分为：①展示生产景观为主的，例如云南元阳梯田、广西龙胜梯田。②展示生活景观为主的，例如江西婺源乡村。③展示民俗文化为主的，例如贵州西江苗寨。④展示自然景观为主的，例如广西漓江。很多乡村旅游点的实际效果是这几种类型的结合。旅游者通过观光、度假、体验等活动方式获得健康身体、调整心态、增长见识。显然，在乡村旅游中，农业生态系统服务功能在环境调节和文化精神等方面的服务功能更加突出了。因此无论哪一种类型的乡村旅游，都需要重视实施自然环境保护和传统文化保护，切实保障景观上的协调与和谐。在乡村旅游区域应当严禁设计风格不协调的“现代建筑”、营造太过商业化的氛围和引入污染产业。

云南元阳

江西婺源

（三）有机废弃物循环利用与系统耦合模式

在老的工业化农业思维中，农业生态系统就是一个工厂，投入种子、肥料、农药、农膜、农机、灌水，然后利用农业生物机器的运转，产出我们需要的粮、棉、油、肉、蛋、奶等农产品。这种“直线农业”的思维，很少考虑废弃物的重新利用、污染物减排、资源消耗和环境安全等问题。农业生态系统循环模式就是改造“直线农业”结构，通过副产物的循环（recycle）、废弃物再用（reuse），以减少（reduce）资源消耗和污染物排放。可以根据循环对象划分为以下几种循环模式：①以作物秸秆循环利用为特征的秸秆循环利用模式。②以畜禽养殖排泄物循环利用为特征的农牧结合循环模式。③以农产品加工业副产品的循环利用为特征的农加结合循环模式。④以城乡固体有机废物循环利用为特征的垃圾循环利用模式。⑤以城乡生产与生活污水经过处理再循环利用为特征的污水循环利用模式等。

1. 秸秆循环利用模式

在我国传统农业中，秸秆通常被作为饲料、肥料和燃料。在农业现代化和规模化进程中，传统利用方式由于相对费时费事，很多秸秆被就地燃烧或随便丢弃。据估计，我国有1/3以上的秸秆没有得到适当的综合利用（毕于运等，2008）。这不仅浪费了其中的养分和能量，而且燃烧时还会污染大气。在收获季节的集中秸秆燃烧可能由于空气能见度下降致使高速公路和机场关闭。空气的微细可吸入颗粒物（PM2.5）也会聚集至危及人体健康的浓度。据测算全国秸秆焚烧产生的PM2.5不到总量的5%，但是在秸秆集中燃烧的季节，可能在短期内占空气PM2.5的30%～40%。例如环境保护部在2013年6月份通过卫星监测到安徽、河南等地存在122个秸秆焚烧点，由于当时高空盛行东北气流，影响了下风向的武汉，加上本地其他雾霾来源，如工地道路扬尘、工业排放等，武汉在6月12日出现严重雾霾天气。武汉环境监测中心获得城区PM2.5达到606微克/米^{3}的历史最高值，PM10也监测到罕见的733微克。事实上，无论是在以家庭为经营单位的小农户，还是在以规模化生产为特征的农业企业，都有很多可行的秸秆循环利用模式，并且取得了良好的社会效益、经济效益与生态效益。据估计，如果将现有未得到利用的2亿吨秸秆进行资源化利用，相当于增加20%的农业资源（朱立志，2015）。

（1）秸秆作为覆盖。秸秆可以作为茶园、旱作、果园、苗圃的覆盖物，有利于保水保肥，减少杂草。广西利用晚稻稻秆作为免耕马铃薯的覆盖物，2011年推广超过100万亩，增产10%～40%，节本增收6 000～9 000元/公顷（智慧农业课题组，2012）。

（2）秸秆作为饲料。利用秸秆作为饲料饲养草食动物，除了直接喂饲，还可以因地制宜，通过青贮（乳酸发酵）、氨化、碱化、糖化、膨化等生物、化学和物理方式处理，提高秸秆的饲料利用效率。秸秆还可以先作为食用菌培养基，经过发酵后的菌糠作为猪或牛的饲料。甘肃省临夏回族自治州推广玉米秸秆青贮利用的模式，在2011年利用量达到53万吨，节约精饲料10万吨，奶牛增产15%，年效益达到1.5亿元。他们还探索了种植户与养殖户通过签订合同的形式，实现通过青贮饲料原料供应和种养结合（临夏回族自治州农业局，2011）。

（3）秸秆作为肥料。秸秆直接回田的主要困难包括用工量大、田间分解慢、妨碍机械操作，分解初期由于有一个吸收氮营养的过程，对作物生长有一些影响等。为了克服这些困难，人们研究出了各种各样的解决办法。减少秸秆回田用工量最重要的是实施机械化作业。加速秸秆的分解可以通过机械粉碎以及施用化学与微生物制剂。目前具备秸秆粉碎功能的农业机械和促进秸秆腐熟的制剂种类很多，各地可以根据秸秆的种类和还田的方式选用。秸秆通过堆肥发酵以后还田是我国农村传统的秸秆还田方式之一。堆肥的关键措施包括适当添加石灰调节酸碱度，加氮肥或者动物排泄物调节碳氮比，通过覆盖、通风或者翻堆调节温度和厌氧过程，添加适当的微生物菌种加速分解等。此外，秸秆经分段式连续热裂解炭化工艺，产生的秸秆炭可作为良好的土壤改良剂。据联合国环境规划署“生物质炭可持续土壤管理全球示范培训项目”研究表明，秸秆炭具有改良土壤结构、保墒增墒，快速提升有机质、提高生物活性，减少氧化亚氮排放、提高氮素利用率，钝化重金属、减毒降镉，消除秸秆有害生物、减少病虫害等五大作用。

加施炭肥对比

施炭于土，减肥减药

生物质炭：改善土壤结构，提高土壤保肥保墒能力

（4）秸秆作为培养基。秸秆可以作为食用菌的培养基。我国是食用菌生产大国，占世界食用菌生产的70%左右。草菇、双孢蘑菇、白秆蘑菇、紫蘑菇、平菇、凤尾菇等依赖草料中的养分生长。这些食用菌称为草生菌。草生菌的培养基可以利用水稻、小麦等作物的秸秆作为碳源。培养基的氮源则可以通过利用动物的排泄物获得。生产食用菌后的菌渣还可以作为有机肥还田。2006年福建食用菌产值73.7亿元，鲜重171万吨，占了全省农业总产值的11.7%，出口创汇3.74亿美元，占全省农业出口创汇的15.4%，因此缓解了食用菌生产需要砍林木达100万米^{3}作为培养基的“菌林矛盾”问题（翁伯琦，2010）。

（5）秸秆作为燃料。由于生活水平提高，我国越来越多的农村家庭已经不再直接使用秸秆作为燃料，这也是导致大量秸秆在田间被焚烧的原因之一。目前秸秆作为燃料的途径包括秸秆气化成为燃气、秸秆挤压成为颗粒燃料、秸秆进行沼气发酵和利用秸秆燃烧直接发电等。通过高温和控制氧气供给，将秸秆中的生物质裂解成为可燃的一氧化碳、氢、甲烷、丙烷等气体的秸秆气化技术已经逐渐成熟。从"十五"开始，我国已经开始建立秸秆气化集中供气试点工程。2009年全国已经建成秸秆气化集中供气工程539座（谢祖琪等，2009）。到2006年为止，黑龙江建设秸秆气化站41处，使用的农户超过了1万户。秸秆固化可以使燃烧的效率达到80%，黑龙江已经在2009年建立了一个年产21万吨的秸秆固化颗粒燃料生产基地（翟继辉等，2013）。秸秆产沼气除了传统的小型沼气池以外，大中型秸秆沼气集中供气工程已经逐步发展，内蒙古赤峰市以秸秆为原料已建立一个日产气6万米^{3}的大型秸秆沼气工程，为30万居民供气供热。

（6）秸秆作为工业原料。秸秆在工业上还可以作为造纸、人造板、包装材料、酒精、木糖醇、羧甲基纤维素等产品的原料（樊菲等，2004）。

2. 农牧结合循环模式

在中国以小型农户为单位的传统农区，有种植与养殖相结合的优良传统。农户养殖的猪、牛、羊、鸡、鸭、鹅等禽畜粪便都会在农田中循环利用。随着社会经济的发展和农村劳动力的转移，农村家庭小规模饲养在减少，大中型集约养殖

传统农区有种植与养殖相结合的传统

业发展越来越快。没有经过适当处理的牧业排泄物成为环境污染的重要来源，往往导致水体富营养化。因此，应当重新强调通过农牧结合途径消纳和循环利用畜牧业废物。这不仅可以减少污染源，而且可以充分利用其中的养分、有机物和生物质能。在循环利用中，需要注意可能的病原菌传播。为此，一方面应当进行源头治理，通过防疫和卫生措施减少养殖业的病原，另一方面要对排泄物进行高温灭活、厌氧发酵、化学杀菌等措施处理。在畜禽废物循环利用中还要注意饲养过程中饲料含有的重金属和其他添加剂对环境安全的影响，尽量争取在饲养过程中使用合格的原料，在循环利用之前测定重金属等有关物质的含量，以便采取适当的措施。

（1）农牧直接结合。农牧结合模式中植物生产为养殖业提供饲料，养殖生产为种植业提供养分和有机质。为了维持种养的生态平衡，种植业与养殖业的数量平衡很重要。

在牧区，这种平衡表现在草原的载畜量方面。草地载畜量以羊单位计算，即放牧一头40千克母绵羊及其哺乳羔羊所需要的牧草量为一个羊单位：

载畜量=（草地面积×草产量×草利用率）/（放牧天数×羊单位日食量）

其他牲畜需要根据其对草的相对消耗量进行标准羊单位的转换。计算一个区域载畜量还需要分别计算夏季牧场、冬季牧场和打草草场的载畜量。

在半农半牧区，为了避免过牧，减少放牧的压力，不少地方鼓励适当采用舍饲的方式。这就需要收获天然或者人工种植的饲料植物喂饲牲畜。这样牲畜放牧的压力减少了，但是饲料收获阶段的压力却增加了。因此在饲料收获地块需要增加水肥和管理的投入才能够平衡牲畜对牧草的需求。

在农区，畜禽排泄物可以通过直接还田与堆肥还田的方式加以利用。须根据农区作物面积计算畜禽容纳量，建立种养的养分平衡。这个平衡可以通过养分平衡为依据来计算。以耕地氮平衡测算最大猪养殖容量为例：

猪容纳量=[耕地面积×（作物需氮量–土壤供氮量）]/（单猪产氮量×收集率）

需要分别就作物与禽畜的氮和磷平衡计算出畜禽容纳量。为环境安全起见，选择较小的一个值作为容纳量参考值。

禽畜的实际容纳量会根据耕地土质、种植区域气候、种植作物的差异而发生变化，也会因为畜禽品种和饲养方法的差异而变化。不少农区的经验表明1公顷耕地可以容纳300~350只鸡鸭，或者15头左右猪的粪便。

如果畜禽有机肥不足就需要补充其他肥料。如果畜禽有机肥过多，当地的土地容纳不了，就需要通过输出的方式解决其出路问题。目前各地畜牧场把禽畜粪便直接以干粪形式出售和通过制作成有机无机复合肥的方式销售的例子都不少。前者适合在畜牧场附近的农地实施。后者适合运输到稍微远一些的区域，并且需要有销售渠道。

（2）基于腐生生物的农牧结合。家畜粪便可以通过沼气、蚯蚓、蝇蛆、食用菌生产之后才作为肥料回到种植业进行循环利用。这些利用粪便和动植物残体进行代谢的微生物和动物称为腐生生物。这些代谢过程中产生的沼气、蚯蚓、蝇蛆、食用菌有利于提高禽畜粪便利用的经济和社会效益。

在沼气利用方式中，受到普遍欢迎的模式有北方温室大棚、蔬菜种植、生猪养殖、沼气生产组成的“四位一体”模式，南方“猪—沼—果”模式，西北沼气、水窖、厕所、果园、暖圈形成的“五配套”模式等。王京平在东北创造的养殖—沼气—温室大棚“三结合式”生态养殖场在2009年还获得了国家实用新型专利。该体系主要是沼气池建在畜舍下面，直接接纳粪便，温室大棚利用畜舍向南的墙作为温室大棚的后墙，后墙上部开通风口连通温室与畜舍。这个体系不仅沼液用于温室大棚生产，蔬菜尾叶用于喂牲畜，而且牲畜产生的二氧化碳也流通到

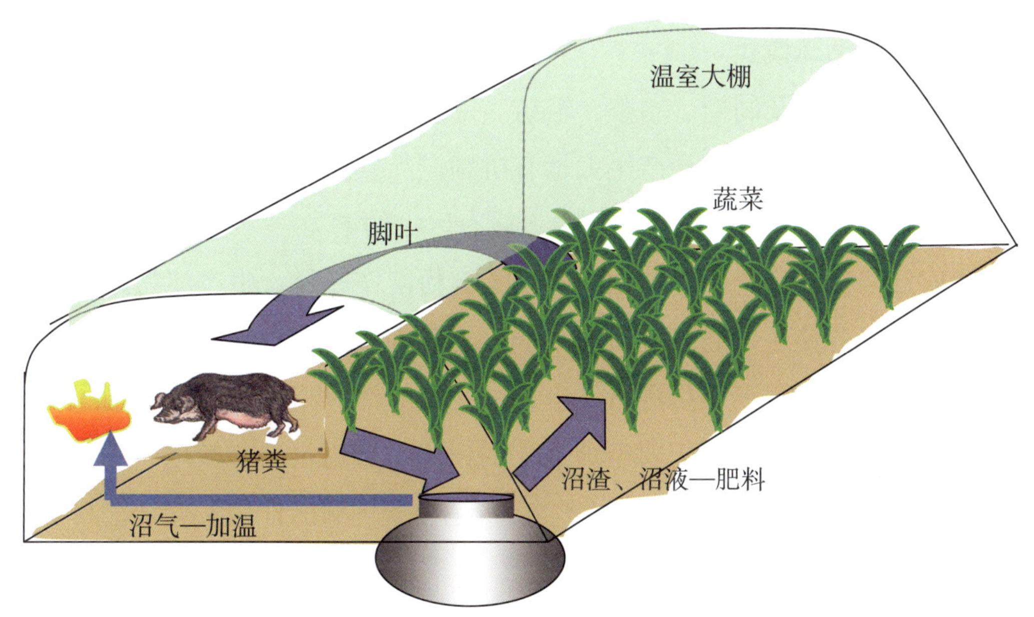

北方“四位一体”沼气利用模式示意图（骆世明，2009）

温室大棚，温室大棚通过光合作用产生的氧气也流通到畜舍。我国到2013年已经有4 150万户户用沼气，年产沼气160亿米^3，相当于当年我国天然气消费量的10%左右。随着社会经济发展，大中型沼气发展逐步成为主流发展的模式，2013年全国已建大中型沼气工程10万处。据专家测算，如果将现有2亿吨未利用秸秆和畜禽粪便用于发展沼气，可年产沼气1 000亿米^3，相当于600亿米^{3}的生物天然气，相当于2013年我国天然气消费量的36%、进口天然气的113%。2015年，国家发展和改革委员会、农业部支持建设了25个日产生物燃气（沼气提纯后，甲烷含量达到95%）1万米^{3}的大型生物燃气试点项目（李少华，2015）。

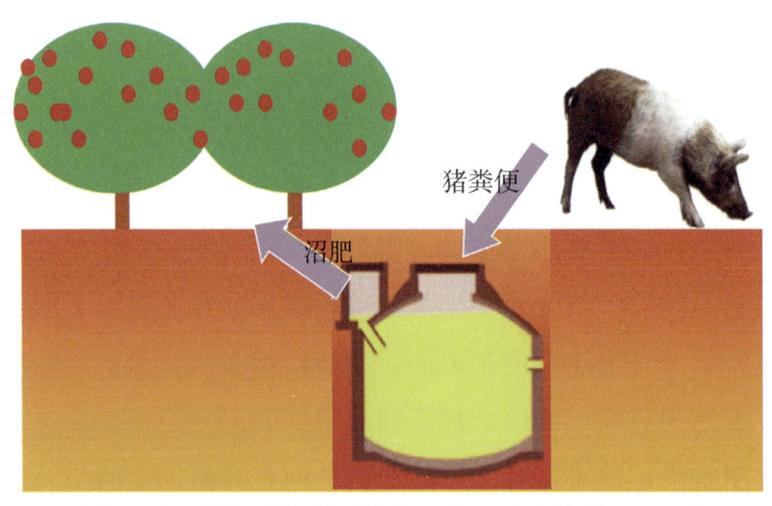

“猪—沼—果”沼气利用模式示意图（骆世明，2009）

3. 农加结合循环模式

农产品加工业涉及制糖、制茶、轻纺、果品加工、肉类加工、淀粉制造等行业。在农副产品加工过程中会产生大量有机副产品，通过建立循环经济模式最大限度利用好资源，在减少对环境的压力方面有巨大的潜力。

广东省江门市一家淀粉厂利用木薯作为淀粉制作原料，生产淀粉的同时留下大量木薯渣。为此该企业通过发展养殖业，充分利用木薯渣养猪，猪场的废弃物进入大型沼气池，沼气产出后进行发电，供职工生活和猪场用电，节约了商品能源。沼气池的沼液和沼渣用于附近坡地上的树木、果树，所有坡地的排水进入鱼塘，这些鱼塘一方面生产淡水鱼，另一方面起着净化塘的作用。这样淀粉加工企业与农业形成了良性循环体系。

广西以贵港糖厂为基础形成了贵港生态工业园区。这是一个以甘蔗榨糖业

广东省江门市一家木薯淀粉加工厂与农业的循环体系示意图

为基础发展起来的一个农工结合的循环产业园区。产业园区包含了农业的甘蔗生产、制糖、造纸、热电、环境综合处理几个部门。该企业从20世纪50年代形成的第一条产业链逐步发展成为：甘蔗—制糖（蔗糖、低聚果糖）—废糖蜜—酒精—酒精废液复合肥—二氧化碳—轻质碳酸钙。在60年代和70年代发展起来的第二条产业链结构是：甘蔗—制糖—蔗渣—造纸（文化用纸、卫生纸）—纸浆黑液—碱回收。园区热电系统利用有机废水进行沼气生产，利用蔗髓燃烧产热。这个体系

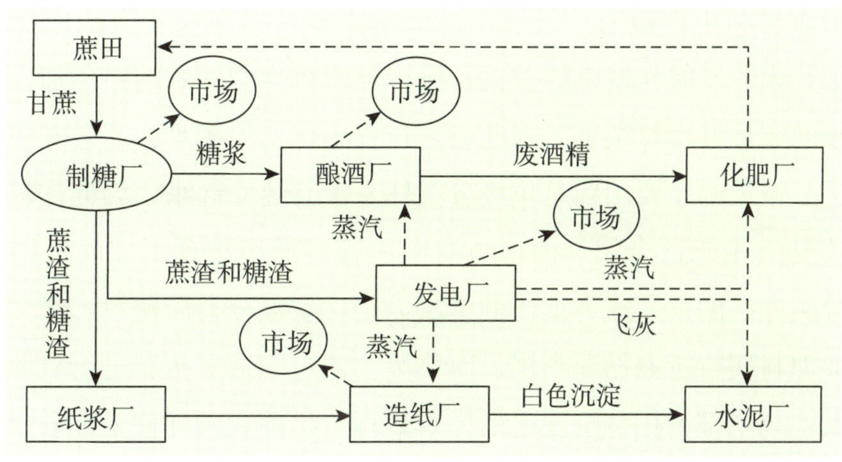

贵港生态工业园区的循环产业链结构示意图（赵瑞霞等，2003）

替代了煤炭和天然气，每年可以节省标准煤3.2万吨，减少COD排放2.71万吨、$SO_2$1.21万吨、颗粒悬浮物2.8万吨、固体废弃物35.9万吨。园区还循环用水6 541万吨。整个园区制糖产值与综合利用产值的比例提高到了3∶7。多元化的产品有效抵御了糖价从2007年每吨4 170元高位下降到2008年2 650元这样的巨大市场冲击。即使在制糖业普遍亏损的情况下，该园区收益仍然可观（梁洪，2009）。段宁等（2004）还进一步分析了贵港模式，提出了一个制糖生态工业系统结构的一般模型。其思路可供有关农产品加工业的循环体系建设参考。

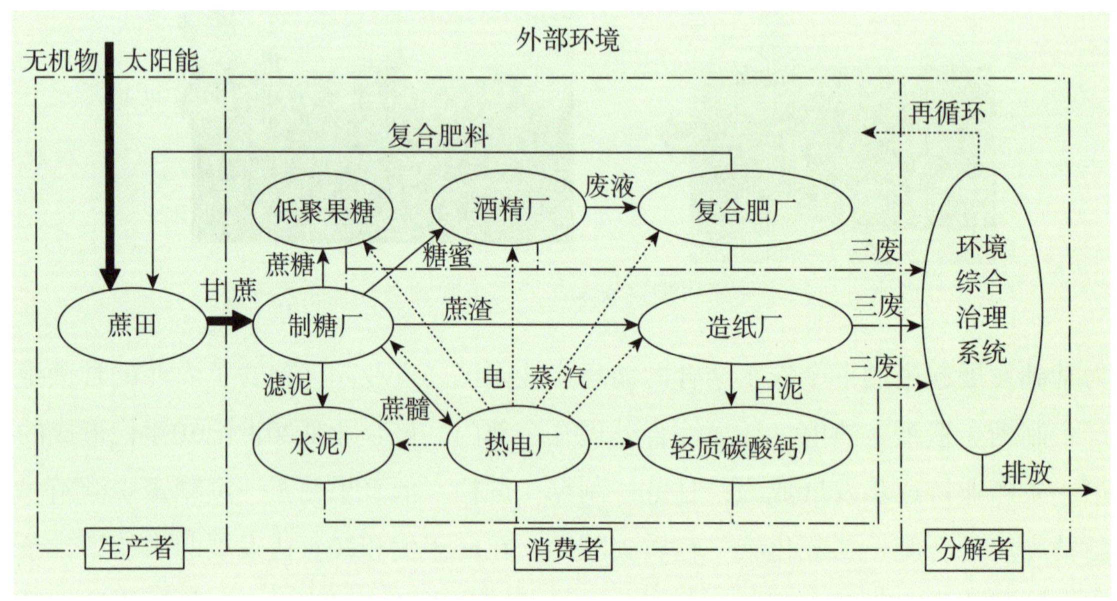

制糖生态工业系统结构的一般模型（段宁等，2004）

4. 城乡结合循环模式

传统的农村和小市镇的垃圾和生活废物大多可以在农业生产中加以循环利用。随着工业化的发展和城市的扩大，城市与农村生产区域的距离加大了，固体废物和废水的成分变得复杂了。因此循环过程不仅变得困难，而且其中蕴含的风险也增加了。城镇的主要问题是垃圾分类体系没有建立起来，因此比较多依赖垃圾填埋的方法。由于适合填埋的地方有限，很多城市出现了“垃圾围城”的困境。垃圾分类方法的推广成为重要的解决途径。垃圾分类后塑料、纸张、金属、玻璃等工业原料实行工业循环利用，有机废物通过制造有机肥进行农业循环，有害垃圾和其他剩余部分用焚烧发电的方式处理。目前我国即使是在农村垃圾收集体系也没有全面建立起来，需要进一步完善。

先进的城市污水体系需要进行雨水与污水的分离以减少城镇污水处理系统的压力。在有条件的社区，还应当把生活中洗涤过程轻度污染的水（灰水）与排泄物经过化粪池后的污水（黑水）分离，让灰水就近进行道路清洗与绿化灌溉。工业污水进入社会污水系统前需要进行预处理，直到符合污水排放标准，含重金属和有机污染物超标的一律不允许进入公共污水体系。经过污水处理厂处理后达标的污水才能够排放到自然河道或者重新回到灌溉体系中。污泥则可以根据其成分和当地的需求，分别通过发电、水泥、沼气、有机肥等方式加以利用。

农村和城镇小区比较分散，建立集中式的污水处理厂管网成本高，因此可以考虑建立小型的人工湿地系统进行低成本污水处理。人工湿地通过人工基质、微生物和植物共同产生的物理、化学和生物作用，拦截、吸收和分解污染物，达到污水处理达标的目的。根据污水流经人工湿地的方向可以分为垂直流、水平流、上升流和循环回流等类型以及这些不同类型的结合模式。达到农用标准的人工湿地处理出水可以进行农业灌溉循环利用。

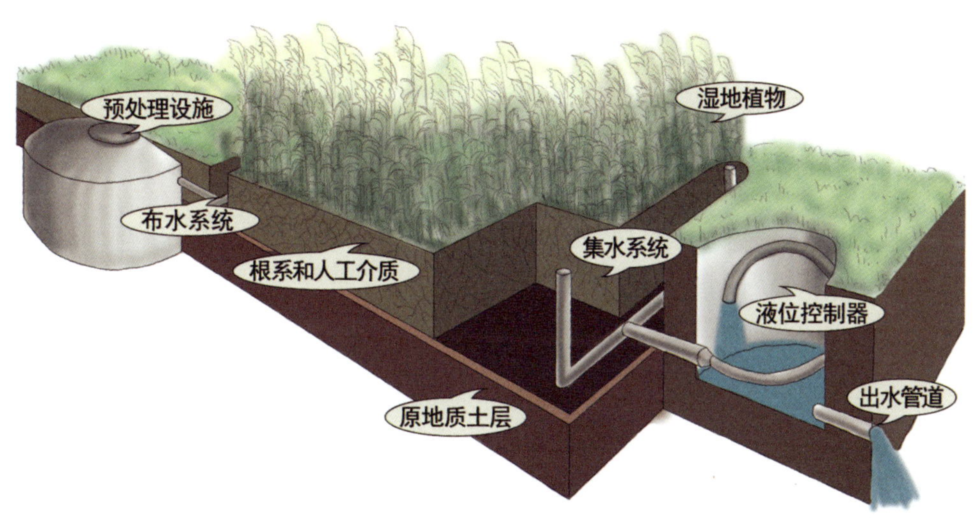

分散式人工湿地示意图

（四）生物多样性利用与立体农业模式

由于工业化农业模式把农业看成是生产产品的车间，因此形成了单一作物组成的农业景观和单一家畜组成的集约化养殖场。用生态学演替的观点看，为了维持一个处于草本状态的作物群体，就需要压抑演替过程。为了避免长期单一作物群体引起的病虫草害，就需要大量使用化学制剂来压制和消灭“有害生物”。在集约化养殖场，使用激素和兽药成为常态。生态农业充分尊重自然界生物与生物、生物与环境之间的相互关系，并加以巧妙地利用，从而达到事半功倍的效果。生物多样性包括：基因多样性、物种多样性和生态系统多样性。在农业生态系统中构建好生物多样性关系可以归纳为多样性生物群落的组织、食物链关系的构建、特色生物物种和生物基因的利用。这些生物多样性利用模式有利于提高资源利用效率、减少环境损害、降低系统运行成本、提高经济和生态效益。

1. 立体农业模式

按照农业生产区域景观特征可以分为山地丘陵、平原耕地、水体和湿地区、草原牧区等，不同的景观区都可以因地制宜设计出高效的生物多样性利用模式。

（1）山地丘陵立体模式。我国山地丘陵利用生物多样性的立体模式很丰富。山地丘陵根据坡度和水分状况，有些开辟成为梯田进行水稻为主的生产，也有些顺坡种植一年生旱地作物，更多的会建设成果园、茶园、橡胶园等多年生经济作物园以及发展林木。坡地梯田中一年生作物群体的组建可以参考平原区农田的立体模式。这里通过典型介绍山地丘陵多年生的复合群落模式。多年生的植物群落可以利用高矮、长短、耐阴性、固氮能力等不同生态位和不同习性的物种搭配，充分利用光能、土壤肥力、降水资源，减少水土流失，减少自然灾害和病虫害危害，增加土壤养分供应，降低单一产品受到市场价格波动的冲击。

生态果园模式：果园种植多年生果树，可以发展成为果树—牧草—畜禽—沼气为基础的生态果园。在福建山区，生态果园包括了果树、牧草、畜禽、食用菌等生物。在脐橙、雪柑、芦柑为主的柑橘园中种植的牧草包括豆科牧草园叶决明、平托花生、白三叶，禾本科牧草有南非马唐和黑麦草以及蓼科宿根牧草鲁梅克斯等。在开辟成为梯带的坡面种植豆科牧草，在斜面种植禾本科牧草。这种结构能够缓冲土壤极端温度、提高土壤养分、增加节肢动物的天敌和中性昆虫数量，减低害虫数量、果园的光能利用率提高，果实的产量和品质上升。好果率从53.6%提高到87.5%；每公顷牧草的产草量可以满足1头奶牛，或10头羊，或40头猪，或150只兔，或400只鹅的需求；养殖业可以产生5 000 ~ 6 000元的经济效益；牧草还可以作为木耳、草菇、金针菇的培养基替代菌料，替代率可以达到30% ~ 40%；牧草和畜禽粪便可以作为沼气原料（翁伯琦等，2006）。在广西，柑橘园适合种植的牧草有菊苣、串叶松香草、苦麦菜、黑麦草、杂交狼尾草、狗尾草等牧草品种，并搭配甘薯、大根菜、胡萝卜、青菜。养禽品种包括小体型的广东三黄鸡、广西麻黄鸡，每公顷1万只左右或者养鹅300只左右。为了让鸡获得蛋白饲料，可以通过稻草切段后加上淘米水和剩饭菜埋土的方式长虫子，通常8天后，可以翻开让鸡自由采食。果园每公顷养22箱蜜蜂，还可以获得4 000元以上收益。果园施用沼液可以有效防止病虫害（文灵清等，2013）。郭伦发等（2005）结合广西石灰岩的岩溶地貌的特殊条件，设计了种植耐旱、耐瘦瘠早熟桃的生态果园模式。果园中覆盖旋钮山绿豆作为饲料、绿肥、水土保持兼用作物，在岩石裸露地段种植优良的藤本药用金银花作为覆盖。

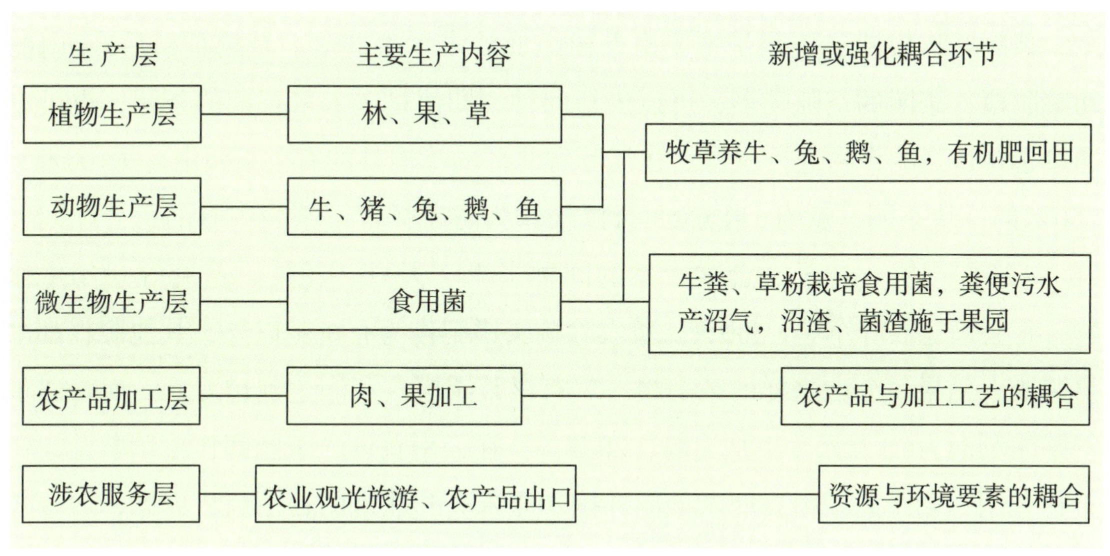

红壤山区生态果园结构示意图（翁伯琦等，2006）

林药间作模式：由于林地的乔木高大，株距比较宽，生长期长，不少中药适合在林地进行间作。中药种类多，可以根据林地的实际气候、土壤、植被状况和林地性质加以选择。在我国北方，在落叶松和樟子松林的幼林期可以间作甘草、防风、柴胡、苏子、板蓝根、桔梗、龙胆草、绵黄芪等，林木长大后则可以选择耐阴的柴胡、细辛、天南星、三七、天麻。杨树、桦树、椴树、榆树、柞树可以选择五味子、穿山龙、刺五加等中药品种间作。在路边、田边的防护林可以间作防风、大力子、水飞蓟、苍耳。在固沙林地可以选择甘草、防风、黄芪（刘新波等，2004）。在内蒙古退耕还林地段，需要选择耐干旱瘦瘠、粗生易长的种类，如柴胡、留兰香、金银花、大力子、决明子等，在阳坡可以选择耐寒喜阳的白灼、甘草、川芎，低山阴坡可以选择耐阴耐湿的鱼腥草、绞股蓝、旱半夏等。为了减少土地翻耕，应当选择收获地上部为主的多年生中药，例如金银花、玫瑰花、药菊花、大力子、决明子、药木瓜、牡丹、留兰香、薄荷、蛞蝼等（张银虎，2012）。在山东，适合杨树林前期种植的中药有板蓝根、金银花、桔梗、贝母、西红花，适合在3～5年杨树林种植的有柴胡、半夏、黄连、天南星、天麻、灵芝等。另外种植黄芪、防风、丹参、党参、牡丹、大黄等根系深的中药，需要收获根系入药，因此种植时需要距离树木远一些（房用等，2006）。在长江中游的宜昌，在退耕还林地段发展了林下种植柴胡、天麻、山茱萸（田光金，2007）。

茶园间作模式：茶园是主要由茶树组成的多年生群落。茶树种植后3年内的幼龄阶段，茶园的空隙较多，可以进行间种，即使是进入采茶期的茶园，也可以通过选择适当的作物进行间作。在江苏省北部的赣榆县的有机茶园中，每100米×150米的一块茶园，就有6米宽的4行黑松作为防风林带，茶园中有的每公顷间种75～120株樱桃、柿子、合欢，有的间种玉米、大豆、花生、蓖麻等一年生作物，每公顷还放养草鸡1 500只。茶农除购买饼肥作为有机肥以外，其他肥料都来自鸡粪，结果每公顷这样的茶—粮—鸡有机茶园模式利润达到17万元，而普通单一茶园利润为6.1万元（王从连等，2012）。在云南普洱，茶园间作榆黄蘑菌，在茶树背阴一侧距离茶树15厘米处向外挖20厘米×40厘米的食用菌培养床，放置长满菌丝的菌包，然后覆土淋水，盖上茶园枯枝落叶，结果每公顷获得6万元食用菌收入，菌渣转化为10.6吨有机肥（高峻等，2011）。在广西茶园间种甘蔗也是一种生态茶园的种植模式。茶树之间的行距在3.5米以上可以间作1行甘蔗。选择抗病虫的新台糖22等甘蔗品种，甘蔗行进行机械深耕，蔗种种植深度为0.25～0.3厘米，行距0.9米，通过适当的管理获得了每公顷甘蔗收获144.5吨，茶叶增产36.9%的成果（覃建中，2009）。

橡胶园间作模式：由于橡胶比较高大，种植距离比较远，而且从种植到割胶需要6～8年时间，因此在我国和世界各地都盛行在胶园进行间种。在胶园间种经济作物的包括咖啡、茶叶、胡椒、香草兰、魔芋、肉桂、菠萝、桑树等。胶园也有间种香蕉、玉米、食用菌后获得良好效果的。胶园还可以间种豆科绿肥作物如新银合欢、葛藤等。通过合适的管理措施，尽量利用作物之间的互补性，避免水肥光等资源需求的矛盾，可以促进胶园增产增收，减少水土流失和病虫害发生（李娟等，2012）。在我国海南和云南都有不少橡胶树林中间种茶叶的模式。由于茶树需要一定的遮阳，橡胶树起了遮阴树的作用。这种间种将光能利用效率提高了20%以上。在复合群落中由于小气候效应，橡胶受到的寒害和台风的风害减少。由于复合群落中的蜘蛛增加，茶树的小绿叶蝉受到控制，其危害下降，甚至可以多年不施用农药。另外由于橡胶树种植到收获需要6年以上，茶树种植到开始采茶只需要3年，在经济上可以做到以短养长。整个体系的经济效益比单一橡胶园增加80%左右（冯耀宗，1986）。

（2）农田立体模式。农田立体模式指的是在农田作物中不仅仅种植一种作物，而是种植不同的作物，或者除了作物以外还有动物，形成立体的生产层次。我国有着悠久的农业历史，各地农民对农田的轮作、间作、套作、混作等农田耕作制度安排有很丰富的经验。这些经验经过适当的改造就能够适应今天的生产条件。在我国水稻为核心的水田立体模式有稻田养鸭、稻田养鱼、稻田养鳖、稻田养蛙、稻田间作水生蔬菜（蕹菜、马蹄、慈姑、芋头）、稻田间作水生花卉（再力花）以及不同水稻品种间作等。在江浙一带，茭白养鳖的模式也有比较大面积的推广。在我国以旱地粮食作物为核心的旱地立体模式有玉米与豆类、薯类、花

稻田养鸭

生的间套作，小麦与玉米、豆类的间套作，棉花与瓜类及花生的间套作等。以不同类型的蔬菜、花卉等园艺作物为主，或者以糖、油、烟、药等经济作物为主进行的轮间套作类型就更是多种多样。

农田立体模式的物种（或品种）选择基本原则之一是物种（或品种）之间的生长习性能够在同一地块中起到互补作用。例如：对光照强度的要求不同，生长的温度要求有差异；对土壤养分和水分的要求不同，对病虫草害等生物逆境的敏感程度有不同，对低温干旱等物理逆境的抗性有差异等。农田立体模式的物种（或品种）选择基本原则之二是在物种（或品种）选择中应当注意物种（或品种）对另外一个物种（或者品种）的不利影响尽可能少。例如稻田养鸭应当选择体型小的麻鸭，能够减少对水稻的践踏和挤压；又如叶片直立型玉米能够较好适应密植和间作要求。在田间管理措施上，需要对种植时间、种植规格、养分管理和有害生物防治方法等管理措施做出适当调整。这样的立体种植模式就能够通过田间的生物多样性达到提高自然资源利用效率，减少逆境危害，提高农业产出的目的。

作物间套作优势产生的主要机制在于：①充分利用光温资源：通过作物的适当组合，一方面可以延长作物在农田的生长时间，充分利用当地生长季节的光温资源和耕地资源；另一方面可以在作物的幼苗期或者成熟期，通过间作第二种作物增加田间有效绿色覆盖，提高光能利用率。例如在云南省推广的玉米套种马铃薯，早春适当提早玉米播种期，在玉米乳熟期间种马铃薯，到11月中旬才收获马铃薯。这种间作方式达到了延长作物生长季节和提高土地利用效率的效果。②改善作物营养：作物的养分需求和根系分布深度、分泌物性质、吸收特性的差异以及水旱轮作中土壤氧化还原特性的差异，改善了作物的养分状况，提高了有效养分的利用效率。例如李隆等的研究表明小麦与大豆或者蚕豆的间作不仅可以提高土壤氮、磷、钾养分的利用效率，而且可以提高微量元素铁、铜、锌的利用效率，提高豆科作物的固氮能力（李隆等，2000；肖焱波等，2005）。③减少有害生物危害：间套种的通风透光改善了田间小气候，不同作物的抗性差异不利于病虫害的危害和扩散。在云南朱有勇院士推广的高秆糯稻与杂交水稻间作的方式，有效预防了稻瘟病在感病糯稻中的暴发（Zhu，2000）。稻田养鸭中鸭子可以通过直接采食、践踏、水变得浑浊等方式减少杂草、害虫，另外还可以通过刺激水稻机械组织的增生来加强水稻的抗性（Zhang et al，2013）。稻田养鱼中的鱼除了可以通过直接吃草和水生昆虫以外，还会撞击水稻植株，让相当多的害虫落入水中被捕食（Xie et al，2011）。鳖可以直接吃掉田间的福寿螺。有关研究表明香蕉间种韭菜，由于韭菜分泌的2-甲基-2-戊烯醛等化学物质抑制了病菌的生长而取得防治香蕉枯萎病的效果（Zhang et al，2013）。有研究表明，豆科植物刺毛黧豆[*Mucuna pruriens*（L.）]和柔毛野豌豆（*Vicia villosa*）都有很强的化感作用，可以作为覆盖作物在果园和农田中引入，既可以防止杂草，又能够成为绿肥（Yoshiharu，2001）。

玉米间作大豆

（3）水面立体模式。为了充分利用水面开展生产，我国各地也采用了多种多样的水面立体模式。在珠江三角洲的鱼塘就普遍实施鱼类混养。在传统的鱼塘养殖中，同一口塘养殖在上层水面的鳙鱼，在中层的草鱼和底栖的鲫鱼和鲤鱼。鳙鱼主要靠摄食浮游动物和浮游植物，草鱼主要以植物为食物来源，鲫鱼和鲤鱼比较耐低氧环境，而且是杂食性鱼类，可以在塘底起“清道夫”的作用，把上层鱼类没有吃完或者消化完的食物碎屑清除，还可以采食底栖的生物，使得水质得到改善。在鱼塘中除了养鱼，不少地方同时种植莲藕、菱角、茭白、席草、水生蔬菜等水生作物，有些地方还会在水面养鸭、养鹅等水禽。

2. 食物链利用模式

（1）有害生物的生物防治模式。有害生物的生物防治方式多种多样，“以虫治虫”“以菌治虫”“以菌治病”是常用的方法。以虫治虫：通过引入害虫天敌或者饲养和释放害虫天敌的方式可以有效防治害虫。在我国南方柑橘园，通过引入澳洲瓢虫有效控制了吹绵蚧壳虫，通过释放捕食螨可以抑制柑橘园的红蜘蛛暴发。在南方甘蔗产区，通过养殖和释放赤眼蜂能够有效控制甘蔗螟虫。中华草蛉、瓢虫、食蚜蝇、蚜茧蜂等也是常用的作物害虫天敌。以菌治虫：利用苏云金芽孢杆菌（细菌）、白僵菌（真菌）、多角体病毒等可以防治松毛虫、玉米螟、菜青虫等很多鳞翅目的害虫。以菌治病：通过微生物发酵生产的春雷霉素可以防止稻瘟病，多抗霉素可以防止黄瓜霜霉病、白粉病，人参黑斑病，苹果梨灰斑病以及水稻纹枯病，井冈霉素可以用于防治水稻纹枯病，也可用于防治稻曲病、玉米大小斑病以及蔬菜和棉花、豆类等作物病害的防治。

（2）农副产品的再利用模式。腐生食物链是以利用动植物残体为起点的食物链。秸秆和畜禽粪便是农业生产中最重要的副产品，处理不好也会成为重要的环境污染源。如果加以充分利用，秸秆和畜禽粪便会成为很好的资源。在利用农副产品中经常用到的腐生食物链生物有食用菌、蚯蚓、蝇蛆等。食用菌的培养基可以用作物秸秆和动物粪便适当比例的混合，经过湿度和酸碱度的调节后发酵获得。蚯蚓和蝇蛆可以直接用动物排泄物作为培养基。具体可以参考循环模式部分。

（3）有害物质的食物链阻断模式。如果在持久性有机物和重金属等有毒物质污染了的土地上种植粮食、蔬菜等人类食物或者饲料，有害物质就有可能通过食物链的传递和浓缩而威胁到人类的健康。因此需要阻断这个食物链的传递过程。其中一个方法是改变用途，让土地生产非食物类产品，如花卉、草坪、苗木等。另外一个方法就是进行修复，目前有生物、物理和化学的修复方法，生物方法目前具备成本低潜力大的特点，因此受到青睐。在后面生态农业技术部分将具体介绍。

二、生态农业的技术体系

（一）生态农业模式配套技术的筛选与集成

生态农业模式讲的是容易看得见摸得着的农业生态系统结构，算得上是“硬件”。生态农业技术体系执行的是一个过程，就像是计算机程序运行的过程。因此生态农业的技术体系可以看作是推动农业生态系统模式运行的“软件”。生态农业的技术体系是由单个技术组装而成的。作为单项技术，生态农业更加注重选择资源节约、环境友好、食品安全、顺应自然和能够充分利用自然生态关系的技术。这些技术的来源很广，有来自传统农业智慧的，有来自现代农业的，还有来自高新技术的（表4-2）。

表4-2 生态农业技术体系单项技术的可能来源举例（骆世明，2010）

技术类型	景观营造	逆境治理	循环构建	资源节约	生物利用
来自传统农业	村背林 村边塘 保护“神山” 保护“神树”	开荒先锋作物	厩肥堆肥 秸秆回田 桑基鱼塘	轮间套作 耕作节水	天敌利用 绿肥利用 农家品种 稻田养鸭 稻田养鱼
来自现代农业	自然保护区 生态廊道 退耕还林 园林设计	水土保持 防风固沙 盐碱治理	沼气技术 蚯蚓养殖 食用菌 垃圾分类 污水循环	集水技术 喷灌滴灌 少耕免耕 立体种植 配方施肥	生物覆盖 生物防治 生物修复
来自高新技术	全球定位 计算机设计	抗逆基因识别 新型材料	生物质能源 微生物制剂	精确农业 控释肥料 可降解农膜	分子育种 化感利用 抗性关系

在生态农业模式中需要多项技术。技术之间是否匹配显得非常重要，例如稻田养鸭中，鸭的品种选择标准就应当是身体瘦长、不容易损坏水稻植株的本地种。在稻田养鱼的时候，防止水稻病虫害的药物一定不能够对鱼产生毒害。高秆作物与矮的作物间作，矮作物与高秆作物之间的距离应当适当拉宽，以减少光照和养分的竞争。为此，应当首先鉴别单项农业技术之间的相互关系（表4-3）。同时也要根据模式的特点，对有关技术进行必要的时间、空间和量方面的调整。

生态农业的技术类型可以分为：①与生态农业模式匹配的技术体系，包括景观营造技术、循环体系构建技术、生物多样性利用技术。②对农业资源与环境有直接影响的技术体系，包括资源替代技术、资源节约技术、污染治理技术和生态

表4-3　单项农业技术之间的相互关系（骆世明，2010）

技术间的关系	原　因	例　子
依赖（++）	属于关联的技术	免耕技术、除草技术
互补（+）	有相互补充的作用效果	诱虫灯、黄板、性引诱剂
相容（0）	基本不影响另外一个技术的作用效果	节水灌溉、配方施肥
减效（-）	会降低另外一个技术的作用效果	大量施氮肥、接种根瘤菌
排斥（--）	属于互不兼容的技术	释放害虫天敌、施杀虫农药

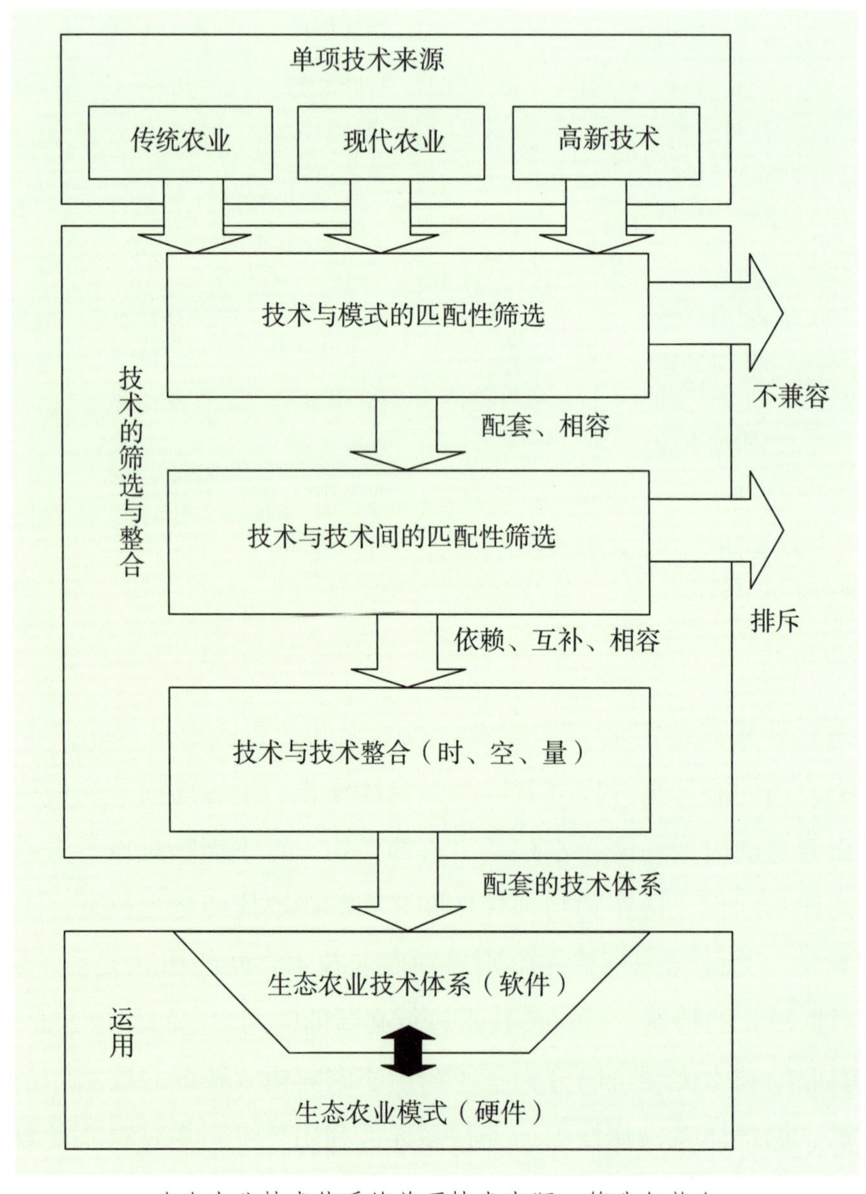

生态农业技术体系的单项技术来源、筛选与整合

环境修复技术。③产品质量保障技术，与生态农业模式匹配的技术体系已经在模式部分有所介绍。下面主要介绍对农业资源与环境有直接影响的技术，也涉及部分产品质量保障技术体系。

（二）生态农业的资源节约与替代技术

1. 资源替代技术

资源替代技术主要集中在两个方面，一个方面是用可更新资源替代不可更新资源，另一个方面是用环境友好资源替代损害环境的资源。

不可更新能源的替代：重要的替代能源包括太阳能、生物质能、风能和水能。除了农村沼气以外，秸秆燃气制备、太阳能热水器使用、小型水力发电都在大量推广使用。

太阳能热水器的利用

化肥的替代：我国绿色食品认证标准允许使用的是包括堆肥、沤肥、厩肥、沼气肥、绿肥、作物秸秆、泥肥、饼肥的农家肥。我国有机产品标准中允许的土壤培肥和改良物质见表4-4。我国生态农业实践中不一概排除使用化肥，这些替代方法可以在生态农业实践中作为参考。

表4-4 有机作物种植允许使用的土壤培肥和改良物质（GB/T19630）

物质类别		物质名称、组分和要求	使用条件
植物和动物来源	有机农业体系内	作物秸秆和绿肥	
		畜禽粪便及其堆肥（包括圈肥）	
	有机农业体系以外	秸秆	与动物粪便堆制并充分腐熟后
		畜禽粪便及其堆肥	满足堆肥的要求
		干的农家肥和脱水的家畜粪便	满足堆肥的要求
		海草或物理方法生产的海草产品	未经过化学加工处理
		来自未经化学处理木材的木料、树皮、锯屑、刨花、木灰、木炭及腐殖酸物质	地面覆盖或堆制后作为有机肥源
		未掺杂防腐剂的肉、骨头和皮毛制品	经过堆制或发酵处理后
		蘑菇培养废料和蚯蚓培养基质的堆肥	满足堆肥的要求
		不含合成添加剂的食品工业副产品	应经过堆制或发酵处理后
		草木灰	
		不含合成添加剂的泥炭	禁止用于土壤改良；只允许作为盆栽基质使用
		饼粕	不能使用经化学方法加工的
		鱼粉	未添加化学合成的物质
矿物来源		磷矿石	应当是天然的，应当是物理方法获得的，五氧化二磷中镉含量小于等于90毫克/千克
		钾矿粉	应当是物理方法获得的，不能通过化学方法浓缩。氯的含量少于60%
		硼酸岩	
		微量元素	天然物质或来自未经化学处理、未添加化学合成物质
		镁矿粉	天然物质或来自未经化学处理、未添加化学合成物质
		天然硫黄	
		石灰石、石膏和白垩	天然物质或来自未经化学处理、未添加化学合成物质
		黏土（如珍珠岩、蛭石等）	天然物质或来自未经化学处理、未添加化学合成物质
		氯化钙、氯化钠	
		窑灰	未经化学处理、未添加化学合成物质
		钙镁改良剂	
		泻盐类（含水硫酸岩）	
微生物来源		可生物降解的微生物加工副产品，如酿酒和蒸馏酒行业的加工副产品	
		天然存在的微生物配制的制剂	

农药的替代：我国绿色食品认证标准允许使用的农药有生物源农药和一些特定的无机制剂。允许使用的生物源农药有：农用抗生素，如防治真菌病害的多抗霉素、井冈霉素，防治螨类的华光霉素、浏阳霉素；活体微生物农药，真菌中的绿僵菌、鲁保卫号，细菌中的苏云金杆菌、乳状芽孢杆菌，线虫中的昆虫病原线虫，原虫中的微孢子原虫，病毒中的核多角体病毒、颗粒体病毒；动物源农药，如昆虫信息素、寄生与捕食性天敌；植物源农药，如杀虫剂中的除虫菊素、鱼藤酮、烟碱，杀菌剂中的大蒜素，拒避剂中的印楝素、川楝素等。绿色食品允许使用的无机制剂有硫制剂、石灰硫黄制剂、硫酸铜、波尔多液等。我国有机产品标准（GB/T 19630）中规定：病虫草害防治的基本原则应是从作物—病虫草害整个生态系统出发，综合运用各种防治措施，创造不利于病虫草害孳生和有利于各类天敌繁衍的环境条件，保持农业生态系统的平衡和生物多样化，减少各类病虫草害所造成的损失。优先采用农业措施，通过选用抗病抗虫品种，非化学药剂种子处理，培育壮苗，加强栽培管理，中耕除草，秋季深翻晒土，清洁田园，轮作倒茬，间作套种等一系列措施，起到防治病虫草害的作用，还应尽量利用灯光、色彩诱杀害虫，机械捕捉害虫，机械和人工除草等措施，防治病虫草害。有机产品允许使用的植物保护产品和措施见表4–5。在生态农业生产中应当给予重视，并作为参考。

表4–5　有机作物种植允许使用的植物保护产品物质和措施（GB/T 19630）

物质类别	物质名称、组分要求	使用条件
植物和动物来源	印楝树提取物（Neem）及其制剂	
	天然除虫菊（除虫菊科植物提取液）	
	苦楝碱（苦木科植物提取液）	
	鱼藤酮类（毛鱼藤）	
	苦参及其制剂	
	植物油及其乳剂	
	植物制剂	
	植物来源的驱避剂（如薄荷、熏衣草）	
	天然诱集和杀线虫剂（如万寿菊、孔雀草）	
	天然酸（如食醋、木醋和竹醋等）	
	蘑菇的提取物	

（续）

物质类别	物质名称、组分要求	使用条件
植物和动物来源	牛奶及其奶制品	
	蜂蜡	
	蜂胶	
	明胶	
	卵磷脂	
矿物来源	铜盐（如硫酸铜、氢氧化铜、氯氧化铜、辛酸铜等）	不得对土壤造成污染
	石灰硫黄（多硫化钙）	
	波尔多液	
	石灰	
	硫黄	
	高锰酸钾	
	碳酸氢钾	
	碳酸氢钠	
	轻矿物油（石蜡油）	
	氯化钙	
	硅藻土	
	黏土（如斑脱土、珍珠岩、蛭石、沸石等）	
	硅酸盐（硅酸钠，石英）	
微生物来源	真菌及真菌制剂（如白僵菌、轮枝菌）	
	细菌及细菌制剂（如苏云金杆菌，即BT）	
	释放寄生、捕食、绝育型的害虫天敌	
	病毒及病毒制剂（如颗粒体病毒等）	
其他	氢氧化钙	
	二氧化碳	
	乙醇	
	海盐和盐水	
	苏打	
	软皂（钾肥皂）	
	二氧化硫	
诱捕器、屏障、驱避剂	物理措施（如色彩诱器、机械诱捕器等）	
	覆盖物（网）	
	昆虫性外激素	仅用于诱捕器和散发皿内
	四聚乙醛制剂	驱避高等动物

饲料添加剂的替代：为了提高畜禽生产效率，现代饲料生产中经常加入各种各样的添加剂，其中包括维生素、抗生素、氨基酸、激素、微量元素、着色剂、调味剂和各种防病治病的药物。不合理的添加剂使用可能会引起食品安全问题和环境问题。2006年欧盟国家开始全面禁止在家禽生产中使用抗生素，丹麦等一些国家在养猪中也禁止使用抗生素。为了弥补抗生素在调控动物肠道微生物中的副作用，让肠道细胞壁变薄、吸收功能增强，人们尝试了使用益生素、植物提取物、酸化剂、卵黄抗体、酶制剂等来替代抗生素（金立志，2013）。我国利用中草药作为饲料添加剂的研究已经取得不少成果。有关中草药添加剂养猪的研究表明，中草药添加剂能够增强仔猪的抗病力，显著提高日增重，能够有效预防猪病，改善繁殖性能和提高猪肉的品质（才让卓玛，2013）。然而，要全面实现饲料添加剂的环境友好、食品安全，在寻求替代方法方面目前还有大量的科研工作需要做。

2. 资源节约技术

在农业生产技术中积极采用节水、节肥、节能技术是缓解水资源危机、减轻水体氮磷污染、减少温室气体排放和能源压力的有效手段。

（1）节肥技术。通过合理选择肥料种类、施用时间、施用数量、施用方法，可以有效减少肥料的浪费和对环境的污染。有机肥和缓控释肥的养分释放比较缓慢，不容易因降水和灌溉而迅速流失；施肥的时间和数量能够配合作物吸收的需要，能够减少肥料因在土壤长期过量存留而产生的流失风险；水肥一体化方法能够使肥料均匀分布，有利于根系充分吸收；施肥后田间覆盖可以减少日晒雨淋引起的损失；大面积机械精确施肥时，可以通过土地养分的差异定位测定，相应进行定位变量施肥，达到节肥高产的目的。

目前，因土配方施肥是使用最广的节肥技术。通过测土配方施肥的方法可以有效减少过量施肥引起的环境污染问题。其主要原理是根据土壤的养分供应量与作物目标产量的养分需求量的差距，确定适宜的肥料使用量。

施肥量 =（作物养分需求量–土壤养分供应量）/（肥料养分含量 × 肥料的养分利用率）

其中：

作物养分需求量=（目标产量/作物经济系数）× 作物养分含量

土壤养分供应量=（不施肥区产量/作物经济系数）×作物养分含量

肥料养分利用率=（作物养分需要量-土壤养分供应量）/（施肥量肥料×肥料的养分含量）

肥料的养分含量可以直接测定获得，肥料的养分利用率可以从田间试验种植同种作物测定的数据获得，作物经济系数是作物收获部分占总生物量的比例。测土配方施肥需要分别测算作物的氮、磷、钾和主要微量元素的需求，并据此确定施肥的种类和数量。

（2）节水技术。大水漫灌是过去很多农作物生产的主要灌溉方式。这种方式灌溉，水的作物利用效率低，大部分因为土壤蒸发和土壤渗漏而散失。为了提高水分利用效率，需要根据实际情况采用不同的节水技术。主要的节水技术有地膜覆盖技术、滴灌喷灌技术、分区灌溉技术等。另外在干旱和半干旱区，为了筹集到足够的水源，还广泛使用了小型集水技术。

分区交替灌溉技术是让作物或者果园的土地分区，第一次灌溉一个区域，第二次灌溉另外一个区域的灌溉方法。这种灌溉方法可在产量基本不减的情况下，通过减少地表蒸发和作物蒸腾而达到节约用水的目的。

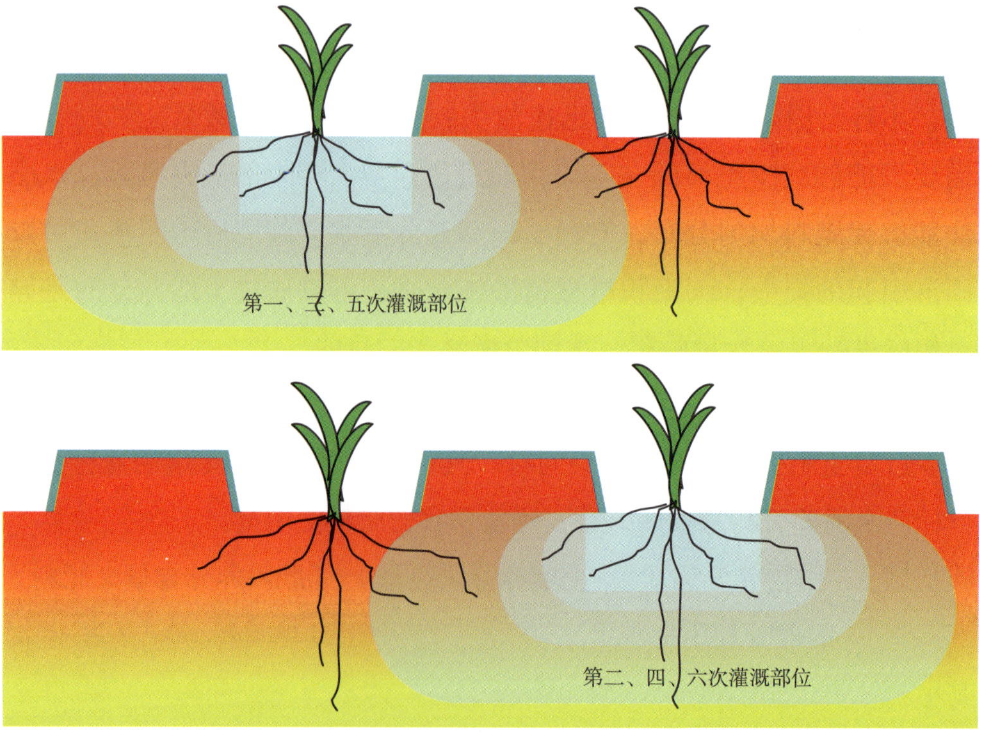

半干旱区的玉米根系分区交替灌溉示意图（骆世明，2010）

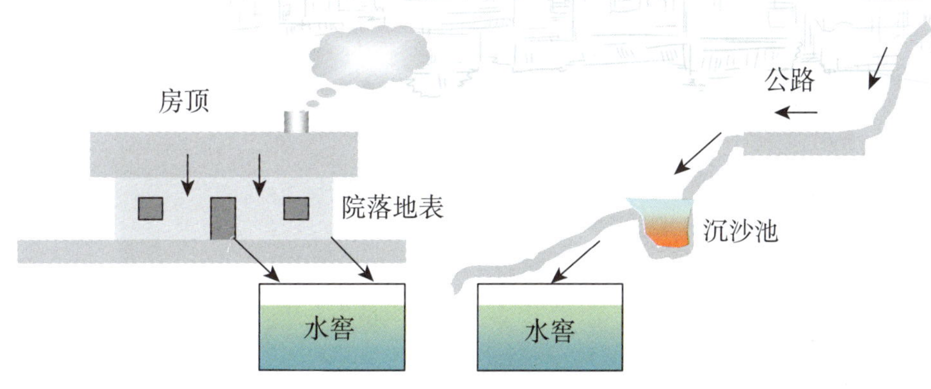

黄土高原农村院落和公路旁的水窖示意图

（3）免耕少耕技术。少耕或者免耕，可以减少农田机械操作的能耗。在干旱的风蚀严重区域或者雨多水蚀严重区域，免耕可以有效减少土壤流失92%~96%。由于减少了翻耕，加上秸秆覆盖等相关措施，土壤有机质含量会逐步升高。由于作物根系和土壤动物的共同作用，土壤的结构也会得到逐步改善。免耕的杂草问题比较严重，需要重视防治。我国已经发展出水田免耕、旱作免耕、水旱轮作免耕等多种免耕模式，免耕面积已经超过了2 000万公顷（刘芳等，2010）。

（三）生态农业的污染防治技术

农业生产中产生了污染后再进行治理，属于末端治理。有关过程治理与清洁生产，已经在上一节生态农业模式部分做了阐述。有关固体废弃物处理在循环体系建设部分中做了介绍。农业对大气的污染主要是秸秆燃烧后产生的空气悬浮颗粒，需要通过秸秆循环利用来找出路。农田的残留农膜污染会对作物生长和土壤养分水分过程产生不利影响，因此农膜残留应当及时清理、回收，并在工厂重新作为原料加以循环利用。本节着重介绍污水处理、土壤修复和农膜回收问题。

1. 污水处理技术

目前减少畜牧场污染的一项重要工作就是畜牧场的污水处理。有些农田和村落的排水中往往含有比较高的养分，容易引起水体富营养化，因此在排放到河流前，需要进行必要的处理，以便降低环境污染的风险。

克服养殖业污染的重要前提是养殖业与种植业的合理比例和有机结合。种植业面积应当能够连续接纳养殖场全部动物排泄物。养殖业的排泄物，可以通过固

污水处理站

体和液体分离的方法进行第一步处理，固体部分可以直接作为有机肥，或者通过加工，成为有机无机复合肥。液体部分可以进入沼气池进行厌氧发酵，沼液和沼渣可以循环利用到农作物生产中去。养殖场清洗产生的废水，养分浓度比较低，排水可以通过人工湿地进行处理。养殖场污染控制的另外一个解决办法是不用水或者少用水的发酵床养猪方法。发酵床方法主要是通过垫料和微生物群落的选择，使得猪的排泄物和氨气能够被垫料迅速吸收，并且经过微生物发酵分解转化成为有机肥。这样猪舍不产生臭气和氨味，也不需要大量水冲洗，只需要定期更换垫料。

我国早已开始采用生态沟渠技术处理农田高养分排水和农村居民区排水，可以有效降低排水的养分含量。南京农业大学殷小锋（2008）在一段约80米的渠道建设了生态沟渠，污水先通过格栅过滤和沉沙池沉淀，然后进入酸化水解池和厌氧生物处理池。在沉沙池种植了菖蒲。沉沙池出来的污水先经过25米的渠道，渠道底铺垫砾石和种植了马蹄莲，然后再经过25米种植了慈姑和铺垫了陶粒的陶粒

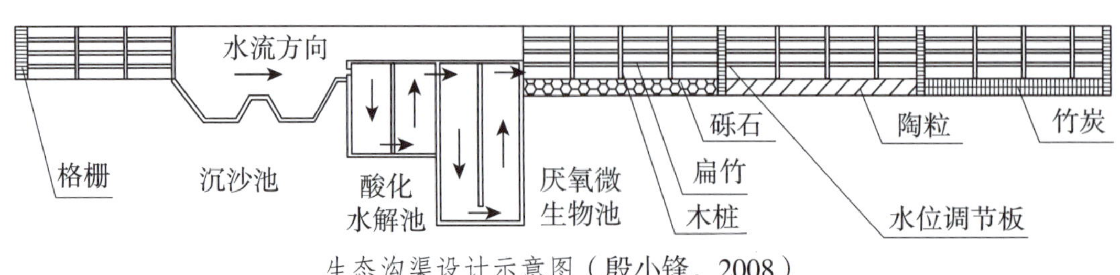

生态沟渠设计示意图（殷小锋，2008）

区，最后经过25米种植了水芹和铺垫了竹炭的竹炭区，排放到河流中。研究结果表明生态沟渠可以在旱季去除总氮70.3%，总磷66.6%， COD 73.7%。如果酸化池接种微生物制剂，效果还可以提高20%左右。中国科学院亚热带农业生态研究所在湖南采用了稻秆吸附过滤，然后再通过种植狐尾藻的人工湿地的方式，有效处理了农田和农村的排水。

2. 土壤修复技术

目前我国受到重金属污染的耕地面积达到10%左右，主要集中在矿区和工业集中的区域。工厂产生的废水和烟尘、动物饲料添加剂以及部分农药化肥都可能带来土壤的重金属污染。例如饲料添加剂中含有铜、锌等重金属。这些重金属元素是动物需要的微量元素。国家对有关重金属在饲料的使用量有严格的标准，例如国家标准中允许在畜禽饲料中添加锌的标准为≤250（毫克/千克），肥育猪前期（30～60千克体重）铜的添加标准为≤150毫克/千克，后期（60千克以上体重）为≤35毫克/千克。但不少饲料厂为了迎合一些养殖户的偏好，超标添加现象较为严重。农田连续多年使用重金属含量高的畜禽排泄物作为有机肥后，就很容易引起重金属污染。江南两个规模化养殖场调查的结果表明，育肥猪的饲料中铜和锌都严重超标，粪便中铜分别达到185.9毫克/千克和410.7毫克/千克，锌达到629.3毫克/千克和891.9毫克/千克（吴大伟等，2010）。受到重金属严重污染的耕地需要通过阻断食物链的方式，改为非食品类生产用途。污染程度较轻的可以通过污染修复的方式逐步减少土壤可吸收态重金属的含量。土壤重金属污染的修复方法可以分为物理、化学和生物方法。生物修复与化学改良相结合的方法正在逐步走向成熟和实用（李选统等， 2011）。生物修复的基本思路是通过生物的富集作用、络合作用、氧化还原作用等，降低土壤有害物质含量或活性。以重金属的生物修复为例，目前世界上发现超富集植物有近500种，在我国发现的重金属富集植物就有富集锌的东南景天，富集砷的蜈蚣草，富集镉的龙葵，富集锰的商陆、木荷、水蓼等。利用蚯蚓等动物进行重金属富集，利用微生物进行修复的研究也正在进行（赵艳红，2012）。对于重金属污染程度较低的土壤，可以采用有低吸收特性的作物品种和高吸收特性的富集植物进行轮间套作，实现边修复、边生产。在广东，已成功采用富集植物东南景天和低累积玉米品种间种的模式，修复受到镉和锌复合污染的土壤，同时获得符合食品安全要求的玉米。模式经过

3～4年运行后，土壤重金属含量降低到安全水平。

持久性有机污染物（persistent organic pollutants，POPs）是指长期存留在环境中，并会对生物和人类健康造成危害的化学物质。这些物质的来源包括DDT、氯丹、艾氏剂、毒杀芬等杀虫剂，多氯联苯（PCBs）和六氯苯等工业化学品以及像二噁英这样垃圾燃烧不完全引起的有毒物质。这些污染物会影响到儿童发育，危害神经系统和免疫系统，还会对生殖系统产生影响。很多POPs就是重要的致癌物质。我国已经在2009年起停止生产、流通和使用DDT、氯丹、灭蚁灵、六氯苯等。土壤受到POPs污染的生物修复方法研究已经取得不少成果。植物修复方面有利用南瓜、莎草和高羊茅的富集吸收来修复PCBs污染土壤。微生物修复方面已经分离到不少能够直接分解多环芳烃、多氯联苯、有机氯农药的假单胞菌属、黄杆菌属、弧菌属、解环菌属等类型的微生物。蚯蚓对土壤POPs的修复研究也很活跃。综合运用各种修复手段的实用方法仍然需要进一步的努力（滕应等，2011）。

3. 农膜回收技术

据统计，我国2013年农膜用量达到187.4万吨，比2012年增加13.6%。其中地膜覆盖面积达到1 300万公顷以上，每年上升约67万公顷，地膜使用量世界遥遥领先。棚膜使用量达到150万吨，年更新需要70万吨左右。我国设施栽培面积已经超过270万公顷，也是世界第一。然而目前使用的农膜中，低档产品占78%。厚度小于0.008毫米的农膜在农田中使用时间短、回收率低、残留率高。据调查统计连续使用农膜5年的小麦田，每公顷农膜残留会达到375千克，小麦减产达到26%（徐玉宏， 2003）。农膜残留在土壤中的主要影响是减少了土壤的通透性，对空气、水及养分的流动产生影响，也对植物根系的伸展产生影响，从而影响到作物的生长和产量形成。残留的农膜被家畜和其他动物误食后，也会影响消化系统。飘散的农膜还造成了对农村景观的破坏，产生视觉污染。人们把农膜造成的污染称为“白色污染”。

提高农膜的回收率，首先要提高农膜质量。2013年制定的《甘肃省废旧农膜回收利用条例》中就规定“禁止生产、销售和使用厚度小于0.008毫米的农用地膜。推广使用厚度大于0.01毫米、耐用期大于12个月且符合国家其他质量技术标准的农用地膜和厚度大于0.12毫米的农用棚膜。

其次，要实现农膜田间回收。由于残留农膜分散全田，而且被土壤覆盖，回收的工作量和难度都相当大。受农村劳动力成本增加的影响，靠人力回收农膜的成本也在迅速上升。出路只有两条：一条是推广使用农膜回收机械，另一条是增加政府对回收农膜的补贴力度。2014年11月甘肃省在广河县举行了农田废旧农膜机械化捡拾回收演示会，并报告了《国内外残膜回收机研究进展》，大力推广使用农膜回收机械。同时，在《甘肃省废旧农膜回收利用条例》中把农用揭膜、拾膜机具纳入农机购置补贴范围。

最后，要收购废旧农膜并实现加工再利用。由于农膜通常都带泥土和杂物，在加工过程需要清洗。无论是清洗机械购置和清洗操作运行都需要增加资金投入。《甘肃省废旧农膜回收利用条例》中，政府对设立回收网点和加工利用的企业给予补贴。

（四）生态农业的产品质量保障技术

农产品的质量保障技术贯串整个农产品供应链。以食品来说，包括了农田农产品的生态过程、产品包装运输过程、储藏保鲜过程、销售和烹调过程等。从农田到餐桌的任何一个环节出现疏忽或者处理失当，都可能造成食品质量问题。

农田生产过程的产品安全保障技术主要包括安全产地的鉴定和选用技术、安全农业生产资料选用技术和安全农畜产品生产过程控制技术。

产地安全是前提。食品生产需要避免在受到严重污染的地段进行。受到重金属和持久性有机物污染的地段，最好改为非食用性产品生产，例如进行花卉、苗木、草坪生产，进行观赏鱼和观赏动物生产等。如果没有涉及空气污染，也可以把有关地点改造成为观光旅游、休闲体育场地。对于选择作为作物生产的地段除了注意土壤质量以外，还需要注意空气质量和灌溉水质量。如果附近有工矿和密集居民生活区，如果烟囱除尘不好、工厂生产工艺不恰当、排水处理不彻底等，都能出现含重金属和其他污染物的飘尘以及超标的灌溉水。

安全的生产资料是基础。国家对农药、化肥、动植物激素、兽药、饲料添加剂的审批和出售都有明确的规范要求。不能够违规采购、非法使用。例如作物生产不应当再使用六六六、DDT、呋喃丹，在养殖业中不应再使用莱克多巴胺（Ractopamine）及克伦特罗（Clenbuterol）等类型的“瘦肉精”。对于绿色和有机生产，允许使用的生产资料要求更加严格，例如表4-5就列出了有机作物种植允许使用的植物保护产品。

农畜生产过程是关键。即使是允许使用的农业生产资料，使用不恰当，也会产生食品安全问题。例如使用氮肥过量，容易使叶菜类的亚硝酸含量超标。作物病虫害防治使用农药后，如果没有按规定停药一段时间再收获，就可能把农药随产品带到市场上。因此施肥用药的使用量和使用时间都需要严格按照安全规范执行。如果能够按照生态农业的模式与技术体系，通过采用替代技术、减量技术、循环技术等，减少对化肥、农药、激素、兽药等的依赖，将会从根本上保障食品生产的安全。

第五章

中国区域生态农业发展方向与重点

我国幅员辽阔，自然环境和社会经济条件存在巨大的差异，生态农业的发展也必然存在明显的地区性特色。关注与区分这些差异，揭示各区域生态农业发展中的优势、问题与挑战，提出具有特色的主体发展方向，明确各区域生态农业发展重点，有利于提升中国生态农业的区域优势，整体推进中国现代生态农业的创新发展。

一、中国生态农业发展的区域差异性

（一）自然生态条件

我国南北纬度跨度较大，从北到南有寒温带、中温带、暖温带和亚热带，热量环境差异明显；从沿海到内陆的径向上经过了森林植被、草原植被、荒漠植被和荒漠或冻塬四个类型。年降水量从2 000余毫米降低至几十毫米，地势起伏从低平原跨越到平均海拔4 000米以上的青藏高原，地貌变化复杂多样，农业生产条件的地域性差异明显。

根据地理位置的不同，我国具有明显的三大台阶的差异。青藏高原平均海拔

4 000米以上，称为世界屋脊，年降水一般在200～500毫米，高寒，昼夜温差大，干旱多风，自然植被以高寒草原为主。蒙新高原、黄土高原和云贵高原组成了第二级台阶，海拔多在500～1 500米，北部的蒙新高原、黄土高原植被稀疏，干旱少雨，水土流失严重，形成了以干旱草原为主的自然景观，农业基本要依靠灌溉才能维持；南部的云贵高原降水较为丰富（年降水一般在1 000毫米以上），森林及灌丛植被较为茂密，但多为山区，水土流失严重，土壤瘠薄，农业生产水平并不高。东部平原农业区是我国农业的精华地区，交通发达，城市密布，经济基础较好，农业生产水平较高，著名的东北、华北、长江中下游平原和四川盆地等，分布着我国众多的粮、棉、油和肉生产基地（郑度等，2008）。

与此同时，我国从南到北沿着纬向分布的自然条件差异也非常明显。中国科学院在《中国气候区划》中，根据温度和水分的纬向差异，将我国自北向南划分为北温带、中温带、南温带、北亚热带、中亚热带、南亚热带、北热带、中热带和南热带，外加一个高原气候区（中国科学院自然区划工作委员会，1959）。1985年全国农业气候区划协作组完成了“中国农业气候区划”分区系统，将我国农业气候分为东部季风农业气候、干旱型牧农业气候和青藏高原型农业气候三个大区，自北向南包含了北温带、中温带、南温带、北亚热带、中亚热带、南亚热带、北热带、中热带、南热带和高原气候大区的高原寒带、高原亚寒带、高原温带和藏南亚热带，共计15个二级农业气候区（中国农业气候区划协作组，1985）。

（二）社会经济发展水平

中国社会与经济发展中，东、中、西部以及南北区域发展差距显著，不平衡性非常明显。东部已经或正在进入农业现代化发展阶段，而西部除农垦和局部区域以外，整体仍以常规农业和传统农业为主体，东部已经具备了一定的农业产业化基础，而西部整体还处于产业化起步发展阶段。东部沿海地区在发展外向型农业上具有优越的地理区位，内陆省份的边境地带在发展农业贸易上具有一定地理区位优势，中心城市在活跃农产品市场上具有较大的区位优势，而广大的中西部农村地区却不具备这些条件，发展与竞争上处于相对劣势地位。

我国各地区国内生产总值（GDP）、增长速度及占全国GDP的比重相差悬殊。近十几年来，我国四大区域的经济增长呈现逐年增长的趋势，我国各地区GDP自2002年到2013年，增长了3.3～4.8倍，均表现出较好的增长速度。但从各地区GDP占全国GDP的比重看，东部依旧占据50%以上，中西部（包括东北地区）总量较小。中部和东北地区出现小幅下滑，西部基本维持不变。

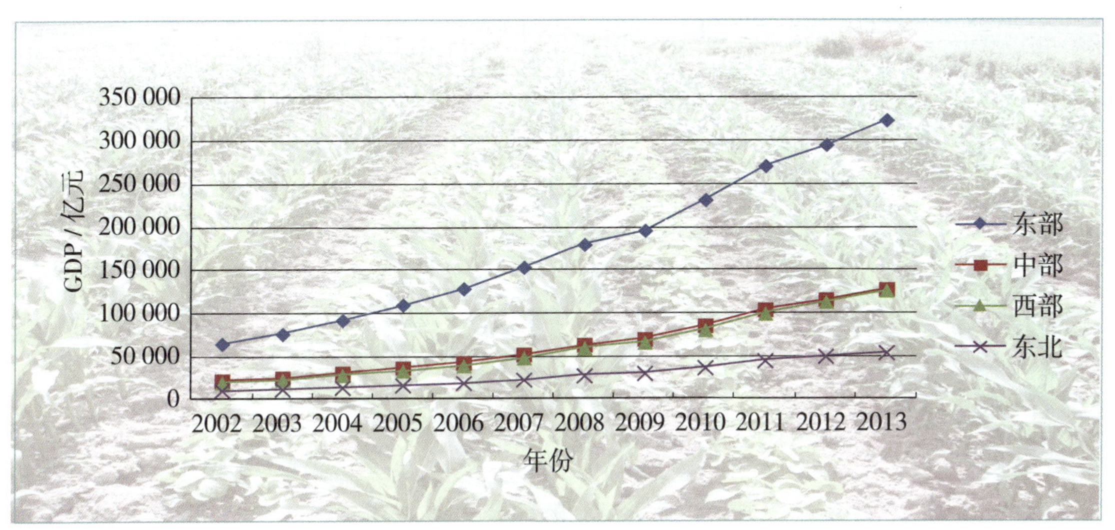

2002—2013年中国四大区域GDP变化

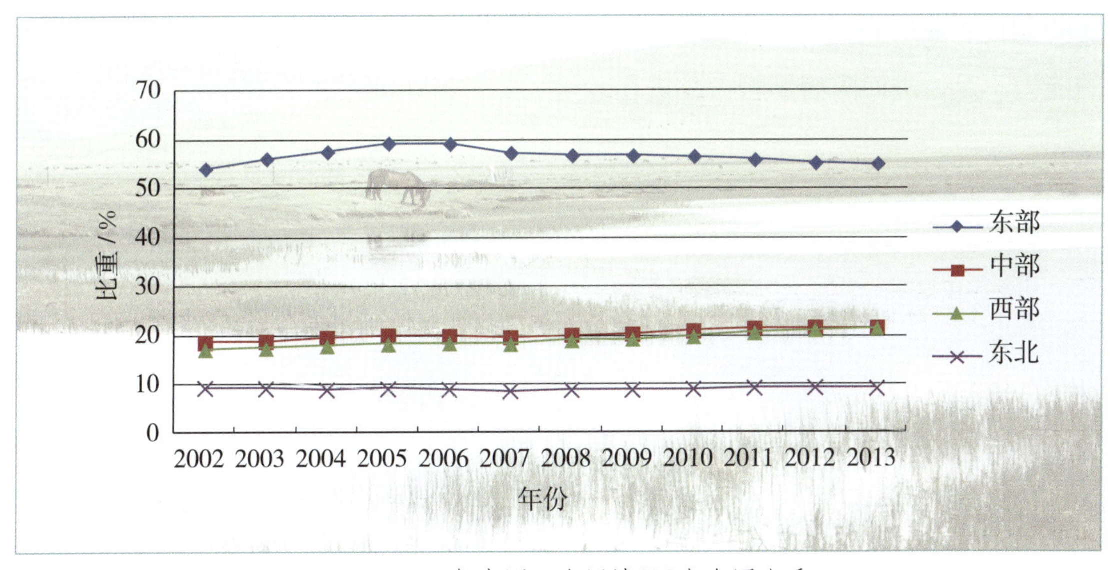

2002—2013年中国四大区域GDP占全国比重

其次，东部与中西部地区人均GDP差距依然较大，2013年中西部地区的人均GDP仅仅为30 000元左右，相当于东部地区的55%，也明显低于全国平均水平。

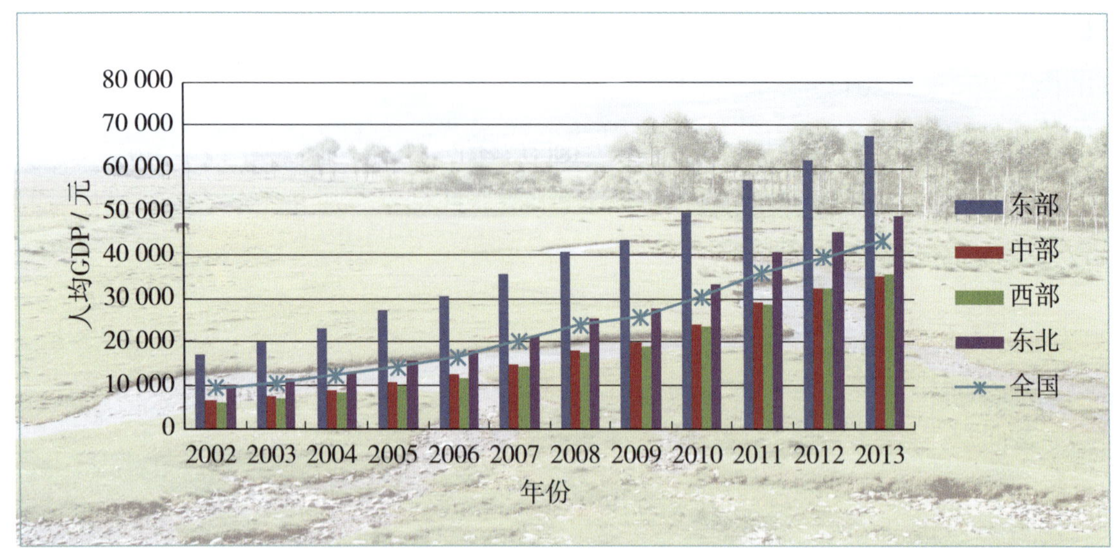

2005—2013年中国四大区域人均GDP

再次，东部与中西部工业化、城市化率水平差距大。从表5-1中可以看出东部地区的工业化率、城市化率分别为43%、53%，西部地区的工业化率、城市化率分别为33%、29.5%，中部地区的工业化率、城市化率介于二者之间，分别为40%、35.6%。从中西部地区各自的城市化水平、工业化水平来看，整体都处于发展初期，农业在国民经济中仍占主导地位，农业生产率低下，工业化带动城市化的能力不足，进而阻碍了城市化进程。

表5-1 东、中、西部地区工业化率、城市化率及偏差

指　标	东部地区	中部地区	西部地区
工业化率	43%	40%	33%
城市化率	53%	35.6%	29.5%
偏差	-10%	4.4%	3.5%

（三）生态农业发展基础

30余年来，我国不同地区在发展生态农业过程中的基础不同，生态农业技术模式以及发展水平具有较大差别。发达地区用较为先进的常规农业技术与生态农业建设进行整合，生态农业的发展速度和效益相对较好，而落后地区多采用传统农业技术与生态农业建设进行整合，整体技术水平与推广水平较低。正是多

样化的区域差异，决定了中国生态农业模式种类丰富，涉及种植业、养殖业、林业、牧业、渔业以及农产品加工业的多个层面。正是这种差别的存在，为中国生态农业区域战略的制定提供了多样化选择的可能。

改革开放以来，东部地区高效农业和外向型农业发展迅速，畜牧业和渔业在农业总产值中的比重明显上升，种植业比重由1980年的74%下降到现今的不足1/3，而水果和蔬菜比重大幅度上升。外向型农业成为东部地区农业发展的强力增长点，农产品出口值年均增幅超过12%，占全国农产品出口总值的比重保持在70%左右。东部地区食品工业总产值相当于地区农业总产值的1. 07倍，农副食品加工业规模以上企业平均创造增加值和利税分别是全国平均的1.2倍和1.3倍。

中部地区历来是我国农产品的主要生产基地。近年来，该地区粮棉油以及肉类等大宗农产品发展迅速，农业和农村经济发展较快。改革开放以来，中部6省（河南、山西、湖北、湖南、江西、安徽）粮、棉、水果、肉、蛋在全国所占的比重都在30% 左右，油料比重达到40%以上。

西部地区近年特色农业得到长足发展，成为农村经济发展的支柱产业，已初步形成专用玉米、糖料、制种、棉花、苹果、肉羊、牛奶等优势产区，特色农产品在全国已占有重要地位，如新疆的棉花产量占全国的1/3，甜菜占全国的近2/3，广西的甘蔗年产量超过全国的1/2，云南、贵州烟叶年产量约占全国的1/2，

苹果已成为西部地区近年来的优势产业

内蒙古牛奶产量占全国的1/5以上，新疆和内蒙古的绵羊毛产量约占全国的1/2。同时，西部地区农业生态环境保护得到明显加强。西部大开发过程中国家将西部基础设施建设放在突出地位，退耕还林、退牧还草、生态家园建设等工程得到落实，同时建设了大量的沼气池，逐步解决了农村能源问题，改善了农民生产生活条件，生态环境保护得到明显加强。

二、农业生态功能区划

（一）生态区划及其发展背景

美国生态学家Bailey于1976年首次提出生态区划概念，认为区划是按照其空间关系来组分自然单元的过程。Bailey按其地域、区、州和地段四个等级对美国的生态区域进行了划分，并编制了美国的生态区域图。我国先后制定了多种不同的生态区划方案。新中国成立初期，为尽快恢复和发展农业生产提供可供参考的科学的自然区划，黄秉维等制定了中国综合自然区划；张新时等以自然地带性规律为基础，将地形地貌、气候、植被等自然因子作为区划的主要指标，提出了我国植被区划等。在自然生态区划的基础上，我国有关生态功能区的研究不断发展，国务院制定提出了国家重点生态功能区，环境保护部制定了生物多样性热点及关键地区。欧阳志云等根据生态服务功能重要性、敏感性以及相互的差异确定了48个对全国生态安全具有重要作用的生态功能区域（李应中，1997）。

针对农业生产的特殊性，国内学者开展了大量农业区划的研究工作。广义的农业区划，包括农业自然条件区划（农业气候、土壤、地貌、水文、植被等单项的农业自然条件区划和综合自然区划）、农业部门区划（农、林、牧、渔各部门区划，各作物区划）、农业技术改革区划（水利化区划、农业机械化区划、肥料区划、土壤改良区划等）和综合农业区划四大方面。狭义的农业区划则仅指综合农业区划。农业综合区划是根据自然环境及农业生产结构的差异和相似性，按地域分异规律，划分出大小、等级不同的农业地域单元，研究区域资源的优势和劣势，按照国民经济和市场的需求，调整农业结构和布局，合理配置生产力，达到因地制宜，分区、分类指导农业生产的目标 。

我国农业生态功能区划工作明显晚于农业区划工作。农业生态功能区划是指在对农业生态系统分析的基础上，应用生态学原理和方法，揭示全国或地理单元农业生态功能区域的相似性和差异性规律，剖析人类活动对农业生态功能区的影响，从而提出全国或大区域农业生态功能分区。环境保护部与中国科学院2008年联合编发《全国生态功能区划》，按照我国气候和地貌等自然条件，将全国陆地生态系统划分为三个生态大区，即东部季风生态大区、西部干旱生态大区和青藏高寒生态大区，进一步根据生态敏感性细分为水源涵养功能区、土壤保持区、防风固沙区、生物多样性保护区、洪水调蓄区、农产品提供区、林产品提供区、大都市群区和重点城镇群区等九大功能区（环境保护部等，2008）。吴文良依据农业生态环境和地区经济发展状况将我国农业生态区分为生态脆弱、经济贫困区，生态资源丰富、经济欠发达区，农业主产区，沿海、城郊经济发达区四大类（吴文良，2000）。

农业生态功能区划基本上是在综合农业区划的基础上发展起来的，与传统综合农业区划具有不可分割和必然的联系。二者都具有两个显著的特征：一是具有显著的自然生态特征，农业生态系统是受人工调节的半自然、半人工生态系统，人也是生态系统的组分之一，与其他生态系统一样处于与周围环境进行能量交换、养分循环的动态过程之中。二是农业生产是在农业生态系统中进行的，具有鲜明的生产功能，不断增长的产品输出需求，正是人类充分认识和发挥农业生态系统这种生产功能的体现。

综合农业区划不仅要反映农业生产的区域性布局特点，而且必须首先考虑自然生态条件的区域相似性特点；农业生态功能区划不仅要考察自然生态的区域性特点，而且也必须体现农业生产的区域特点。显然，利用较为成熟的综合农业区划结果进行我国生态农业区域发展研究不仅是科学和完全可行的，而且易于为大家所接受。

（二）中国农业生态分区的依据

本研究主要参考《中国综合农业区划》的成果，结合中国农业生态的基本特征与生态农业发展趋势，提出以下几条分区的基本依据：①构成区域农业生态系统的基本自然生态要素的相对一致性。②构成区域社会经济条件与生态农业发展特征的相对一致性。③区域农业生产与生态进步的发展方向与建设途径的相对一致性。④基本保持地域的连片性及行政区界的完整性。

上述四条依据中，第四条关系到分区界线，也考虑到农业生态分区实际应用上的便利。前面的三条，涉及方面很广，包括大量的指标，这些内容可以概括成为三个方面，即基础条件、生产与生态特征、发展方向与途径。

1. 基础条件

对各种自然生态条件和资源（气候资源、土地资源、水资源、生物资源、各种自然灾害等）及社会经济条件（劳动力、技术装备、交通运输、区域经济发展水平等）结合生态农业发展要求进行评价，重点从光、热、水、土条件的配合方面进行综合评价。

2. 生产与生态特征

主要旨在现有生态要素配置的基础上，研究农、林、牧、渔各部门组成与结构、生产水平、生产基础、商品化程度等，重视考察区域农业发展现状水平及特征等。

3. 发展方向与途径

从生产发展与生态保护中的薄弱环节和关键问题出发，找出障碍因素和主要矛盾，在全面评价现有基础条件、生态特征和发展潜力的基础上，研究每个区域今后进一步发展生态农业的主旨方向与重点，并提出需要解决的关键问题、实现的基本途径与重要措施。

中国农业生态功能分区的中心内容：一是自然生态条件这个基础，二是生产方向和建设途径这个关键。每个区今后农业生产与生态向什么方向发展，要采取什么重大措施和步骤？要回答好这个问题，必须对自然生态条件进行透彻的剖析。例如，黄土高原应该采取怎样的生态农业模式？是以农为主，还是林牧为主？这涉及农、林、牧在农业中的相对位置，涉及黄土高原治理与发展方针与方向。所以，科学制定各区域的生产发展与生态建设方向和建设途径，是中国农业生态功能分区的中心任务，科学评价区域自然条件、生态特征与发展现状，是农业生态功能分区的基础与前提。

（三）农业生态功能区基本特征

1. 农业生态功能区划分

20世纪80年代，我国进行了有史以来最大规模的农业自然资源调查和农业区划工作，在调查的基础上，完成了《中国综合农业区划》，将全国划分为10个一级农业区和38个二级农业区。10个一级农业区为：（Ⅰ）东北区，（Ⅱ）内蒙古及长城沿线区，（Ⅲ）黄淮海区，（Ⅳ）黄土高原区，（Ⅴ）长江中下游区，（Ⅵ）西南区，（Ⅶ）华南区，（Ⅷ）甘新区，（Ⅸ）青藏区，（Ⅹ）海洋水产区（表5-2）（全国农业区划委员会，1981）。

表5-2 中国综合农业区划框架结果

一级区	二级区	一级区	二级区
Ⅰ.东北区	Ⅰ1.兴安岭林农区 Ⅰ2.松嫩三江平原农业区 Ⅰ3.长白山地林农区 Ⅰ4.辽宁平原丘陵农林区	Ⅵ.西南区	Ⅵ1.秦岭大巴山林农区 Ⅵ2.四川盆地农林区 Ⅵ3.川鄂湘黔边境山地林农区 Ⅵ4.黔桂高原山地农林牧区 Ⅵ5.川滇高原山地农林牧区
Ⅱ.内蒙古及长城沿线区	Ⅱ1.内蒙古北部牧区 Ⅱ2.内蒙古中南部牧农区 Ⅱ3.长城沿线农林牧区		
Ⅲ.黄淮海区	Ⅲ1.燕山太行山山麓平原农业区 Ⅲ2.冀鲁豫低洼平原农业区 Ⅲ3.黄淮平原农业区 Ⅲ4.山东丘陵农林区	Ⅶ.华南区	Ⅶ1.闽南粤中农林水产区 Ⅶ2.粤西湘南农林区 Ⅶ3.滇南农林区 Ⅶ4.琼雷及南海诸岛农林区 Ⅶ5.台湾农林区
Ⅳ.黄土高原区	Ⅳ1.晋东豫西丘陵山地农林牧区 Ⅳ2.汾渭谷地农业区 Ⅳ3.晋陕甘黄土丘陵沟谷牧林农区 Ⅳ4.陇中青东丘陵农牧区	Ⅷ.甘新区	Ⅷ1.蒙宁甘农牧区 Ⅷ2.北疆农牧林区 Ⅷ3.南疆农牧区
Ⅴ.长江中下游区	Ⅴ1.长江下游平原丘陵农林水产区 Ⅴ2.豫鄂皖平原山地农林区 Ⅴ3.长江中游平原农业水产区 Ⅴ4.江南丘陵山地林农区 Ⅴ5.浙闽丘陵山地林农区 Ⅴ6.南岭丘陵山地林农区	Ⅸ.青藏区	Ⅸ1.藏南农牧区 Ⅸ2.川藏林农牧区 Ⅸ3.青甘农区 Ⅸ4.青藏高寒牧区
		Ⅹ.海洋水产区	

以上划分的10个一级农业区概括地揭示了我国农业生产最基本的地域差异，它们一方面反映我国农业自然条件和自然资源，特别是光、热、水、土等条件的不同而发展农业的多种可能性；另一方面反映我国各地区长期历史发展过程形成的农业生产地域分异的基本特点。这些区域的主要条件和特点，都带有很大的稳

中国综合农业区划

定性，可以成为今后农业发展的大的地域单元。各个一级农业区虽然看起来比较笼统粗略，但它们各自的特点却很鲜明，并在中国分别占有独特的地位。掌握它们，也就掌握了中国农业地域分异的基本轮廓。

本章主要参考了《中国综合农业区划》等研究的结果（表5-2），针对我国大区域自然地理背景与区域生态特征，将我国农业生态功能区划分为东部平原集约化农业生态区、北方半干旱农牧交错农业生态区、南方山地多样化农业生态区、高原荒漠脆弱农业生态区和海洋水产农业生态区五个基本类型。第一类包括东北、黄淮海、长江中下游地区，地貌以平原丘陵为主体，主要耕地处于平原地区，坡耕地面积相对较少。第二类包括黄土高原区和内蒙古及长城沿线区，地貌上以半干旱高原为主，海拔多在800米以上，自然气候上以干旱向半干旱、半湿润温带气候过渡为特征，区内典型植被为高草原，农田中坡耕地较多，农业以旱农为主，农牧结合。第三类包括西南区和华南区，地貌上以山地为主体，气候上以亚热带和热带湿润气候为特征，平整连片耕地相对较少，农田也多为坡地。第四类主要指青藏高原和蒙新高原，海拔多在1 100米以上，气候上以高寒、干旱气候为主体，山原相间分布，基本植被景观是低草原、荒漠草原或沙漠、戈壁等，农田与林地相对较少，没有灌溉就没有农业。第五类主要指我国行政区域内的海洋，以海洋渔业为主表5-3。

表5-3　我国农业生态功能分区

序号	一级分区	二级分区	基本特征
1	东部平原集约化农业生态区	东北区、黄淮海区、长江中下游区	以平原丘陵为主体，农业集约化与城镇化程度较高
2	北方半干旱农牧交错农业生态区	黄土高原区、内蒙古长城沿线区	以干旱向半干旱、半湿润温带气候过渡为特征，坡耕地多，旱农为主，农牧结合
3	南方山地多样化农业生态区	西南区、华南区	以山地为主体，以亚热带和热带湿润气候为特征，自然条件多样性强，农田连片性差
4	高原荒漠脆弱农业生态区	青藏高原、蒙新高原	以高寒、干旱气候为主体，基本景观是低草原、荒漠草原或沙漠、戈壁等，农田与林地相对较少，没有灌溉就没有种植业
5	海洋水产农业生态区	辖属海洋	以海洋渔业为主

2. 各区基本特征

（1）东部平原高效农业生态区。

东北区：该区位于中国东北部，北部、东部与俄罗斯、朝鲜为邻，南临黄海、渤海，西至内蒙古高原。土地总面积约为96万千米^2，人口1亿以上，人口密度为104人/千米^2。该区平原辽阔，土地肥沃，有富饶的森林与矿产，是中国重要

组成东北平原之一的松嫩平原

的商品粮、大豆、木材生产基地和重工业基地。水绕山环、沃野千里是该区域地面结构的基本特征。南面是黄、渤二海，东面和北面有鸭绿江、图们江、乌苏里江和黑龙江环绕。地形以山地、丘陵和平原为主，东、西、北部分别分布着长白山、大兴安岭和小兴安岭三座山系，中部为广阔的东北平原，该平原是我国最大的平原，由松嫩平原、三江平原、辽河平原组成。东北拥有宜垦荒地约1亿亩。东北区是我国重要的森林分布地带和重点林区，蕴藏着丰富的森林资源，位居我国三大林区之首。

黄淮海区：黄淮海地区是黄土高原以东的黄河、淮河、海河流域的简称，包括河北、山东、北京、天津、河南大部以及淮河以北的江苏和安徽地区，区位条件优越，是南北交通的纽带，是西北内陆与东南沿海的联络地带，也是我国政治、经济和文化的中心地带。总面积约30万千米^2。黄淮海区属暖温带半湿润、湿润季风气候，年降水量500～900毫米，从南向北逐渐减少，季节间和年际变化明显，旱涝灾害频繁。黄淮海平原区水系较发达，地下水资源较丰富，但分布不均，采补失调，水资源供需矛盾突出。该区主要栽种方式是冬小麦—夏玉米。冬小麦是黄淮海地区的主要粮食作物之一，其种植面积居该地区种植作物的首位。黄淮海地区是我国主要的冬小麦种植区，水是制约该区农业发展的主要限制因子，冬小麦秋季播种夏初收获，其生长过程是该区域降水较少的季节，水对冬小麦生产至关重要。

黄淮海地区的主要粮食作物——冬小麦

黄淮海地区栽种的主要作物——夏玉米

长江中下游区：长江中下游地区位于湖北宜昌以东的长江中下游沿岸，系由两湖平原（江汉平原、洞庭湖平原）、鄱阳湖平原、苏皖沿江平原、里下河平原（皖中平原）和长江三角洲平原组成，包括湖北、安徽、江苏的南部，湖南、江西、广西、福建、广东、浙江的北部，土地总面积为97万千米^2，人口3.5亿左右。该区地势低平，海拔大多50米左右。地形以平原、低山丘陵、盆谷、湖泊洼地和沿海滩涂等地貌类型为主，优势地带性土壤是红壤和黄壤，北亚热带以黄棕壤为主。该区气候温暖湿润，年降水量1 000 ~ 1 500毫米，热量资源丰富，水热同步，是我国农业生态条件优越的最适宜农区之一。区内以平原和山丘

长江中下游地区是我国的“鱼米之乡”

为主，湖泊、河流密集，地表水资源非常丰富，历来是我国主要的商品粮产销基地，素有“鱼米之乡”的美称。

（2）北方半干旱农牧交错农业生态区。

黄土高原区：黄土高原是一个在地貌上非常独特的地貌单元，是世界上最大的黄土覆盖区，占世界黄土分布的70%。全区总面积40余万千米^2，东起太行山，西至乌鞘岭，南连关中，北抵长城，主要包括山西、陕西北部以及甘肃、青海、宁夏、河南、内蒙古等的部分地区。该区是我国东部地区向青藏高原和蒙新高原过渡、暖温带气候向温暖干旱气候、森林景观向荒漠草原景观过渡的中间地带，气候上受东部季风和大陆性气候的共同制约，自然条件复杂多样，以黄土丘陵和黄土沟壑地貌为主。该区以褐土、黄绵土和黑垆土为主，土层深厚，年降水量一般为200～600毫米，自东南向西北递减，且雨季集中在7—9月，常常造成严重的水土流失，土壤侵蚀模数高达5 000吨/（千米^2·年）以上，成为世界上水土流失最严重的地区之一。

地貌独特的黄土高原

内蒙古长城沿线区：内蒙古及长城沿线区为我国典型的北方农牧带交错区，与黄土高原同处于东部季风气候区向西部大陆性气候区的过渡类型区，海拔一般在800～1 200米，气候上总体属于温带半干旱气候类型，年降水量多在300～600毫米，自东向西递减，且雨季集中在7—9月，常常造成严重的水土流失，局部地区土壤侵蚀模数高达5 000吨/（千米^2·年）以上。土壤以灰褐土、褐土、草甸土为主，自然景观以高草原为主。

草原是内蒙古长城沿线区的主要自然景观

（3）南方山地多样化农业生态区。

西南区：西南区地处我国亚热带区域，包括四川、贵州、重庆及云南的大部，主要包括云贵高原、四川盆地、秦巴山区和部分横断山山地，海拔一般在1 500米以上，地貌类型错杂分布，以山体为主，约占土地总面积70%，平坝仅有7%左右。该区受东南季风和西南季风的共同影响，水热资源丰富，雨热同季，干湿季明显，年降水量较为充沛，达1 000毫米左右，地带性土壤以黄壤、红壤为主，土层薄而易流失。

西南区的红壤改造后可种植柑橘

华南区：华南区是我国最南部的生态区域，包括广东、广西、福建、海南和云南省的一部分。该区位于亚洲大陆东南沿海，是一个高温多雨、四季常绿的热带、南亚热带区域，雨量充沛、年降水量多在1 500毫米以上，热量丰富，夏天湿热，冬季温暖，是我国典型的多熟农业区。该区地势起伏大，丘陵山地地貌占80%以上，平原狭小。南部沿海地区人口密集，交通发达，城市分布较为密集，对外口岸多，是我国人口、经济、资金、信息和技术密集的较为发达的地区之一，是连接国内外市场的重要通道。

热带、亚热带的山地地貌

（4）高原荒漠脆弱农业生态区。

甘新区：甘新区处于我国西北内陆，位于包头—盐池—天祝一线以西，祁连山—阿尔金山以北，主要包括新疆、内蒙古西部、甘肃西部和青海西北部，总面积为236万千米^2，总人口为2 500万左右，是我国典型的干旱、半干旱地区，也是中亚大陆干旱荒漠区的组成部分。该区光热资源丰富，降水稀少，气候干旱，年降水量一般在250毫米以下，地貌以干旱草原、荒漠、沙漠、盆地、绿洲为主，土壤类型以栗钙土、棕钙土、荒漠土、高山草甸土、高山漠土为主，自然景观以荒漠为主，包括大面积沙漠，生态环境非常脆弱。该区也是我国少数民族居住地，地处祖国边远西陲，交通不便，地广人稀，市场发育不健全。

甘新区的荒漠景观

青藏区：青藏高原位于我国西南部，横断山脉以西，喜马拉雅山以北，昆仑山和阿尔金山、祁连山以南，包括西藏全部、青海大部和甘南、川西、滇西北的一部分，总面积250万千米^{2}左右。该区年均气温在0℃以下，是世界有名的高寒区域。高原年降水量低，一般为200～500毫米，喜马拉雅山南坡在1 500毫米以上。

青藏区的高寒草甸

该区气候立体变化显著，类型丰富，具有由亚热带、暖温带、寒温带到亚寒带、寒带的几乎所有气候类型。广阔的高原面上，主要以寒温带气候为主，大部分区域表现为干旱和半干旱特征，高寒草原和高寒草甸是塬面上的主要植被。该区寒酷少雨，多风低氧，自然灾害频繁，属于典型的生态脆弱地区。同时，该区是我国长江、黄河、澜沧江等主要河流的发源地，对我国乃至周边地区的生态安全具有重要作用。

三、各区域生态农业面临的挑战与发展方向

客观分析我国各个区域生态农业的发展现状与问题，科学选择未来生态农业发展方向、重点领域及发展模式，不仅对区域生态农业的快速健康发展至关重要，而且也是我国现代生态农业取得全面进步的基础保障。

（一）东北区

1. 发展现状

受纬度、海陆位置、地势等因素的影响，东北区属大陆性季风型气候。自南而北跨暖温带、中温带与寒温带，热量显著不同，≥10℃的积温，南部可达3 600℃，北部则仅有1 000℃。冬小麦、棉花、暖温带水果在辽南各地可正常生长；中部可以生长春小麦、大豆、玉米、高粱、谷子、水稻、甜菜、向日葵、亚麻等春播作物；北部则以春小麦、马铃薯、大豆为主。自东而西，降水量自1 000毫米降至300毫米以下，气候上从湿润区、半湿润区过渡到半干旱区，农业上从农林区、农耕区、半农半牧区过渡到纯牧区。水热条件的纵横交叉，形成东北区农业体系和农业地域分异的基本格局，是综合性大农业基地的自然基础。该地区农业资源特点表现为：东北区的大部分地区热量不足，低温冷害发生频繁；水资源较丰富，但春季干旱、洪涝威胁大。本区大部分位于中温带，夏季温和湿润，冬季寒冷漫长，有效积温偏少，种植春小麦、大豆和早中熟的玉米、水稻以及甜菜、胡麻一年一熟；南部辽东半岛处于温暖带，≥10℃的积温3 900～4 600℃，无霜期120～150天，可种植冬小麦，两年三熟。降水地区差异大，东部降水山区在1 000毫米以上，平原为500～750毫米，属半湿润、湿润区。西部属半干旱区，

年降水量只有350毫米左右。平原农区降水能满足春小麦需要，但春季干旱较严重，影响玉米播种及幼苗生长。东部山区降水多，洪涝灾害较严重。东北区土地资源丰富，拥有亚洲最大和世界最丰沃的黑土地带。东北平原35万千米^{2}的黑土带是目前亚洲唯一的大面积黑土带，是世界三大黑土带之一。土壤肥沃，腐殖质深厚，有机质含量高，团粒结构好，是我国肥力最高的土壤。正是有了这无比肥沃广阔的黑土地，东北地区成为我国最著名的农业区，也成为著名的玉米、大豆、粳稻生产带。

东北地区是我国重要的农牧业生产基地，是国家重点商品粮基地。近年来，该区不断发展现代农业，推进农民增收和农村经济的发展，农业产业化进程明显加快，农产品的综合商品率逐年提高，由1978年的20%提高到目前的60%左右。近些年来，先后引进、消化、吸收了一批具有世界先进水平的农机设备，主要旱田作物生产已全面应用机械作业，水田耕作机械、水稻工厂化育秧设备、标准化育秧大棚设施、水稻快速插秧机械、水稻收获及加工机械等都有了较快的发展，有80%以上的水田应用了机械插秧，大幅度提高了农业生产率。经过多年的发展，形成了以中部松辽平原为集中地的玉米、大豆、水稻粮食生产基地和深加工企业群，以规模化饲养鸡、牛、猪、牛奶等为主体的畜产品加工企业群；形成了北部及三江平原以绿色生态农业为主的生产与加工基地；初步形成了东部山区以

东北地区是我国重要的商品粮基地

“四位一体”生态农业模式中利用沼气为温室增温、照明

药、菜、果加工为特色的农产品加工基地以及西部生态草原畜牧产品生产加工基地。整个东北地区60%以上的生猪，80%以上的肉、蛋、鸡和80%以上的奶牛基本实现了集约化饲养，农业产业化主导产业群体和优势产业地域格局基本形成，玉米、水稻、大豆等粮食深加工和肉牛、生猪、乳业等畜产品深加工以及山特产品深加工的规模与实力在全国基本处于领先地位。

东北区包括中部平原区、西北部与南部山地和半干旱丘陵地区三个主要地貌类型，各区的生态农业重点与模式有较大差别。在中部平原区，生态农业模式注重发展粮食生产，并积极培育农业与养殖业的有机结合，发展多种经营，走精深加工与增值之路，通常表现为建立种养加一条龙、产供销一体化和农工贸系列化的农业产业体系。如重视农林牧结构与加工增值的多元复合型生态农业模式、重视菜菇高效生产的立体生态栽培模式等。

在山区，通常依据自然地势特征构建起众多的立体生态农业结构模式。如多林种、多树种、多层次、多功能的水源涵养林体系，水土保持型生态农业模式，林牧药菌农相结合的生态农业模式，庭院菜果禽牧加工结合的生态模式等。

在半干旱丘陵地区，则以丘陵坡岗地水土保持型模式、环境综合治理生态农业结构模式为主体，合理调整产业结构和开发利用当地资源，实现农林牧的良性循环。变单一增值为多层次、多流向、多梯级增值，发展节水农业，建成无公害综合商品基地。主要有小流域综合治理模式，农林、农果、农牧综合经营型生态农业模式。

值得一提的是，北方"四位一体"生态农业模式在东北半干旱丘陵与山地均有一定推广，取得较好的效果。该模式以庭院土地资源为基础，太阳能为动力，沼气为纽带，采取多功能、立体型的种、养、能源相结合的模式，系统组分间互促互补，构成庭院生态良性循环的模式。

2. 生态农业发展面临的挑战与需求

东北区农业发展中也出现和面临许多问题与挑战，主要体现在以下几个方面：一是土地利用不尽合理，不少草地、湿地、坡地被过度开垦，导致承受水灾的能力下降，近年区域作物受季节洪水灾害愈发严重，足以说明这一点；另一方面，大片的荒地、草原和水面还没有得到开发利用，同时，还存在撂荒、弃耕现象。二是黑土地土质退化严重，抗灾能力变弱，目前，由于黑土地过度开垦，风蚀、水蚀和水土流失比较严重，黑土层由初开发时的近1米，减少为目前的20～30厘米。三是在区域水土流失与面源污染的长期影响下，不仅黑土层变薄，农田养分大量流失，而且对区域地表水水质造成了较大影响，给农业生产乃至今后的可持续发展带来严重的危害。四是区域科技创新和产品开发能力差，农产品加工整体还处于初加工为主的阶段，产业链短，附加值低。吉林省玉米产业化深

东北"粮仓"

加工能力和水平在全国处于先进地位，玉米加工产品品种不及百种，仅为美国的1/20；作为中国大豆主产区的黑龙江省，大豆加工产品仅有几十个。五是农民素质远远落后于发展现代生态农业的需要，城市产业很难为农村广大剩余劳动力提供较多的转移机会。

针对东北区农业基础设施不够健全、黑土地保护等需求，该区域生态农业发展的基本需求体现在：

第一，加强以农田为核心的农业基础设施建设。加强农田水利设施建设，对已有的农田水利工程应加强管理，加快对老旧农田水利设施的现代化改造，提高蓄洪排洪、蓄水灌溉能力，保证农业用水安全；有效遏制黑土地退化和水土流失，保护好独有的黑土地资源，实施缓坡耕地和缓坡土地梯化，把治理沟坡、构建土壤水库作为发展生态农业的主攻方向。

第二，继续强化东北“粮仓”交通运输网络建设。该区域农业生产的相对过剩，已经成为“北粮南运”的主要区域，改变交通运输相对落后现状，形成铁路、公路、海运等多种粮食物流通道，确保国家粮食安全。

第三，依托现代农业科技，推进区域农业标准化与产业化水平。目前，东北“粮仓”农业科技贡献率只有45%，科研成果转化率只有30%左右，农业发展还有很长的科技之路要走。应加大政府对农业科技的投入力度，加强对科技创新体系建设的支持力度；强化农业科研，强化农业科技创新体系建设，形成研发、推广、应用三位一体的现代科技创新体系，推动传统农业技术全面升级；提高农民科技素质，培养有文化、懂技术、会经营的新型农民，不断提高农民的现代生产技能、管理能力和市场意识，逐步提高农业劳动生产率，促进劳动力转移，增加农民收入。

3. 生态农业发展方向

东北区生态农业的主体发展方向是建立规模化与专业化水平高、综合效益好的现代生态农业体系，发展中应紧密结合我国商品粮基地的发展需要，以“优质、高效、绿色、安全”为目标，以绿色产品基地建设和农畜产品深加工为核心，通过品牌培育、龙头企业带动和产业化经营，不断提升区域粮食综合生产能力，形成我国重要的无公害农产品优势产业区，并结合畜禽粪便、秸秆等废弃物资源的循环利用，形成专业化程度高、效益好且环境友好的现代生态农业体系。

根据上述发展方向，东北区生态农业建设要发挥农垦系统的带动作用，首先建设好一大批富有特色的规模化粮油畜生态农产品生产基地，并促进农畜产品深加工。生态产品基地建设逐渐向有机或绿色稻米、玉米、大豆等作物和奶牛养殖方向发展。农产品深加工应主要以绿色粮油加工、牛奶深加工为重点。要重视农业废弃物资源的循环利用和黑土质量保育，积极发展循环农业经济产业，重点是作物秸秆高效无污染转化和畜禽粪便的肥料化利用，逐步实现区域种养平衡、耕地保育与区域农业可持续发展。

（二）黄淮海区

1. 发展现状

黄淮海地区总耕地面积占全国总耕地面积的25%，该区农耕历史悠久，是全国重要的商品粮、棉、油、肉及水果生产基地，在我国农业中具有举足轻重的地位。全区耕地面积3.1亿亩，占全国耕地总面积的 22%，约生产了全国30%的粮食、40%的棉花、1/4的油料、1/3的水果、1/4肉类、22%的水产品。该区是全国粮、棉、油生产大县分布最集中的地区。在全国粮、棉、油总产量前100位的县（市）中，本区分别有35个、40个和60个县（市）左右；在全国猪牛羊肉总产量、水产品总产量和水果总产量前100位的县（市）中，本区分别有33个、22个和40个县（市）左右。近年来，该区注重农业产业化发展，粮油生产、规模化养殖业

黄淮海地区的规模化养殖业

与农产品加工业均形成了一批成功的模式，如盐碱地综合治理农业模式、以沼气为核心的北方“四位一体”生态农业模式、农林复合生态模式、农牧结合良性发展模式、生态农庄模式、设施蔬菜无公害生产模式、农区种草生态农牧业模式、秸秆综合利用模式等，为今后生态农业创新发展提供了很好的基础与借鉴。

黄淮海区生态农业模式主要以平原模式为主。较为典型的模式有基于废弃物循环利用的物质良性循环模式、发挥生态条件时空效能的立体种养模式和基于加工增值的多元复合一体化模式。

物质良性循环模式主要有农业废弃物循环利用型（如农副产品—蚯蚓—畜禽）、基于种养结合的物质循环利用型（作物—畜禽）、水陆交换的基塘农业型（桑基—鱼—肥—田）、基于沼气发酵的物质多层次循环利用型［如畜禽—沼气—猪（鱼）—田］。其中，在大棚下集种菜、养殖、沼气池为一体的“四位一体”模式，产生了良好的社会经济与生态效益。

基塘循环农业

立体种养模式主要包括立体种植型、立体养殖型、立体种养结合型等类型。立体种植包括各种农作物的间、套、轮作和互利栽培，如搭架生产的蔬菜或高秆作物与食用菌间作等，林下种植耐阴药材或食用菌等多层次立体种植；立体养殖主要是水生动物的立体混养；立体种养是以共生互利关系为特征的植物动物混合结构，如苇—禽—鱼、稻—鸭等。

多元复合一体化模式是近年发展起来的种养加结合、农工贸一体化的开放复合模式，通常以大力发展农畜产品加工为主，积极扶持第三产业，使种、养、加、贮、运、销、服务相配套，并不断改善农业生态环境，形成以工补农、以农带牧、以牧促农、推进农业整体发展的生态经济大循环和开放复合式结构模式。

2. 生态农业发展中的挑战与需求

黄淮海地区农业生产面临的问题与挑战主要集中在以下几个方面：一是持续存在的水资源的短缺问题，尤以京津唐地区和胶东半岛水资源供需矛盾最为突出。随着人口的不断增长和区域经济的不断发展，该区的用水量不断增加，地表水减少，地下水超量开采，地下漏斗加剧。二是区域生态环境基础脆弱，自然灾害的威胁依然存在。如区域旱涝灾害、沿海地区的风暴潮、平原地区的盐碱、采矿塌陷地、山区丘陵区的水土流失、京津冀的雾霾、局部滨海区的海水入侵等。三是以水环境为核心的区域环境污染问题突出。随着工业、城镇、农业和旅游业的不断发展，大量排放物对区域水体环境质量造成严重影响，几乎所有河流及湖泊等水体污染物均严重超标，20世纪80年代中期以来，黄渤海近海多次出现赤潮，造成土地板结、环境污染、农产品品质下降等严重问题，制约了农业现代化进程。

针对上述该区持续存在的水资源的短缺、生态环境基础脆弱与自然灾害频发以及水体污染等问题，该区域生态农业发展的基本需求体现在：

第一，坚持水资源的合理开发与高效利用。一方面，做好水资源利用总体规划，杜绝地下水超采；另一方面，加强以农田水利基本建设，增强防灾抗灾能力；同时，持续发展节水型农业，提高水资源利用率。

第二，强化农业绿色产品基地建设，持续推进农业现代化进程。发挥该区沿海与大城市多的地域优势，根据市场状况，稳步将商品粮、棉、油、菜及畜牧、林果、水产基地引入专业化生产机制，推进绿色农产品基地建设，不断提高其商品率和质量；调整农业生产布局，大力拓展农产品加工业，逐步形成专业化生产、集约化与规模化经营、区域化布局的新格局；同时，创新区域现代农业生产经营模式，促进土地规模化经营，建立起多层次、多元化、跨区域、开放式的农副产品综合市场体系，以市场带基地、基地带农户，不断加快本区农业标准化、专业化和产业化的步伐。

农业绿色产品基地

3. 生态农业发展方向

该区生态农业发展方向是构建水土资源高效利用的现代高效生态农业体系。要以“高产、高效、优质、生态、安全”为目标，以节水型生态农业和品牌产品精深加工为核心，通过品牌培育、高科技支撑、龙头企业带动和产业化经营，提升区域农产品生产和深加工能力。

按照上述发展方向，节水型生态农业是黄海海区生态农业的特色与首要选择，该区在建设品牌农产品生产基地和发展农产品精深加工的同时，应重点发展节水型生态农业。农业废弃物循环利用是该区农业污染防治和农业增值的重要途径，是实现区域种养平衡的关键问题，必须尽快规划实施。

（三）长江中下游区

1. 发展现状

长江中下游区是我国三大商品粮基地之一，具有“鱼米之乡”的美称，该区农业集约化水平高，种植业发达，作物可一年两熟或三熟，土地垦殖指数高，农产品总产量大。本区耕地面积占全国的1/5以上，粮食总产量约占全国的30%，其中稻谷产量占全国的50%左右；油料产量占全国的1/3以上，芝麻产量占全国的

50%以上；茶叶、柑橘、桑蚕茧产量均占全国的40%以上。该区以稻米、水果、蔬菜、猪肉、禽蛋等为重点的农产品生态化生产模式丰富，绿色稻米生产模式、稻田养鱼模式、稻萍鱼共生模式、桑基鱼塘模式、城市高效农业模式、创汇型农业模式，为该区生态农业创新发展提供了很好的基础与借鉴。

该区生态农业模式主要以废弃物资源化利用模式、稻田复合种养模式、生态茶园模式和山区农业立体模式为主。

废弃物资源化利用模式主要对农业废弃物进行无害化处理，并使之返回果园、农作物、鱼塘，达到充分利用资源和保护环境、改良土壤的目的。“猪—沼—果”“猪—沼—菜（稻）”等模式，都取得了明显的生态、经济和社会效益。

“猪—沼—果”生态农业模式中利用沼液灌溉果园

稻田复合种养模式通常是在稻田中放养鱼类和一些水生生物，水稻为鱼类提供栖息和隐蔽场所，而水稻腐烂的枯叶也可促进水生微生物的繁殖，水生微生物又是鱼类的饵料，同时鱼类取食水中的微生物和昆虫可减少水稻病虫害的发生，鱼类的粪便可提高土壤的肥力。水田中各种生物互为条件，相互促进，形成了一个良性的生态系统。

生态茶园模式通常通过建立高标准茶园，推广生物防治，实施节水措施，注重控制水土流失，积极发展绿色茶叶和无公害茶叶，并注重通过防护林改善茶园小气候，有的地区还注重茶叶、竹木、粮食、经济林等产业的共同发展，构建起区域以茶园为核心的良性生态农业系统。

山区农业立体模式是人们充分利用山区立体气候资源，合理布局农、林、牧、副、渔业的农业生产方式，既发展了生产，又保持了水土，使山区农业走上了良性循环的轨道。

2. 生态农业发展面临的挑战与需求

尽管该地区农业生产水平较高，但依然存在不少问题与挑战，集中表现在以下几个方面：一是生态环境问题突出。随着工业化与城镇化水平的不断提高，工业污染与农业面源污染问题突出，河流污染与湖泊富营养化加剧，水域生态系统受损，湿地萎缩，对区域水生态系统构成威胁。二是丘陵地区水土流失严重，自然灾害频发，水旱灾害频繁。淮河、长江两大水域经常发生严重的水灾，而江淮分水岭地区旱灾严重，每年6—7月出现长时间的连阴雨“梅雨”天气以及其后的“伏旱”，给农业生产造成严重影响。

针对上述水网区以水为核心的农业面源污染问题突出、丘陵地区水土流失严重等问题，该区域生态农业发展的基本需求体现在：

第一，积极发展节地型现代高效农业，不断提升农业产业化水平。该区人口密度是全国平均水平的3倍以上，人均耕地相当于全国平均水平的2/3左右。随着城镇、道路、水利工程建设以及退耕还林、还湖、还河，耕地面积会继续减少，人地矛盾将更加突出，发展节地、高产、高效农业意义重大；该区已经具备较高的农业生产水平，是我国重要的粮油生产基地，但商品率出现下降趋势，产业化水平尚不高，加工增值的潜力很大。因此，积极推进农业产业化发展是该区今后农业升级换代的重要需求。

第二，将农业生态环境安全建立在区域水环境安全的基础之上，统筹规划好区域水资源利用与水环境质量改善。该区是我国重要的水网地区，河湖水网交错纵横，但随着工业、交通、城市的不断发展和农业集约化程度的逐步提高，区域水体富营养化问题逐渐凸显，构成了对农业可持续发展的严重制约。做好污染从源头、过程到末端治理的综合防控工作，对该区今后农业与社会经济的可持续发展至关重要。

第三，按照总体规划，做好退田还湖、还河（湿地）工作，发展防灾、避灾

长江中下游区纵横交错的河湖水网

与减灾农业生产体系。该区每年都会发生严重的洪涝灾害，科学退田还湖、还河是十分必要的。在还湖、还河当中，一方面要做好移民安置与就业工作，另一方面要积极发展耐涝型农业生产结构，发展水体饲料作物与水体蔬菜，建立水体和湿地高效利用模式，减少污染和水灾损失。

3. 生态农业发展方向

长江中下游区生态农业主体发展方向是构建以高附加值和水环境安全为特色的现代高效生态农业体系。该区生态农业的发展应保持与发扬鱼米之乡的资源与传

长江中下游区的稻—油耕作制

统优势，继续提高农业生产水平，调整产品结构，以“高产、高效、优质、生态、安全”为目标，通过水环境保育、品牌培育、高科技支撑、龙头企业带动和产业化推进，提升区域农产品生产能力和加工能力，形成集农产品生产、加工和高效转化于一体的现代生态农业体系。

根据上述发展方向，长江中下游区在发展生态农业中，近期应重点拓展基于种养结合、水环境安全、耕地重金属污染治理的生态农业产业体系。努力恢复和提高农业复种指数，大力推广稻—草、稻—油、稻—菜等耕作制度。适度发展牛羊等草食性家畜，逐步实现农田、山丘、林草地的一体化统筹与种养体系的高度协同。杜绝工矿废水对农田的污染，继续积极开展污染土地的治理。

（四）黄土高原区

1. 发展现状

黄土高原是干旱向湿润地区过渡的生态脆弱带，降水量少且不稳定，农业生产基本依赖降水。黄土高原劳动人民在长期与大自然的抗争中，积累了丰富的经验。该区农民素有集雨、保墒、抗旱等精耕细作的优良传统，经过近20 年的努力，试区人均粮食占有量由350千克提高到500千克以上，在多年的水土流失治理和退耕还林还草工程的支撑下，水土流失治理取得重要进展，生态农业建设也逐步改变了该区的农业生产条件与发展状况。与此同时，形成了不少很好的富有特色的农业发展模式，如甘肃的集雨农业模式、旱作农业模式、小流域立体农业模式、渭北草原的农牧林果综合配套模式、农果复合型、农林草牧复合型生态农业模式等，对该区农业的发展和生态环境的维护做出了积极贡献。

黄土高原区主要生态农业模式包括农林牧复合型、基于草灌乔结合的生态建设模式、基于节水与梯田的粮农与经济林果模式和基于沼气池的庭院多位一体模式。

农林牧复合型模式重视粮、经、草、林的区域合理配置，注重作物间作和轮作，增加土地肥力，推广果园种草，发展秸秆养畜，重视农业布局结构的生态合理性，建立“川地高效粮经作物—丘陵缓坡基本农田—山腰经济林—陡坡生态林草”的复合生态农业系统。

生态建设模式通常以草灌为主，乔灌草结合，注重水土保持林建设，特别以防护型和能源型（生活烧柴）为主，不宜建成用材林基地；梁、峁顶部建设草地，25° 以上的退耕坡地实行草灌带状间作模式，林灌丛下间种苜蓿、枸杞等草本植物，提高坡地有效盖度，减少水土流失。

梯田粮农与经济林果模式主要通过梯田建设，形成较高的“保土、保水、保肥、增产”能力，同时也是黄土高原小流域水土保持的一种重要措施，既结束了广种薄收的恶性循环局面，提高了区域的土地生产力，促进了粮油与经济林果的生产，又有效降低了坡地的水土流失，促进了高原环境保护。

庭院多位一体模式通常是利用庭院养鸡（猪），鸡猪粪入沼气池，沼气供照明、做饭和取暖，沼渣沼液施入农田，从而促进作物生产。

2. 生态农业发展面临的挑战与需求

在新的发展阶段，黄土高原生态农业的建设面临着资源和市场的双重约束。该区制约农业生产的基本因素是干旱和水土流失。同时，农村经济贫困，区域经济落后，交通闭塞，也制约着农业生产的发展。该地区农业生产水平落后，生态环境不断退化，生态系统自我调节机制基本丧失，人们生活较为贫困，生态重建难度较大。这一方面由于自然条件的严酷，另一方面与农民观念落后、社会经济条件落后、农业投入水平低、农民收入低、农业发展再生能力弱等具有密切关系。长期以来，黄土高原存在“越穷越垦，越垦越穷”的恶性循环局面。所以，如何协调农业发展与生态建设的关系，打破这种封闭的恶性循环，使水土保持与农业发展走上良性循环的道路，依然是一个长期而严峻的问题。

针对该区水土流失严重、生态环境恶化和区域产业经济薄弱等问题，该区域生态农业发展的基本需求体现在：

第一，强化区域水土流失综合治理与生态恢复。发掘黄土高原多年治理的经验，坚持长期综合治理，持续改善区域生产、生活条件；将生态恢复与区域发展相结合，因地制宜地推行不同的生态农业模式，治理水土，改善生态和气候，保障农业的稳产高产；落实好退耕还林还草政策，不会因粮食短缺而出现“复耕”。

第二，筑构大农业发展思路与格局，推进高原农业产业化发展。将生态效益和经济效益有机结合，本着“因地制宜，发挥优势”的原则，搞好农林牧副合理布局，为区域现代农业的发展奠定基础；积极推进高原小杂粮、水果类绿色化、规模化生产，并不断强化精深加工，提升区域农业的产业化水平与效益。

3. 生态农业发展方向

黄土高原区生态农业发展方向是构建基于水土安全的现代特色高原生态农业体系。该区生态农业发展应以“水保、特色、优质、高效”为目标，以水土安全型生态农业和特色生态农业为核心，以流域水土流失控制为主要任务，通过产地生态保育、品牌培育、龙头企业带动和产业化经营，形成水土流失有效控制与特色农产品基地相结合的高原生态农业体系。

遵循上述发展方向，黄土高原区应重点围绕水土保持型生态农业和农林牧综合发展型生态农业进行拓展。水土保持要在做好基本农田保护工作的基础上，积极推进保护性耕作、旱作节水型农业等。农林牧综合发展型生态农业要坚持因地制宜，搞好农业清洁生产，发展瓜果、小杂粮、干杂果、优质小麦等特色产品，积极培育特色农产品品牌。

黄土高原区的特色农产品——小杂粮

（五）内蒙古及长城沿线区

1. 发展现状

根据《中国县域经济发展报告（1997）》数据，该区耕地总面积800余万公顷，人均占有耕地为全国人均耕地面积的4倍以上。全区农、林、牧用地比例为1.0：1.2：3.5，大农业发展相对均衡，具有较好的旱地农业、农牧结合、农林结合等发展经验。特别是近年来以生态环境保护和安全农产品生产为主要目的生态农业建设，对推进区域农业发展与生态建设起到了重要作用。国家级绿色食品原料标准化生产基地发展较为迅速，品种包括粮食、蔬菜、杂粮、食用葵花、油用葵花、畜禽等，出现了一批绿色生产与加工企业，涌现出一批“企业+农户”的发展模式，初步实现了品种特色化、基地规模化、生产标准化、经营产业化，促进了农牧业和生态环境的和谐发展。

内蒙古及长城沿线区的葵花生产

内蒙古及长城沿线区实行的生态农业模式重在草地保护与高效利用、农牧结合良性发展、农村能源开发利用三个方面。

在草地保护与高效利用方面，主要模式有重在高原草地保护与恢复的草地生态恢复持续利用模式，重在提升土地生产力与牛羊承载量的灌草混合型人工草地模式，以饲草产业化为特征的种植、加工与舍饲结合模式，依托草原资源开展的草原观光模式等。

在农牧结合良性发展方面，主要有农牧结合一体化发展模式，通过种植业副产品饲料化和种草养畜，有机肥还田促进土地肥力培育，从而实现区域农业的良性发展。同时，种植业与养殖业有机结合与良性发展的实现是以区域水资源高效利用和节水为基础的。

在农村能源开发利用方面，通常以沼气为纽带，进行多层次能源利用模式的构建，一般形式是沿着“养殖业—沼气—种植业”的链状方向进行的，有利于实现能源与养分物质的双重利用，形成立体化农业生产良性循环模式，既改变了农民的生活方式，促进了农牧民增收致富，还逐步构建起了农村牧区循环经济和生态家园的新型农业生产与经济结构。

2. 生态农业发展面临的挑战与需求

该区农业发展与生态资源基础薄弱，抗风险能力低下，加上交通、科技与市场体系不够健全，区域生态农业发展仍面临着巨大挑战。近几十年来，由于过度开垦、毁草种粮、超载过牧、自然灾害频发等原因，区域土地荒漠化日趋加剧，草场平均产草量仅为200～400千克/公顷，土地生产力下降，经济发展缓慢。目前，该区域还具有多个国家贫困县，是典型的生态环境制约型贫困地带，也是我国人口、资源与环境矛盾最集中、最尖锐的地区之一。因此如何采取行之有效的措施推进该地区现代农牧业与农村牧区经济健康、快速与可持续发展，稳步提高农牧民收入，是现在以及未来该区域乃至于我国面临的一项严峻挑战。

针对该区草原退化与管理不善、农地荒漠化等问题，该区域生态农业发展的基本需求体现在：

第一，强化与完善草原立法，强化草原监理执法机构及队伍建设，大力推行“以草定畜”“草畜平衡”政策；持续重视草原生态建设与合理利用。清醒认识

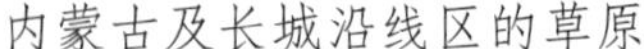
内蒙古及长城沿线区的草原

当前草原遭受严重破坏的现实及草原退化带来的危机，树立生态环境忧患意识和草原保护意识，提高广大群众爱护与建设草原的自觉性和主动性。

第二，统筹规划，构建农牧过渡带新型大农业发展与生态环境保护兼顾格局，杜绝重农、重林、轻草倾向，继续做好退耕还草工作，宜农则农，宜林则林，宜草则草，以草护林，以草促林，以草促农；强化该区农业生态条件的改善与维护，防止农田荒漠化与林地的“干旱化”，草地建设向标准化、规模化方向发展，不断提高畜牧业经济效益，发展区域现代农牧经济。

第三，强化农牧民的生态意识。通过牧民喜闻乐见、通俗易懂的电影、电视、广播节目的形式，加强法制教育，促进《中华人民共和国草原法》的贯彻实施；宣传科技兴牧，引导牧民转变落后的生产经营方式；通过加大教育支出、保健支出等，提高牧民综合素质，为实现草原的永续利用打好基础。

3. 生态农业发展方向

该区生态农业发展方向是构建基于农牧结合与水土安全的富有特色的高原现代生态农业体系。该区生态农业发展应以“生态保育、特色产品、优质高效”为目标，以生态草业、水保型生态农业和清洁能源利用为核心，提升区域农业的生态环境保护功能，形成富有特色的高原农牧过渡带生态农业体系。

根据上述发展方向，该区生态草业要加强草地保护，注重草畜平衡，控制水土流失，改善区域环境。在特色生态农业建设中，一是要积极培育特色农产品品牌，如特色瓜果、小杂粮、干杂果、优质麦类等，二是要大力发展特色农畜产品的精深加工，提高生态农业的产值。积极推广风能、太阳能等清洁能源，促进环境保护。

太阳能利用

（六）西南区

1. 发展现状

该区生态类型丰富多样，生物资源种类与数量居全国之首，具有发展农业的独特条件，农业的比重大，复种指数高，是我国重要的粮、肉、油、果、烟、蔗等农产品的生产基地。本区主要农产品在全国所占的份额为：粮食占15%以上、油菜籽占20%以上、甘蔗占2/3左右、烤烟占50%以上、柑橘占1/3以上。经过多年的发展，特别是近些年的生态农业建设，形成了一批特色农产品生产基地，孕育出一批具有较好现代化水平的农业企业，初步形成了西南石质山地小流域综合治理模式、农林复合型农业模式、林果药多元复合型生态农业模式、农产品加工型农业模式、能源利用型生态农业模式、庭院型模式以及特色旅游观光生态农业模式等，为今后该区生态农业模式创新提供了良好的基础。

西南区主要生态农业模式包括立体复合型、流域综合治理型和庭院经济型生态农业模式。

立体复合型生态农业模式利用山区水热条件优越、地貌类型复杂和气候垂直分布差异明显的特点，形成多种生物、多种层次、多种时序的立体种养结构，在大的格局上通常形成“山下水田莲藕、山麓旱作物、山腰经济林果、山顶草灌覆盖”的立体结构，大大提高了资源利用率和环境效应。在局部设计

西南区是我国重要的油菜籽生产基地

上，优化生物配置，土地用养结合，变平面布局为立体布局，充分利用塘、库、稻田水面资源，提高土地综合生产力。

西南区的烤烟占全国一半的份额

流域综合治理通常以区域中低产田改造、发展微型水利工程和坡地退耕还林为核心，形成山顶封山育林，山腰种植果茶，山沟筑坝蓄水，山下开垦农田，山边种植旱地作物和牧草，发展畜牧业和加工业，将水土流失区建成多元化复合型农业经济，从而形成生态与经济良性循环体系。

庭院经济生态农业模式充分利用住宅的房前屋后以及四周的空隙地和富余的劳动力，形成生产、生态、生活良性循环。通常以食用菌、畜禽养殖和发展沼气为主，如大足县桥亭村的“猪—蚕—粮—沼—鱼”模式，种桑养蚕，蚕沙、猪粪作沼气原料，沼液肥田养鱼。

2. 生态农业发展面临的挑战与需求

该区地形破碎、土层浅薄，且土地垦殖率高，旱涝灾害频发，加上粮食与能源短缺，滥垦、乱伐、粗放经营耕作方式使农业生态环境支持系统十分脆弱，在雨季极易造成水土流失，属于我国生态环境脆弱区之一。特别是近年来，该区自然灾害频发，农业生产风险增加。从2010年以来，西南地区连年遭遇干旱，且干旱范围不断扩大，逐步从云南扩展到四川、贵州、广西西部等地，曾出现人畜饮水困难，农作物大面积减产甚至绝收。因此，未来如何提高防灾、抗灾、减灾能力任务艰巨。另外，该区边远多山、交通相对不便、市场发育度低、经济结构不合理等，对该区经济发展具有较大的影响。西南区国民经济整体欠发达，广大农民的收入普遍不高，加之耕种地形限制农业机械化程度很低，农业相当程度上还处于自给自足和半粗放经营的状态，虽然近年农业产业化发展也有所进展，但规模化不显著，专业化分工、区域规模化合作少，农产品优质品率不高，商品率较低，极大地限制了区域农民的致富和农业的可持续发展。

该区发展生态农业的需求表现在：

第一，农业基础条件与防灾能力建设。该区域具有典型的喀斯特岩溶地貌，土层薄，坡地水土流失严重，石漠化面积不断扩大。因此必须加强农田水利工程建设，搞好小微型水利工程，增强水土保持能力；加强重点水库防汛和抗旱应急水源重点工程建设，不断提高农、林、牧、渔业防灾抗灾能力；发展公路和铁路建设，为建设有地方特色的农业基地提供运输条件。

第二，积极发展具有区域特色的多样化生态农业模式。该区域幅员辽阔，山地众多，地形复杂多样，光热水条件的再分布特征显著，小气候类型众多。因此，积极拓展与升华出适宜于不同山地特点的农业模式，如水陆立体生态农业模式、山丘带状生态农业模式等，是该区域今后农业发展的重要问题与需求。

3. 生态农业发展方向

西南区生态农业发展方向是构建山地生态防护与立体特色明显的现代山地生态农业体系。该区域应以山地生态保护为前提，以“特色、优质、环保”为目标，充分发挥自然条件与生物资源多样化的优势，形成我国山地生态保护与特色农产品基地相结合的山地立体化生态农业体系。

农田小微型水利工程

根据上述发展方向，该区要因地制宜选择适宜的立体种养等特色生态农业模式，大力发展地方特色农产品，如药材、茶业等。在生态环境安全的基础上，充分发挥多样化自然与人文资源的优势，大力发展生态旅游。

（七）华南区

1. 发展现状

该区在农业发展上具有优越的自然和社会条件，种植业、现代养殖业、海域与陆地水域养殖业较为发达。同时，该区是我国热带与亚热带水果的主产区，种类繁多、果品丰富，一年四季都有新鲜水果，荔枝、龙眼、香蕉等热带水果种植面积与产量均已跻身世界前列，荔枝、龙眼面积分别占世界的80%和70%以上，香蕉种植面积和产量分别占世界第五和第三位，天然橡胶等作物的种植面积和产量达到世界第五位，剑麻的单位面积产量水平居世界第一位、生产总量居世界第二位。同时，该地区还是芒果、菠萝的主产区域，槟榔、胡椒、咖啡、木薯、香荚兰等也有长足的发展。华南区热带作物的发展使得我国成为世界热带农产品的主要生产国和主要消费国。

华南区是我国菠萝的主产区域

多年来，华南区注重发挥区域自然生态与社会经济优势，积极发展高效生态农业和绿色产品生产，形成了多种类型的农业发展模式。如珠江三角洲的基塘生态系统、稻田养鱼（鸭）、山区生态林果农场、大型沼气能源生态农业模式、多熟种植模式、沿海以加工为核心的创汇农业模式等，为该区今后生态农业模式创新和产业升级奠定坚实了基础。

华南区的香蕉种植面积和产量居世界前列

华南区主要生态农业模式包括“基塘”农业模式、热作立体生态种植模式、加工废弃物综合利用与治理模式、热带“猪—沼—果”模式和生态农业旅游模式等。

典型的“基塘”农业模式出现在珠江三角洲中部一些地区，人们在低洼易涝区挖地成塘，堆泥成基，塘中养鱼，基上种植桑树、甘蔗、果树和花卉，以塘泥做桑、蔗、果树的肥料，桑叶养蚕，蚕粪、桑叶、蔗叶做鱼饵，塘基互养，形成水陆生产相互促进和环境改善的基塘农业生态系统。

热作立体生态种植模式通常在热作物园内或林下种植经济草灌，发展热带特色立体农业，形成了“高山造林，山腰植胶，平地种果，水面养鸭，水中养鱼”的立体生态农业模式。在胶园和果园树木间种牧草，饲养牛羊，放蜂，养鸡，水塘养鱼等。

加工废弃物综合利用与治理模式通常针对橡胶、糖蔗和热带水果加工业所排放的有机废渣和废液，建设净化沼气工程，经厌氧发酵处理达标排放，同时废水的循环利用，增值并减少环境污染。

热带“猪—沼—果”模式是广西、海南一带通过发展家禽和畜禽粪便沼气，以沼气作为纽带，将粪便等废弃物转化为有机物质能源和种植需要的肥料，肥料助长了果树、蔬菜和牧草，从而形成生态、循环的农业产业体系，使经济发展、资源开发、环境保护三者实现统一协调发展。

生态农业旅游模式是依托华南区独特的自然基础与少数民族聚居地的独特社会人文资源，利用国家政策的支持，建设热带海岛型休闲度假胜地，吸引国内外游客，形成一个强大的客流主体，形成“生态环境优美、生态旅游发达、生态文化进步”的局面。

2. 生态农业发展面临的挑战与需求

由于华南区人多地少、工业化水平高，酸雨、工业污染、农业的肥药污染等导致水体富营养化等较为严重，加上山区地区的水土流失也令人担忧，生态环境问题日趋凸显，热带农业基础设施仍然薄弱，抗御自然灾害能力差。优质、高效、高产的良种选育与推广较为缓慢，如橡胶园种植品种单一、老化，热带水果在外在形态、口感、品质等方面还不完全适合国际市场需求，热带农产品绿色化生产与精深加工还需要经得住更严峻的国际市场的挑战。

第一，该区农业的发展必须关注国家和市场对热带农产品的特殊需求。橡胶是我国重要的战略物资，其需求缺口越来越大。我国橡胶资源的缺乏正在威胁到我国的国家战略安全，发展该区域天然橡胶产业，保障国家工业原料和战略物资的供给安全，是该区域开展农业生产的重要任务；我国棕油、木薯、甘蔗等热带生物燃料原料、制糖等供应与该区域相应热带作物的依赖性密切相关，华南区作为该类热带能源作物宜植地，对这些工业原料、食品和生物能源原料的安全供应，具有其他地区不可替代的作用。近年来，我国热带水果的消费量呈增长趋

天然橡胶林

势，该地区是保障我国水果消费市场热带水果供应的基地，必须把它建设好。因此，要调整优化农业内部结构，发挥热带农业的区位、季节和品种优势，大力发展热带农产品的加工增值，使农、林、牧、渔、加工业协调发展，提高农业生态系统的综合生产力和经济效益。

第二，积极推进农业基础设施与产业化条件建设。华南地区有不少老、少、边、穷地区，经济基础薄弱，不少地区农田水利设施落后，洪涝干旱防灾减灾能力脆弱，水库安全和热带作物用水安全问题突出，该区农业机械化程度较低，缺乏保鲜、贮运、加工等热作产业采后处理条件，每年荔枝、龙眼等名贵水果的损失率都占20%以上，农业产业化经营水平较低，生产、加工、贸易各环节有效联结不畅，产业体系不完整。

3. 生态农业发展方向

华南区生态农业发展方向是构建富有热带特色和环境安全的现代生态农业体系。该区生态农业发展应以“特色化、高效化、安全化、生态化”为目标，显著提升热带生态农产品生产与加工能力，大幅度提升农业的整体效益。

根据上述发展方向，华南区以农业污染控制、产地环境建设和生态品牌培育为基础，把解决工业外源污染和农业内源污染与加强农产品基地安全建设作为重要任务，重点发展绿色蔬菜、水产养殖、热带水果、甘蔗、稻米、橡胶、茶叶等热带、亚热带特色农产品生产，并结合物流网建设，提高生态农业的经济效益。

华南区的特色农产品——甘蔗

（八）甘新区

1. 发展现状

甘新区农业生产条件总体较差，但农业生态环境污染相对较少，人均耕地面积较多，区域农业颇具特色。绿洲农业一般分布于干旱荒漠地区的河湖沿岸、山麓地带与冲积扇地下水出露的地方，多呈孤岛状、带状或串珠状分布，雨养农业和灌溉农业较为发达。经过多年的发展，该区已经成为我国最重要的棉花生产基地和重要果品基地。同时，国有农场规模较大，区域农业具有一定的商品化水平。随着社会生产力发展和水利条件的改善，在干旱荒漠地区宜农地资源较丰富、开发利用条件较优越的地方开辟的新垦区，形成了新的绿洲。多年来，形成了戈壁沙漠地带的干旱绿洲生态农业模式、塔里木河“绿色走廊”、吐鲁番葡萄产业、河西走廊的种业基地等，不同程度地建了一批绿色、无公害农作物的生态农业基地，全面推进了农业的延伸产业经济发展格局，这些都为今后开展生态农业建设提供了重要基础。

甘新区生态农业模式有以节水为核心的资源节约型模式、以退耕还林还草和移民扶贫相结合的生态环境综合治理模式、以果棉为主导的立体复合模式等。

资源节约型模式通常以节水为核心，大力推广节水灌溉技术，对农业用地实

吐鲁番已建成葡萄生态农业基地

施集约化经营，发展设施农业，同时推广精量播种、测土配方施肥、病虫害综合防治和保护性耕作技术，在节约资源的同时，提高了单位面积农产品产量。

生态环境综合治理模式通常是在山区和丘陵坡地，实行退耕还林政策，大力发展林草业生产，必要时采取异地搬迁的扶贫办法，增加农民的收入，保护和改善生态环境，推进区域生态农业发展。

立体复合模式主要体现在果粮棉间作和农牧结合等方面。前者利用特色林果业的资源优势，将林果和粮棉进行间作，空间上进行合理组合，形成物质循环利用、多级生产、稳定高效的农林复合生态系统，既改善生态环境，又增加粮棉生产和农民收入。后者利用种植业产生的大量农作物秸秆发展养殖业，实现秸秆资源化，使低值的资源转化为高值的畜产品，牲畜有机肥料用于农业生产，防止秸秆处理和牲畜粪便对环境的污染，形成一个农牧良性循环生态系统。

2. 生态农业发展面临的挑战与需求

制约该区农业发展的主要因素：一是水资源短缺，干旱绿洲灌溉农业一直处于戈壁沙漠的分割包围之中，绿洲大量的用水影响了下游荒漠植被用水，导致荒漠化加剧，农业绿洲的扩展导致的荒漠化潜在危机大。因此，做好水资源布局优化与合理利用工作十分重要。二是由于荒漠化过程强烈和灌区次生盐渍化等，草场退化、土壤贫瘠、农膜污染、农田生产力低下等问题严重，制约着农牧业的可持续发展。同时，该区的现代农业发展还处于起步阶段，整体上设施落后、技术人才不足、农民思想观念落后、农业生产经营方式还较粗放，市场化、产业化程度低，这些因素均阻碍了本地区生态农业发展。

基于上述情况，该区发展生态农业的需求主要体现在：

第一，采取生态环境保护优先的原则，把农业与国民经济发展建立在环境友好的基础之上。该区存在沙漠化、干旱化、盐渍化、少林化等问题的严重威胁，水资源短缺、荒漠化加剧几乎成为难以逆转的事实，对区域经济社会的可持续发展构成直接威胁，也成为区域生态农业发展的客观需求。从整体与长远的角度分析，该区应该采取生态环境保护优先的原则，把农业与国民经济发展建立在环境友好的基础之上，只有这样，区域经济社会的发展才具有可持续性，高效生态农业的建立才具有可行性。

第二，稳定绿洲规模，大力发展节水灌溉和中低产田改造。西北干旱区现有的400万公顷耕地中，1/2左右为中低产田，干旱与土壤次生盐碱化成为中低产田的主要障碍因素，加上土地沙漠化对绿洲的威胁，水土资源的合理利用与配置就成为该区域稳定农业基本条件的基础保障。所以，应以节水灌溉为中心，稳定耕地面积，改造中低产田，改善农田内外生态环境，切实提高现有耕地资源的质量，才能确保西北干旱区农业的持续发展。

第三，提高区域农业综合发展水平，积极推进特色农业的产业化发展 。西北干旱区深居内陆，远离国内外市场，交通条件相对单一薄弱，运输成本高。在河西走廊、北疆与南疆绿洲灌溉农业区，农业发展水平相对较高，农产品的地域特色显著，红花、番茄、枸杞无论产量还是质量以及相关产业，在全国都有一定优势。只要引入先进的农业生产技术与大量外部投资，强化市场化运作，就能促进与提升绿洲商品粮、棉、菜、果基地建设，批量培育农副产品加工龙头企业，大力推进农业产业化进程，提高区域农业综合水平。

3. 生态农业发展方向

甘新区生态农业发展方向是构建生态安全型内陆现代绿洲生态农业体系。该区生态农业应将干旱脆弱区生态保护与生态农业建设结合起来，以“安全、特色、高效”为目标，以环境保护型生态农牧业和绿洲特色生态农业为核心，通过品牌培育、龙头企业带动和产业化经营，形成我国富有特色的内陆绿洲生态农业体系。

甘新区的区域特色农产品——棉花

根据上述发展方向，该区要把流域水资源利用统筹与节水农业发展作为生态农业建设的核心，加强节水技术与产品的推广，注重农牧结合，防止荒漠化和草原退化。要大力发展区域特色农产品，如瓜果、肉奶、棉花、果菜、干杂果等。要发挥民族地区的自然景观与文化优势，大力发展民族旅游。

（九）青藏区

1. 发展现状

青藏区地处边陲，交通闭塞，文化基础薄弱，社会经济条件差，农牧业发展基本上走的是一条照搬内地传统发展模式的发展道路，即注重解决粮食问题、单纯追求经济增长，忽视农村经济的全面发展和民族传统文化特点，对保护生态环境也没有引起足够重视。多年来，我国政府投入了大量的人、财、物，使该区社会经济与农牧业生产获得了很大的发展，高原保护性农业、特色农牧业得到长足发展，基本解决了农牧民的温饱问题。然而，在严酷的大自然面前，农牧业生产发展较慢，产业化程度很低，高原农业发展相对迟缓，传统农业仍然是经济发展的主要贡献部门，现代农业发育程度水平依然很低，生态农业建设任重道远。

该区生态农业模式包括高原生态畜牧业模式和高原生态保护模式。

高原生态畜牧业模式通过“以草定畜”，保护和提高草原生产力，调整高原草畜结构，并辅以相应规模的饲料粮（草）生产基地建设，积极推进高原特色农产品加工，改变传统畜牧业游牧的生产方式，增加牧民收入，达到生产优质特色高原畜产品和保护草原环境的目的。

高原生态保护模式结合国家政策，修建定居点，解决子女就学等问题，调整载畜量，减轻放牧对天然草场的压力，防止草场破坏，把经济发展与生态效益、社会效益统一起来，促进农牧业生产持续发展与高原生态环境的保持。

2. 生态农业发展面临的挑战与需求

青藏区生态环境脆弱，自然灾害频繁，农业基础不稳，在农业环境保护、灾害预防和控制上整体能力较差。因而，加强农田基础设施的完善，提高抗灾能力及田间管理水平，是转变该区农业增长方式、提升农业综合生产力和增强生态环境保护能力的重要措施。同时，由于多年盲目开垦草原、超载放牧、鼠害加剧等原因，草地生态系统的破坏是严重的，草原大面积退化，植被稀疏化、沙化问题严

青藏区高原畜产品加工

峻。因此，继续调整畜牧业结构，发展集约养殖，减轻草地放牧压力，维护高寒草地生态环境是该地区面临的一大挑战。

基于上述情况，该区发展生态农业的需求主要体现在：

第一，采取生态环境保护优先的原则，把高原农业的发展与高寒生态环境保护结合好。青藏区生态环境脆弱，自然灾害频繁，草原破坏严重，在农业环境保护、灾害预防和控制上整体能力较差。同时，青藏高原特殊的地理环境在我国甚至全球都具有重要的生态地位。因而，加强高寒生态保护、提高区域抗灾能力、转变农业传统增长方式等，是提升高寒区农业综合生产力和增强生态环境保护能力的重要措施。因此，从整体与长远的角度看，该区应该采取生态环境保护优先的原则，把农业发展建立在保护好高寒生态环境的基础之上。只有这样，高寒区经济社会的发展才能可持续，高寒特色生态农业的建立才具有可行性。

第二，强化科学技术与人才队伍建设是推进高原生态农业建设的必要条件。高原生态条件下高产高效优良品种与高新技术选择与应用的空间有限，加上农业科研队伍缺乏相对薄弱，农民生产素质低下等原因，该区域农业生产整体水平还较低，制约了该区农业的迅速发展。所以，强化科技队伍建设，大力开展农牧民科技培训，改变了农牧民的传统生产观念，成为建设生态农业的重要保障。

3. 生态农业发展方向

该区生态农业发展方向是构建基于高寒草原生态保护的高寒生态农业体系。

该区生态农业应以“草地保护、高原特色、优质高效”为目标，将高寒草原生态环境保护放在第一位，重点开发具有高寒地区特色的生态农牧产品，通过高原特色品牌培育、生产生活方式转变、政府引导和企业参与，形成我国具有高寒生态防护能力和高原特色的生态农业体系。

根据上述方向，该区生态农业的发展应首先加强草原生态保护，实行禁牧、休牧、轮牧等措施，确保草畜平衡。要积极发展区域民族特色农产品生产与加工，如特制牦牛肉干、精装藏雪莲、红景天粉剂、虫草冲剂、高原奶茶、牦牛毯等。稳步发展高原特色生态旅游业，增加农牧民收入。要加强高原农村能源建设，推广太阳能、风能利用，为保护高寒草原提供条件。

青藏区的民族特色农产品——牦牛

第六章
生态农业产业化体系构建与发展

从20世纪90年代中后期开始，我国陆续探索和推动了生态农业产业化的发展，不仅创立了无公害农业、绿色食品生产和有机农业等生态农业产业模式，而且规模开发与经营也得到较快发展。

进入新的世纪，我国生态农业的发展面临着前所未有的机遇：全球经济的一体化，为我国生态农业产业化提供了更大的发展空间；人们生活水平的提高，特别是对健康安全农产品需求的快速增加，使生态农业比石油农业具有更强生命力。与此同时，也要清醒地认识到我国生态农业产业发展面临巨大挑战：国际贸易中“绿色壁垒”为生态农业产业发展提出了更高的要求，全球气候变化问题日益突出，生态农业产业规模较小、科学技术含量低、生态产品生产环境恶化趋势明显、生态农产品优质优价制度和市场体系还没有完全建立（李文华，2004），这些都是新时期生态农业产业发展过程中必须重点解决的问题，也是我国农业产业可持续发展的重要内容。很显然，要大力推进生态农业产业化发展，必须把生态农业的生产、加工、物流、销售、品牌等环节联结起来；必须把分散经营的农户联合起来；必须建立完善生态农产品的质量标准，并引入到产业链的全过程中。

一、生态农业产业化意义与内涵

（一）生态农业产业化的重要意义

生态农业产业化不仅有利于农业和农村经济结构调整，而且是农民实现增收的重要渠道，体现了农业先进生产力的发展要求，是一种顺应时代发展需求的产业化形式。我国生态农业产业化的重要意义主要体现在以下几方面：

1. 提高我国生态农业的规模化水平

生态农业产业化有助于提高我国生态农业的规模化水平，主要体现在以下几个方面：一是通过优化产业结构提高规模化水平。生态农业产业化注重科学布局、产业结构优化和动态调控，有利于提高生态农业规模化水平。二是通过完善管理体系提高规模化水平。生态农业产业化注重建立技术体系、政策法规管理体系、产品质量控制与监测体系，有利于提高生态农业规模化水平。三是通过构建完整产业链提高规模化水平。生态农业产业化注重把整个区域内的农产品生产链条相互连接，形成种养加结合，农工贸并举，产加销一体，产前、产中、产后充分衔接的产业群体，有利于提高生态农业规模化水平。

2. 显著提升生态农产品市场竞争力

提升市场竞争力的关键是品质、价格、标准化与抗风险能力。生态农业产业化一是通过绿色规范操作，大幅度提高农产品质量安全水平。二是通过提高农业资源利用率，提升生态农产品产能，降低成本，发挥价格优势。三是通过建立标准体系，满足生态农产品产前、产中、产后认证与评价等多方面的绿色环保要求，促进农产品国际贸易，显著提升我国生态农产品国际市场竞争力。四是生态农业产业化强调形成完整的产业链条，以国内外市场为导向，通过市场牵龙头、龙头带基地、基地连农户的形式，从而解决小生产与大市场之间矛盾、常规农业转向生态农业等问题。五是生态农业产业化侧重建立如下三大体系：农业生产技术体系、政策法规管理体系、产品质量控制与监测体系，从而提高生态农业的抗风险能力。

3. 改善现代农业发展的生态环境

生态农业产业化能够集中和加快解决我国农业发展的资源、环境、生态问题。主要体现在以下几个方面：一是有利于集中解决农业生产过程中的环境问题。由于长期大量使用化肥与高残留、高毒性农药，土壤污染问题日趋严重，有机质丰富的土壤不断减少。同时，面源污染物又随水体扩散到江湖河流，对水体造成污染，直接威胁着人们的身体健康（赵其国，2003）。生态农业发展有利于大幅度减少化肥农药的使用，改善由农业生产引起的环境问题。二是有利于解决副产品利用与污染问题。目前，粮食、家禽、水果等行业加工过程中产生的副产物综合利用率较低，资源浪费严重。畜类综合利用率仅为29.9%，水果加工副产物的利用率不足5%，加之农产品加工业物耗、能耗、水耗相对较高，造成资源浪费与环境恶化（崔丽，2014）。生态农业产业化发展有利于农副产品加工废物的循环利用，提高资源利用效率，促进循环产业的形成与发展。三是有利于解决农产品物流过程中的浪费与污染问题。农产品物流污染主要是来自批发市场和末端农贸市场产生的大量废弃物。生态农业产业化重视绿色物流发展，有利于解决有关的浪费与污染问题。

（二）生态农业产业化的主要内涵

1. 生态农业产业化的概念

基于社会—经济—自然复合生态系统理论（马世骏等，1984），社会、经济、自然是相互作用的整体。生态产业是按生态经济原理和经济规律组织起来的基于生态系统承受能力、具有高效的经济过程及和谐的生态功能的网络型、进化型产业（王如松等，2001）。生态农业产业化是遵循农村经济发展与农业生态环境保护相协调、自然资源开发与保护相协调的原则，充分发挥当地生态区位优势及产品的比较优势，将生态农业的产前、产中、产后诸环节链接为一个完整的产业体系，开发优质、安全、绿色农产品，实现经济高效、资源节约、环境友好的现代化农业生产经营过程。生态农业产业化的实践中常常通过种养加、产供销、农工商一体化经营，把农民、企业、市场等有机地结合起来，使农业与农村经济走上规模化、规范化、产业化的良性循环轨道（丁毓良等，2007）。

2. 生态农业产业化的内涵

生态农业产业化主要包括四个方面内涵：一是保障绿色农资供应。从源头和原材料供应环节抓好生态农产品生产，包括生物农药、肥料、饲料等。二是严格清洁生产管理。即在农业生产环节依据生态学原理，运用现代科学技术手段开展生态栽培、生态养殖、产地生态环境治理等生产活动。三是促进绿色加工增值。即在生态农产品的加工环节中不添加有害、有毒物质，有效保持原有营养价值；在加工过程中无污染和少污染，加工出来的产品及其包装物在使用和最终报废处理过程中不对环境造成损害。四是实现绿色物流营销。在农产品物流环节采用低碳绿色的储运方式和销售模式，减少污染和资源浪费，保证农产品安全。另外，还包括乡村生态旅游、生态文化产业等延伸环节。

（三）生态农业产业化的主要类型

我国生态农业产业化涉及农业自然资源禀赋、农村经济水平、区位条件、主导产品、经营组织方式、农业产业链（产—加—销）等六个方面，这些方面及其之间的相互作用构建了生态农业产业化的基本结构框架。

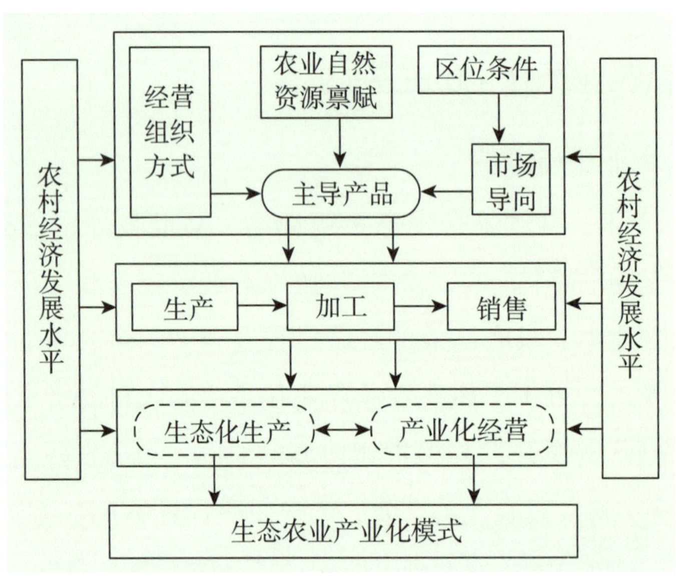

生态农业产业化模式的基本框架构建（周小萍等，2004）

从我国现代生态农业实践中的主要做法、内在发展动力和产业管理方式出发，我国生态农业产业化主要类型有企业带动型、政府搭台型、合作互助型。

1. 企业带动型

企业带动型是我国生态农业产业化发展中最基本、最普遍的类型。该模式常常以实力较强的农业贸易企业、加工企业、工业企业等为龙头，带动区域农户按

企业型生态农业产业园区

照生态农业生产方式进行生产、加工与营销，实现以工保农、以工带农，促进区域生产基地和生态农业的发展，提高农业效益。

2. 政府搭台型

政府搭台型是政府将科技、企业、协会、农户等连接在一起，构建生态农业产业化发展平台，并通过专家的技术支持和企业、银行的资金支持，培育特色生态产品的生产基地、加工基地和销售网络，带动当地生态农业的产业化发展。

3. 合作互助型

农民合作互助型是在生产大户、农民合作社和农业专业协会的带动下，以推动生态农产品产业化经营为目的，组建产业结盟，开展技术合作。

二、生态农业产业化的关键环节

（一）绿色农资供应

绿色农业生产资料是指获得国家法定部门许可、登记，经中国绿色食品发展中心审核，符合绿色生产资料相关技术准则，许可使用的绿色生产投入品，范围包括肥料、农药、饲料及饲料添加剂、兽药、食品添加剂及其他与绿色食品生产相关的生产投入品。绿色农业生产资料是生态农业产业体系的重要组成部分，是保障生态农业持续健康发展的源头因素。

1. 绿色农资的主要内容

通常情况下，绿色农资包括生物农药、微生物肥料和可降解农膜等。

（1）生物农药。生物农药是绿色农药之一，是指用来防治病、虫、草等有害生物的生物活体及其代谢产物，还包括人工合成的与天然化合物结构相同的农药，并可以制成商品上市流通的生物源制剂，包括微生物农药、农用抗生素、植物源农药、生化农药、天敌农药等几大类（张光荣，2013）。生物农药广泛应用于农业、林业病虫害防治领域。

（2）微生物肥料。狭义的微生物肥料是指肥料中含有的特定微生物通过生命活动增加植物所需营养元素，使植物营养状况得到改善促进植物生长，进而提高农产品产量和品质，如根瘤菌肥。广义上讲，微生物肥料也称为复合微生物肥料，是指除了特定微生物外还含有其他营养物质，该类型肥料不仅提高植物营养元素的供应水平，而且通过微生物活动产生的一些次生代谢产物，如植物生长激素等，促进植物对营养元素的吸收利用或抵抗某些病原微生物，减轻农作物病害从而增加作物产量（刘鹏等，2013）。

（3）生物降解农膜。《受控堆肥条件下材料最终需氧生物分解和崩解能力的测定　采用测定释放的二氧化碳的方法》（GB/T 19277—2003）中的概念指出，生物可降解塑料分子链可在垃圾处理系统或自然环境中，由微生物对其进行生物降解，最终变成二氧化碳（或甲烷）和水，进入生物链和循环过程，完全为环境所消纳，不留任何聚合物的碎片（袁晓燕，2008）。按原料分类，生物降解塑料可分为天然生物降解塑料、微生物降解塑料和化学合成生物降解塑料。2007年1月1日，《降解塑料的定义、分类、标识和降解性能要求》国家标准正式实施。

2. 绿色农资发展中存在的问题

我国绿色农资发展相对缓慢，总体来看，主要存在以下几方面问题：

（1）整体发育不平衡。一是发展规模不平衡。在有效期内的绿色生产资料远远不能满足绿色食品生产的需求。二是产品结构不平衡。在有效期内的产品中，饲料及饲料添加剂和肥料产品数相对较多，分别占到绿色生产资料产品总数的59%和31%，农药和食品添加剂只占9%，兽药还没有申请使用绿色生产资料标志的产品。三是区域发展不平衡。目前，绿色生产资料企业主要集中在辽宁、山东、广东、四川、云南等地，其他地区的绿色生产资料企业数较少或者没有。

（2）品牌影响力不足。绿色生产资料商标许可制度实施时间短，再加上市场宣传力度不够、运行机制不健全等多方面的原因，绿色生产资料标志品牌影响力还不够，绿色生产资料品牌效应有待进一步加强。

（3）推广应用比例不大。与绿色食品发展规模和速度相比，绿色农资发展严重滞后，物质技术保障效果没有得到充分体现，企业申请使用绿色农资的积极性不高。

3. 保障绿色农资供应的对策

（1）强化市场有效监管。不断完善可追溯监管、信用分类监管、市场监管责任制和责任追究制，严厉查处经营假冒伪劣绿色农资坑农害农行为。同时，农资市场监管信息化建设是加强农资市场监管的重要手段。开展农资市场监管信息化建设要重点完成农资市场监管信息化系统的开发和完善；加强信息库建设，夯实信息化基础；做好整合对接，保障联网应用工作，实现农资市场监管联动；强化监管数据统计分析，提高市场监管预警水平。

（2）规范管理制度建设。一是要从法律法规上入手，认真清理农资经营主体资格，坚决取缔无证无照经营行为。二是限定农资产品经营网点和数量，提高经营资质准入门槛，提倡诚信守法。三是健全市场准入制度，对于所有进入市场必须进行登记备案或者通过资质审查确认，对购进的农资商品必须有供货商的质量保证合同。

（3）加强法制宣传教育。一是通过现场宣传活动，曝光一批典型的农资打假案例，加强农资产品质量鉴别的科普知识宣传，增强农民识假防假能力，提高农民依法维护自身权益的能力。二是实现市场监管网络的全方位覆盖，扩大农资监管的社会影响力。三是完善农村消费投诉网络，落实消费投诉联络员制度，建立健全维权工作机制，保障农民合法权益。

（4）推行信用体系。积极培育农资行业协会，遵循“政府主导、行业自律、社会监督”原则，充分发挥行业组织的自律作用。加强行风建设，全面推行经营单位守法经营责任制，不断完善农资经营户信用监管制度、农资索样保留备查制度，树立诚信经营导向，杜绝制假售假行为。

（5）建立完善绿色农资生产和推广政策。一方面要建立完善绿色农资推广使用政策和机制，另外一方面要积极鼓励技术创新，建立和引导新技术产品企业、国内知名企业和出口企业发展绿色农资，提高绿色农资发展质量和效益。

（6）保障人才队伍建设。绿色生产资料工作涉及肥料、农药、农膜、饲料及饲料添加剂、兽药和食品添加剂等六大行业，专业性强，需要加强专业技能培训，提高人员素质，以适应绿色生产资料需求的不断发展。同时，要加强和完善绿色生产资料专家评审委员会的职能和职责，充分发挥专家专业特长，保障绿色生产资料产品质量（陈晓华，2013）。

（二）农业清洁生产

农业清洁生产是既可以满足农业生产需要，又合理利用资源并保护环境的一种新型农业生产，是将清洁生产的基本思想、整体预防的环境战略持续应用于农业生产过程、产品设计和服务中，使用对环境友好的绿色农资，改善农业生产技术，减降农业污染，增加生态效率，进而减少对环境和人类的危害性（贾继文，2006）。需要指出的是，农业清洁生产并不完全排除使用农用化学品，而是在使用时应考虑其生态安全性，实现社会、经济、生态效益的持续统一。

农业清洁生产包括三方面内容：①清洁的原料、农用设备和能源的投入。②采用清洁的生产程序、技术和管理，尽量少用（或不用）化学农用品，确保农产品具有营养价值及无毒无害。③生产出生态农产品（袁晓丽，2012）。

农业清洁生产系统一般由输入系统、生产系统和输出系统三个部分组成。具体追求两个目标：一是合理利用和保护自然资源，提高资源的利用效率，减轻农业资源的消耗。二是在农业生产过程中，减少污染物的生成和排放，同时防止有毒化学物质污染农产品，降低整个农业活动对人类和环境的风险。

1. 农业清洁生产的主要内容

（1）农业资源节约有效投入。在“节能、节地、节水、节肥、节药、节膜、节料、节种、节劳”等方面进行农业资源有效投入，节约农业资源和能源。

（2）农业废弃物循环利用。实现农业废弃物肥料化、饲料化、材料化、基质化、能源化和生态化，以达到对各种农业废弃物进行无害化处理与资源化利用的目的。

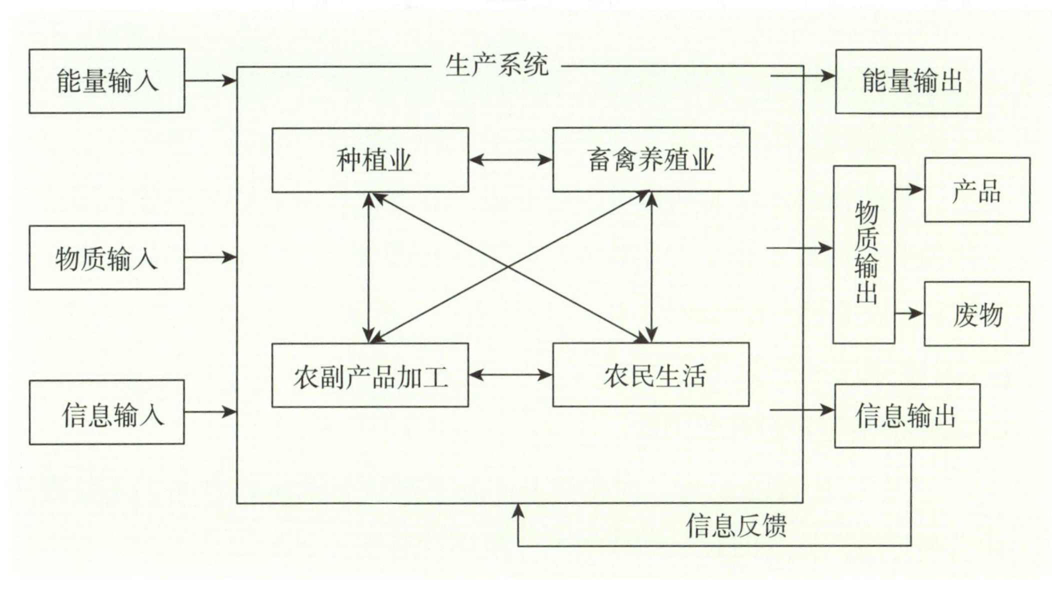

农业清洁生产运行模式（熊文强，2009）

（3）提高耕地土壤的质量。重点对土壤中的面源污染、重金属、农膜、农药残留加强防控与治理，加强农田肥力建设和高标准农田建设。

（4）全程化的污染控制。农业清洁生产的实质是在农业生产全过程中减少农业污染的产生，减少产品生产和农业服务过程中对环境的风险。要从整地、播种、育苗、田间管理、收获的全过程预防污染的发生；从种子、幼苗、壮苗、果实、农产品的食用与加工各环节预防污染（王坚等，2009）。

生态果园

（5）构建实用清洁生产技术体系。农业清洁生产技术体系包括标准化生产技术体系（农产品品质、产地环境、生产技术规范和产品质量安全标准）、农产品质量安全检测技术体系（水土气产地环境、种子质量、农药、肥料、动植物生长调节剂、兽药饲料及添加剂等）、农业投入品替代及农业资源高效利用技术体系（生物菌肥、高效复合肥、生物农药、液体地膜等）、产地环境修复和地理恢复技术体系、农业废弃物资源化利用技术体系等（章家恩，2010），如中国南方红壤丘陵区生态果园绿色生产技术体系。

2. 农业清洁生产存在的问题

（1）生产技术规范层面。现有相关的技术规范包括绿色食品、无公害农产品、有机农产品、良好的农业操作规范、危害分析的关键控制点等，如何与农业清洁生产紧密对接，亟须加强研究和规范。

（2）生产技术设备层面。我国发展农业清洁生产的时间较短，许多农业企业使用的工艺和设备技术含量不高，再加上我国农业生产类型多、环境条件差异大，全面有效推行农业清洁生产在技术设备装备方面还存在支撑不足等问题。

（3）资金投入机制层面。清洁生产在研发和推广技术、购置设备、人才队伍建设等方面都需要大量资金投入，农业企业自觉将有限的资金投入到农业清洁生产中的积极性不高。因此，必须加大政府投入引导，形成合理的资金投入机制。

（4）市场信息体系层面。农业清洁生产市场信息体系不健全，造成了清洁农产品生产者、经营者、消费者信息不对称，形成了生产者和经营者不能得到应有的利益回报，消费者不能准确选择优质生态农产品。

（5）环境资源管理层面。农业污染主要由规模化养殖业导致的点源污染和作物种植业导致的面源污染构成。由于农业面源污染具有分散性、隐蔽性、发生区域的随机性、排放途径及排放时间的不确定性和污染负荷空间分布的差异性，不易监测和量化，还未形成完善的管理制度和监管手段。

（6）农业环保意识层面。由于大部分农民环保意识不强，农业环保知识宣传形式和手段单一，对农药化肥对生态环境产生的负面效应重视不足，致使过量使用产生的土壤结构破坏，土壤肥力降低，地表、地下水和农产品污染，极大危害人类及动植物健康。

3. 农业清洁生产的推动机制

（1）强化农业清洁生产的基础保障机制。一是支持研究开发对环境友好、经济效益高、可操作性强的农业高新技术。加强示范区建设，充分发挥典型示范带动作用。二是加强农业清洁生产管理与市场销售的信息体系建设，促进产销衔接。三是加强制度创新，完善政策法规保障体系、组织管理保障体系。

（2）形成农业清洁生产的市场化动力机制。一是培育和建立“企业+农户”“种植大户”“家庭农场”“联户经营”“合作社”等多种形式的农业经营主体，鼓励探索产加销、贸工农一体化、农产品直销等多种高效市场营销模式，形成优质优价的市场体系。二是在农户中推广普及先进实用的清洁农业生产新技术，加强清洁农业生产技术科学管理，降低农业生产成本，增加农民收益。三是开展多种形式的科学普及活动与宣传教育，提高农民和市民的科学素质，倡导绿色消费，营造有利于清洁产品生产和消费的市场环境。

（3）完善农业清洁生产的政府引导机制。利益驱动是推进农业清洁生产实施的根本动力，可以通过政府农业补贴、典型示范带动、给予政策扶持等多种途径来鼓励农民实施清洁生产。实施农业清洁生产的初期要求有一定的基础投入，政府应先给予一定的农业设施资助和农业生产过程中的各种技术指导，并采取各项优惠政策，让农民受益，从而调动农民实施农业清洁生产的积极性。

（4）建立农业清洁生产的科学评价机制。鼓励和不断完善清洁农业生产认证管理和科学评价机制。一是对清洁农业生产产地环境进行评价。二是对清洁农业生产的农用生产资料生产与使用过程的环境生态影响进行评价。三是对清洁农业生产产品质量与安全进行评价。四是对清洁农业生产重大项目（工程）和规划进行环境生态评价。五是对清洁农业生产经济效益和社会效益进行评价。

（5）制订农业清洁生产的技术支撑体系。包括农业标准化生产技术体系、农业资源高效利用和废弃物资源化技术体系、农业清洁生产链接技术体系、土壤安全监测技术体系、产地环境修复和地力恢复技术体系、农业信息化技术体系等。

（三）绿色加工增值

农产品绿色加工：是指以绿色农产品为原料，严格遵循绿色食品生产要求和相关标准进行加工的过程。包括粮棉油加工、果蔬茶加工、肉蛋奶加工、水产品加工以及食糖、丝麻、蜂产品加工等特色农产品加工。

1. 近年来我国农产品绿色加工重点推动的方向

“十二五”以来，我国农产品加工业的发展，以降低农产品产后损失、提高商品率和入市品级为目的，通过发展农产品精深加工与综合利用延伸产业链条，提高附加值、增强竞争力，形成产地初加工与精深加工合理布局、优势互补、协调发展的格局。农产品绿色加工的重点方向体现在加工品种专用化、原料基地标准化、技术装备高新化、质量控制全程化、产品品质营养化、管理制度现代化等方面。

（1）加工品种专用化。农产品绿色加工对原料品种的特性有着不同的要求，加工用途不同，品种要求各异。美国将玉米按加工用途不同分为高淀粉型、高蛋白质型、食用型品种，荷兰把马铃薯根据加工需要分为油炸型、淀粉型、全粉型和药用型品种，我国也有适合面包加工的高筋小麦品种和适宜蛋糕加工的低筋小麦品种。加工品种专用化及其加工品质评价体系的建立是农产品绿色加工的必然要求。

（2）原料基地标准化。原料基地的标准化、规模化既是农产品绿色加工的前提和基础，也是未来的发展趋势和方向。按照全球良好农业操作认证（GAP）、欧盟良好农业规范认证（Euro-GAP）等国际标准和规范要求有效控制农药残留、植物生长调节剂，确保原料的安全品质与营养品质是农产品绿色加工原料基地标准化的重要内容。法国酿酒葡萄基地、西班牙柑橘罐头原料基地、美国加州大杏仁原料基地、加拿大油菜原料基地等在国际上久负盛名，有力地支撑了农产品绿色加工产业的发展。

（3）技术装备高新化。农产品绿色加工对技术与装备提出了更高的要求。随着食品科学与工程、生物技术、信息技术等相关学科的发展，农产品加工技术与装备发展迅速，一批高新技术和装备如瞬间高温杀菌技术、微胶囊技术、微生物发酵技术、膜分离技术与装备、真空冷冻干燥技术、无菌贮存与包装技术与装备、超高压技术与装备、超微粉碎技术与装备、超临界流体萃取技术与装备、计算机视觉技术、基因工程技术等已在农产品绿色加工领域得到广泛应用，在大大提高产品营养与安全品质的同时，农产品原料的综合利用水平和节能减排水平得到大幅度提升。

（4）质量控制全程化。建立基于以HACCP为基本原理的安全控制和以国际标准化组织（ISO）为基本原理的质量控制的全程质量控制体系，是农产品绿色加工的必然要求和趋势。加强快速检测技术体系和平台的建立、质量安全风险评估体系的建立以及全程质量控制体系推广、示范和应用，是农产品绿色加工质量控制的重要内容。进入世界500强的农产品绿色加工企业，如“联合利华”、“雀巢”、“中粮”等均在加工生产中实施HACCP规范及ISO9000族系规范，建立了一整套符合国际惯例和要求的标准体系和全程质量控制体系（王强，2001）。

（5）产品品质营养化。农产品绿色加工的最终目标是为消费者提高既营养又安全的食品。近年来随着全球经济的发展、生活水平的提高、工作节奏的加快、健康意识的增强，人们对食品提出了更高的期望和要求。产品在满足营养安全的同时，方便化、快捷化、功能化成为日常生活所必需。以“营养、安全、方便、功能”为核心的产品结构和产业结构的优化升级成为农产品绿色加工的发展方向和重点。

（6）管理制度现代化。现代企业制度建立是农产品绿色加工企业做大做强的必然选择。就技术与产品质量管理层面，以下三个方面是管理制度现代化的重要内容：一是建立符合国际惯例的标准体系与全程质量管理体系以确保产品质量。二是要不断加大科技投入，建立技术研发中心，提升技术创新能力和水平。三是加强信息体系建设，建立有关信息数据库和网络平台，实现网上信息发布、专家咨询、市场需求分析、网上交易等（王强，2001）。

2. 农产品绿色加工存在的问题

（1）专用加工品种及原料基地缺少。我国长期缺乏加工专用品种，对专用原料基地建立重视不够。长期以来，我国农业发展强调数量和高产，对提高农产品品质和发展绿色加工专用型农产品的研究、开发和生产的投入严重不足，使得农产品品种类型单一，适宜加工的优质、专用品种缺乏。如苹果、柑橘等都缺乏相应的加工品种，专用基地建设在一些地区刚刚起步；国内专用原料的缺乏，导致了大量的原料进口，如我国75%的橙汁原料依赖进口。

（2）绿色加工技术装备水平落后。突出表现在农产品加工装备制造业十分落后，大量精深加工技术装备和环保设备主要依赖进口，产业发展受制于人。特别是在绿色环保加工设备上，高昂的投资成本和较低的产出效益，往往使一些企业在节能减排上望而却步、“另辟蹊径”。农产品加工业科研资源整合和机制创新不够，低水平重复研究问题突出。大部分农产品加工企业没有建立研发机构，并受工资待遇、生活水平、人文环境等条件影响，基层农产品加工企业很难吸引和留住高素质的专业技术人才。

（3）加工质量安全及产品品质堪忧。由于我国农产品加工产业起步较晚，管理制度、标准体系等均不完善，导致在快速发展的过程中存在多种质量安全隐患，比如加工原料受到污染，违规使用添加剂，产品掺假售假，新技术、新工艺、新包装潜在危害等，这都给绿色农产品加工造成了质量安全隐患；此外，绿色农产品加工在保证产品安全的前提下，最终目的是提供人体必需的营养成分，保障膳食结构合理和营养健康，目前我国市场上存在着部分过度加工、不合理加工、非科学加工的产品，这既是对优质农产品加工资源的浪费，也与我国倡导的绿色、健康的农产品加工产业发展方向背道而驰。

（4）行业发展相关扶持政策欠缺。长期以来，我国农产品加工企业发展基本处于自发无序状态，既缺乏针对性的扶持、引导和规范政策，也缺少市场信息、投资融资、技术孵化、质量检测、人才培训、政策咨询、创业辅导等方面的公共服务。行业准入门槛低，小微企业和小作坊比重大，缺乏现代企业管理制度和相关人才，同质化问题和无序竞争现象比较普遍。还缺乏一套科学合理的产业布局和行业规划，宏观调控手段不足、标准体系不完善、多头机构管理等问题也比较突出。

3. 提升农产品绿色加工水平的主要对策

（1）建设专用原料生产基地，从源头上保证安全。原料是否安全是绿色加工农产品质量安全的首要因素。然而，我国农产品原料生产较为分散，大多数农产品生产规模小、效益低、品种单一，农民应用标准化生产的积极性不高，生产过程缺乏有效的质量控制，农产品质量安全水平难以得到有效保障。此外，农民文化水平不高，掌握农业技术的难度也很大，在农业投入品的选择和使用上不能做到科学合理。因此，建设标准化、规模化、专用化的农产品原料生产基地，是保障加工农产品质量安全，提升农产品绿色加工水平的重要举措。

（2）整合农产品加工资源，提高产业的聚集度。目前，我国农产品生产加工企业有相当一部分规模小、布局分散、技术装备落后，这是制约我国农产品加工产业发展的主要原因。因此，要积极鼓励进行行业内部的兼并、收购和重组，形成规模以上的企业集团，提高产业集中度和技术装备水平，减少资源消耗，降低原料收购、加工、销售等环节的成本，通过提高产业聚集度，促进全国农产品加工业的产业升级换代。

（3）加大科技研发的投入，提高技术装备水平。到20世纪末，农业科研投资强度大致维持在0.2%，不到同期发达国家平均数的1/10；2005年末仅提高到了大约0.56%，2010年末至今仍未突破1%（联合国建议的发展中国家应确保的水平）（刘亭，2014）。此外，企业研发资金少，企业创新能力和现代技术应用能力不强。发达国家大型农产品加工企业研究发展投入（R&D 经费）占其销售额的2%～3%，而我国农产品加工企业R&D经费占主营业务收入的比重仅为0.5%，为发达国家的1/6。因此在资金投入上给予大力支持，是提高我国绿色加工技术水平的重要保障。

（4）提高绿色加工水平，建设质量标准体系。农产品加工标准体系包括质量安全管理标准、产品标准、加工工艺技术标准、加工卫生环境标准、检验与检测方法标准、生产操作标准、加工设施与设备标准、卫生安全标准以及包装、标志、运输、储存标准等，从农产品原料生产加工到销售的全过程来看，建立一套以国家标准和行业标准为主体、地方标准为配套、企业标准为补充的完善的农产品加工质量标准体系，并以此作为指导农产品加工、评定产品质量、规范产品市场、保护消费者利益的重要技术依据和技术保障尤为重要。

（5）强化产业的诚信意识，建立现代企业管理制度。农产品加工企业的诚信和信誉是保证农产品质量安全、提升农产品绿色加工水平的重要前提，因此加强食品加工企业的诚信意识，建立企业质量信用体系的长效机制对行业发展十分重要。此外，我国农产品绿色加工企业还要进一步注重科技研发投入、提升企业自主创新能力、加强企业人才团队建设、引入国际先进的企业管理理念，将现代企业管理制度作为企业发展的重要手段，进一步提高我国农产品绿色加工产业发展水平。

（四）农产品绿色物流

农产品物流是社会再生产中的重要环节，它将农业生产和农产品消费活动紧密联系起来，在农业经济发展中具有重要地位。当前，我国农产品物流存在“多品种、大批量、高频次、距离远”的特点，增加了车辆使用频次和比重；同时由于技术设备落后、信息封闭等原因，农产品物流损失大、浪费严重，产生了巨大的“外部负效应”。因此，要优化农产品物流系统，实现农产品物流系统整体最优和对环境的最低损害，就必须发展农产品绿色物流。

1. 绿色物流的概念

绿色物流是建立在可持续发展理论、生态经济学理论、生态伦理学理论、外部性理论基础上的一种新的物流理念，内涵丰富、外延广泛。总的来说，凡是在物流过程中抑制物流对环境造成危害的同时，实现物流环境的净化，使物流资源得到最充分利用的都是绿色物流，即以降低物流过程的环境危害为目的的一切手段、方法和过程都属于绿色物流范畴。绿色物流是一种环境共生型的物流系统，由资源、生产、消费三大节点以及连接这几个节点之间的相应物流通道构成（张敏，2009）。农产品绿色物流包含了绿色运输、绿色仓储、绿色装卸和搬运、绿色包装、绿色流通加工、绿色信息搜集和管理、废弃物物流等内容（郭玉杰，2014）。

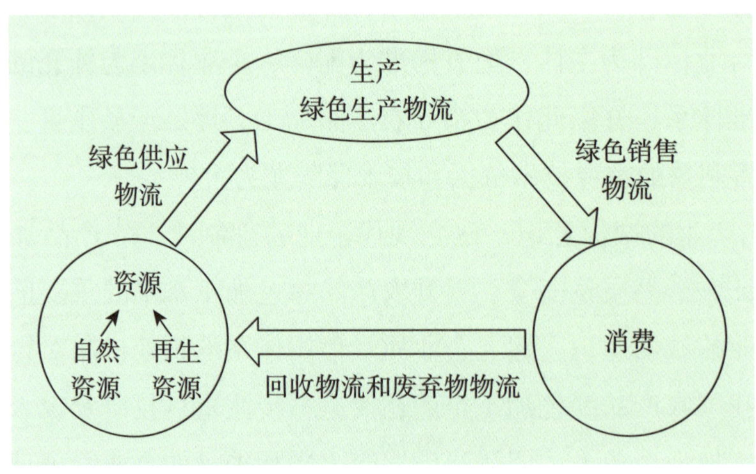

绿色物流系统结构

2. 农产品绿色物流发展趋势

绿色农产品物流范围涵盖农产品的全生命周期，其发展目标是在追求经济目标的同时，兼顾资源节约和环境保护，形成“资源—生产—消费—再利用”的循环物流模式。我国农产品绿色物流的发展呈现以下趋势：

（1）向低排放、低消耗方向发展。低碳工艺和设施装备将广泛应用于从生产到报废处理的整个农产品物流链条，减少CO_2等温室气体排放量和农产品物流损失，构筑低能耗、低污染、低排放的农产品低碳物流体系。减少水、电、气、油、农药等能源和物资的使用量，以最小的资源消耗取得最大的效益。

（2）向自动化、智能化方向发展。随着科学技术的发展和人工成本的增长，农产品绿色物流的自动化程度会越来越高，逐步向劳动稀散型产业过渡。而且随着现代通信手段的完善和信息技术的普及，计算机网络技术、行业技术、智能控制技术汇集的集成技术将得到越来越多的应用，从而促进农产品物流的智能化发展。

（3）向管理规范化、现代化方向发展。逐步完善农产品绿色物流相关的政策、法规和标准，提高法制化程度。涌现一批农产品绿色物流龙头企业，使供应链管理、良好操作规范、危害分析及关键控制点等先进管理办法，射频识别（RFID）、全球定位系统等物联网技术得到广泛应用，提升农产品绿色物流管理的现代化水平。

（4）新型交易方式不断涌现。国内已有部分批发市场在水产品、花卉、生猪、大豆、小麦等农产品交易上采用拍卖交易或期货交易，随着标准化、信息化的发展，拍卖交易、中远期交易和期货交易将是重要的发展方向。而随着电子商务的发展和对农产品产业的渗透，农产品电子交易也将成为一种重要的绿色交易方式。

3. 农产品绿色物流存在的问题

我国物流业起步较晚，与发达国家仍存在较大差距。目前，绿色物流的研究水平和服务水平较为落后，主要表现在：

（1）绿色物流政策法规不完善。一方面，生产者和消费者对农产品物流的绿色经营和消费理念不了解，绿色物流意识尚未形成，绿色物流发展缺少良好氛围（秦蓁，2009）。另一方面，由于起步晚，专门针对农产品绿色物流的政策法规很少，农产品物流又涉及多个部门，部门之间各自为政，缺少统一规划，行业内部的无序发展和无序竞争明显，给环境带来较大的“外部负效应”。

（2）农产品物流基础设施和技术装备落后。产地批发市场、仓储设施等农产品物流关键基础设施建设落后，具体表现在数量不足、分布不均，与农产品生产、加工和消费能力不匹配。而且农产品市场卫生条件差，农产品二次污染情况严重。另外，农产品物流机械化的程度和先进性与绿色物流要求还有很大距离，冷链物流体系处于初级阶段，物流包装材料与绿色物流倡导的可重用性、可降解性相去甚远。

（3）流通环节多、成本高、损耗大。农产品物流环节多、成本高，以海南泡椒运往北京为例，需经过生产、收购、运输、一级批发、零售5个环节，从收购到零售4个环节的成本占总成本的57%，大于生产环节成本。据前瞻产业研究院的《2013—2017年中国冷链物流行业市场调研与投资预测分析报告》显示，我国综合冷链应用率仅为19%，果蔬、肉类、水产品冷链流通率分别为5%、15%、23%，冷藏运输率分别为15%、30%、40%，产品损腐率较高，仅水果、蔬菜等农产品在采摘、运输、储存等物流环节上损失率就达25%～30%，每年约有1.3亿吨的蔬菜和1 200万吨的果品在运输中损失，腐烂损耗的果蔬可满足近2亿人的基本营养需求（李韶文，2014）。

（4）农产品流通模式不合理。首先，农产品缺少必要加工过程，如蔬菜流通时，以毛菜方式直接进入物流渠道，资料显示每100吨毛菜可以产生20吨垃圾，此种物流模式即导致数量惊人的无效物流成本，又给农产品运输、垃圾处理和市容管理带来压力。其次，汽车运输比例，尤其是汽车的长途运输比重越来越大，致使大量的汽车尾气排放，并有噪声等对环境造成污染。

（5）农产品生产和物流主体的组织化程度低。我国农产品生产的组织化程度低，一家一户的小规模生产居多，从采收到收购环节，农产品物流呈现多品种、小批量、高频次的特点。此情况下农产品运输车辆使用频次和比重大量增加，不符合绿色运输要求。另外，农产品物流主体规模小、组织化程度低，对于产地物流基础设施的投资能力弱，阻碍了产地预冷、冷链运输等绿色流通加工方式推广。

（6）农产品物流信息化程度不够。目前我国农产品物流的信息化程度普遍偏低，农村地区基础设施薄弱，农业信息网络不健全，农户获取信息的渠道狭窄，信息的共享程度低，农民获取信息的意识和能力不强，导致农产品物流的信息流不畅通，不能及时有效地对农产品的生产、交易、消费等信息进行收集、处理、分析，并运用到物流管理中，不符合农产品绿色物流的要求（彭珂和张蕾，

2014）。

（7）农产品物流标准体系不完善。首先，标准重复率高，由于管理部门多，缺乏有效的协调机制，农产品物流相关标准交叉重复现象严重。其次，现有标准不完善，技术标准多，工程标准少；方法标准多，管理标准少。第三，采标率低，农产品运输设备、物流器具、质量安全检测等方面的标准不统一，农产品物流各环节标准之间缺乏有效的衔接，导致标准应用率低。

4. 发展农产品绿色物流的对策

发达国家和地区的农产品绿色物流发展过程中有三方面经验可借鉴。一是政府高度重视，在税收、财政等方面都给予大量的优惠政策，重视物流基础设施及科研投入、重视高素质物流人才培养。二是企业非常重视农产品附加价值的提高，从改进物流技术和提高信息化程度入手提高产品竞争力。三是农民合作组织积极发挥作用，农户为了提高农业收入积极参与各种合作组织，通过合作组织的力量提高自身的谈判地位、拓宽销售渠道、降低交易成本。结合我国国情和农产品绿色物流存在问题，提出以下发展对策。

（1）建立完善法制保障体系。吸收美国、日本等国政府发展农产品绿色物流经验，制定相关政策、法律法规和制度规范促进农产品绿色物流发展。如制定《农产品批发市场管理条例》规范市场管理；建立农产品源头运输检测制度，规定有害物严重超标的农产品不得运输；制定相应环境法规，减少废弃物排放，对污染发生源进行控制；制定限制交通量、控制交通流等相关政策和法规。

（2）加强绿色物流基础设施建设。要借鉴荷兰、日本等国建立综合型、专业型物流中心的经验，制定统一规划，开展全国农产品市场体系建设，重点加强产地市场建设，改善交易环境。继续推动农产品产地预冷设施和贮藏保鲜设施的推广工作，开展大宗农产品全程冷链物流示范链建设，完善产地冷链系统，减少农产品流通损失。

（3）建立绿色物流技术保障体系。首先，组织专家针对我国农产品绿色物流亟待解决的问题开展联合攻关，如低碳环保型商品化处理、产地预冷、运输和贮藏保鲜设施装备的研究与开发，可重复利用、可降解的低成本包装材料及配套包装方式研发等。其次，建立科学技术应用推广体系，加强新技术、新方法的推广力度，逐步推行良好农业操作规范、良好食品生产规范和危害分析关键控制点技术。

（4）创新农产品交易模式。鼓励建立农产品拍卖系统，在推进农产品质量等级化、包装规格化、标识规范化的基础上，探索、创新一对多、多对多农产品交易方式，尝试拍卖、中远期期货等多种集中竞价交易方式，以最快的速度实现农产品交易，减少无效物流，加快物流速度，减少流通损失，提高物流效率。

（5）培育农产品物流主体。通过建立“公司+农户”或“公司+农业合作组织+农户”等合作形式，提高农民的组织化程度，积极推进农产品绿色物流培训，提高农民的思想意识和专业水平。建立奖励机制，引导企业实施农产品绿色物流，从推动企业产品所在供应链的绿色化入手，递进至全社会物流系统的绿色化。同时积极发挥行业协会的市场监管作用，规范农产品绿色物流产业行为。

（6）搭建农产品绿色物流信息网络体系。首先，建立全国统一的农产品绿色物流信息服务平台，通过服务平台收集、分析、发布农产品生产、交易和消费信息，引导农民调整农业生产结构，真正与市场需求对接；通过服务平台对绿色物流技术和物流模式进行宣传，促进产业发展。其次，建立全国统一的农产品质量安全可追溯体系，保障农产品质量安全。

（7）建立农产品绿色物流标准体系。梳理现有农产品绿色物流标准，根据实际生产需求，从农产品种类、标准应用范围、标准层次三个维度构建农产品绿色物流标准体系框架，完善绿色物流标准体系。制定绿色物流标准中长期规划和年度计划，尽快编制绿色物流设施工程标准、绿色物流车辆和器具技术要求标准、绿色物流技术标准等，解决农产品物流中的关键问题。

三、生态农业产业的延伸与拓展

乡村生态旅游和农业生态文化是生态农业产业化的延伸和拓展，是生态农业多功能性的重要体现。发展乡村生态旅游和农业生态文化产业有利于开拓生态农产品市场，进一步促进生态农业的发展。乡村生态旅游包含着农业生态文化，但为了进一步阐明乡村旅游的主要内容，本部分将农业生态文化这一关键内容独立描述。

（一）乡村生态旅游

1. 乡村生态旅游的概念

乡村生态旅游是生态旅游的重要内容，也是乡村旅游发展的必然趋势。乡村生态旅游是指发生在乡村区域的，以农业产业为支撑的、以乡村环境和典型的乡村生态旅游资源为吸引物而展开的一种以生态旅游为理念的乡村旅游活动。乡村生态旅游存在和发展的基础是乡村性，客源地的城市性与目的地的乡村性级差或梯度是乡村生态旅游的动力源泉。乡村生态旅游以田园风光、农事参与、民俗体验为主要形式，融观光体验、认知与旅游活动为一体，以农业支撑、以人为本、生态保护、社区参与、收入反馈、生态家园建设等为乡村旅游发展的主要原则。

2. 乡村生态旅游的特点与类型

与传统乡村旅游和一般意义的生态旅游相比，乡村生态旅游有其自身特点：①它是一种生态旅游形式。因而，乡村生态旅游产品中必须涉及生态体验和生态教育的成分或功能，与大众旅游相比，旅游规模和旅游者人数都相对较少。②旅游活动发生的空间是在乡村，包含乡村聚落及其所依托的生态环境，旅游地具有相对优美的原生态自然环境。③它是依托乡村资源，包括土地资源、生态资源、文化资源、矿产资源、旅游资源等有机整合而发展起来的。④它不仅需满足游客的休闲需求、观光需求、娱乐需求、农事学习需求等，还需具备生态体验功能和生态教育功能，旅游活动具有很强的参与性和体验性。⑤从旅游产品的组合层次上，乡村生态旅游的内容和方式要更丰富得多（赛江涛等，2006）。

乡村生态旅游可划分为以下三大类型：①观光型乡村旅游是在乡村景观中，农业生产与观光功能兼容，且提供见识农业生产的机会和欣赏田园风光的开放性乡村生态旅游。②民俗型乡村生态旅游以独特的民俗风情为前提，以农村为载体，由特有的环境条件和传统习俗长期形成的，可供人们欣赏传统文化，感受返璞归真，尽享人与人、人与自然亲和的一种乡村生态旅游。③休闲型乡村生态旅游则是在乡村景观中，生产与休闲功能兼容且可供居住生活、农事操作、休闲度假，或提供漫步休息、健康娱乐的广场式乡村生态旅游（刘军萍，2006）。

3. 乡村生态旅游发展的条件

乡村生态旅游的发展也应服从旅游业发展的一般规律，并非所有乡村都适合开发乡村生态旅游，其发展和培育需要从市场需求条件和供给条件等两大方面进行分析。重点考虑以下因素：

（1）环境资源条件。乡村生态旅游培育与发展要有一定的自然资源环境作为基础依托。在有利于改善乡村资源环境的前提下，可根据旅游产品设计或旅游需求的需要进行一定的改造。此外，乡村资源环境容量也是要考虑的重要因素之一，在资源环境脆弱、旅游容量较小的农村，一般不宜发展乡村生态旅游。

（2）市场需求条件。乡村生态旅游的发展在很大程度上还取决于其市场需求状况。一般而言，由于城市居民短暂休闲的需求较为旺盛，城郊乡村一般会面临较大的潜在客源需求。知名度较高的景区附近的乡村也有景区游客作为其客源；自身资源极为突出的乡村，可凭借其特色资源吸引游客；交通主干线附近的乡村可凭借其优越的交通条件吸引过路客或邻近城市的旅游者。

（3）地理区位条件。区位条件一般包括地理区位、经济区位、文化区位、交通区位和旅游区位等。对地理区位的分析有助于揭示乡村的地域特色，为乡村生态旅游的开发提供基本依据；文化区位主要考虑乡村的文化特色，根据乡村旅游开发设计中的社会文化容量确定。经济区位主要是看乡村所处区域的经济状况与周边较发达地区之间的关系的紧密程度；旅游区位主要是看周边旅游区及类似产品的开发状况，为旅游竞争分析提供基础。

（4）社会经济条件。乡村生态旅游必须以一定的社会经济作为基础，社会经济基础薄弱、社会容量较小、缺乏开发生态旅游的经济能力的乡村，一般不适合发展乡村生态旅游。

（5）政策支持条件。乡村旅游发展必然要牵涉到土地、林业、水利、电力等相关部门，地方政府的政策如与旅游发展不协调，也很难发展乡村生态旅游。

（6）旅游项目竞争。类似产品雷同、市场重叠或交叉，都很容易引发旅游竞争。对旅游竞争的分析，有助于在旅游开发方向、旅游产品设计、旅游营销中有效规避竞争，做出正确决策（王嘉学等，2010）。

4. 乡村生态旅游的开发模式

乡村生态旅游可依据不同旅游资源条件，开发以下几类生态旅游模式：

（1）农业生态观光型模式。是指在已有农业和现代农村聚落景观的基础上，依托区位优势，结合园林设计手法，融入生态农业、循环农业的科技手段，把农业与旅游业相结合的，为旅游者提供了解农业知识和欣赏田园风光的一种新型旅游模式。

农业生态观光型模式——欣赏田园风光

（2）乡村休闲娱乐型模式。是指在乡村景观中，生产与休闲功能兼容，且可进行休闲度假、居住生活、漫步休憩、健身娱乐等活动的一种乡村生态旅游模

乡村休闲娱乐型模式——环境优美的度假地

式。它要求旅游地能够配有齐全的康体休闲设施和综合配套服务，并且环境优美、适合旅游者短期性居住。作为乡村生态旅游中一种特色农业与休闲旅游相结合的载体，根据规模、设施、承载对象和功能的不同，可提供以家庭为单位的游客的短期或中长期休养、度假、团聚之用的园林化生活小区或专供部分旅游者进行休闲度假或养老歇息等项目活动。

（3）乡村体验型模式。是指在旅游地开放成熟的果园、菜园、花圃、鱼塘等，让游客入内参加各种各样的农耕活动，学习农作物的种植技术、加工技术、动物饲养技术或农家特色的烹饪技术等，让游客亲身参与体验乡村的有关农事、节庆等活动的旅游模式。

（4）科普教育型模式。是指兼顾生产、科技示范与科普教育功能的乡村生态旅游模式，它向旅游者展现了农业科学技术的应用，把高科技引入农业并与旅游业相结合（董宁等，2009），如由福建省农业科学院在福州郊区建立的海峡现代农业示范园。

海峡现代农业示范园（福州）

（5）原生态旅游型模式。原生态旅游是以自然资源为基础展开的。景区内植被茂盛能使人感受到新鲜空气的熏陶，能使人欣赏到美丽的景色，实现人与自然的情感交流、和谐统一，增强环境保护的意识和责任感。

原生态旅游型模式——欣赏美丽景色

5. 发展乡村生态旅游应处理好的几个关系

乡村生态旅游作为一种新兴的旅游休闲形式，有其特殊的发展规律和经营模式，特色化、规范化、规模化、品牌化和可持续发展是乡村旅游发展的目标和方向。在发展乡村旅游过程中，应注意处理好以下几个关系：

（1）乡村旅游和生态建设相结合，制定发展规划。乡村生态旅游是乡村社会经济系统的一个组成部分，乡村生态旅游的发展应在合理规划的基础上进行。规划的原则：区位优势原则，尽可能靠近城市及旅游区，以便就近吸引更多的游客；资源优势原则，发挥自己的资源优势，开发最具有特色和吸引力的旅游项目；市场导向原则，根据城市游客的消费需求，开发适销对路的项目和产品；综合效益原则，就是要综合考虑经济效益、社会效益和生态效益。规划的内容：调查分析当地资源条件、农产品优势和市场客源条件；科学地确定乡村旅游业的功能定位，选择具有较强竞争力的主导产业或主导产品；划分旅游功能分区，搞好旅游项目和景观布局；搞好基础设施规划布局，提供良好的旅游环境；制定营销策略，加强促销措施，扩大旅游市场。

（2）因地制宜与突出特色相结合，优化营销策略。乡村生态旅游存在和发展的基础是乡村性，客源地的城市性与目的地的乡村性级差或梯度是乡村旅游的动力源泉。由于我国乡村自然环境、农业生产、历史文化差异显著，发展乡村旅游也要因地制宜，突出特色。保护和发展农村生态和乡村特色不仅是促进乡村旅游健康发展的要求，也是促进乡村社区全面发展的要求。

（3）政府主导与健全管理相结合，实施规范管理。实践证明，政府在保护乡村文化和保障乡村生态旅游发展方面起到重要作用。首先，政府可以通过立法保护乡村文化资源和历史遗产。其次，可以通过制定和实施规划确定乡村旅游开发的范围、规模、形式、容量等，做到适度开发。第三，可以通过财税和金融手段激励旅游经营者保护乡村传统文化面貌和“乡村性”。因此，要使乡村生态旅游持续健康的发展，必须采用政府主导，行政、经济、法律等相配套的监督、指导和管理方法。

（4）美丽乡村与基础设施相结合，夯实发展基础。乡村旅游要与美丽乡村建设相结合，加强乡村生态旅游公共基础设施的建设。要解决好交通、通信问题，与交通部门合作，开辟旅游专线，为城市市民出游提供方便。在食宿建设上，要注意旅游环境和接待设施的卫生标准；要兴建排水系统，尤其在雨季，避免洪涝灾害发生等等。乡村旅游要与乡村改造、建设规划相结合，搞好农村居民点道路规划，合理开发和整理土地，改善农村环境，在保护历史民俗民舍的同时，可以兴建体现乡村特色的新民舍。

（5）行业管理与环境整治相结合，保护资源和环境。乡村生态旅游的开发应该与乡村自然生态环境和人文环境保护同时进行，并使之贯穿于乡村生态旅游发展的整个过程。具体的要求有：开发前，对乡村生态旅游地的开发规模、环境的承载力进行评价，对客源市场规模、客流量等进行预测，并以此为依据决定开发区的环境保护策略；开发过程中，要重视环境、资源的检测和管理，使开发过程不致造成资源的破坏和生态环境的退化（张海鹰等，2011）。

（二）生态文化产业

1. 生态文化产业概念

生态文化产业以生态资源为基础，以文化创意为内涵，以科技创新为支撑，以提供多样化的生态文化产品和生态文化服务为主，以促进人与自然和谐为最高理念，向消费者传播生态的、环保的、文明的信息与意识，努力追求生态、文化、经济协调发展的产业。这是充分考虑了文化产业与生态文明的关系而形成的新型产业形态，是符合生态文明建设对文化产业新要求而产生的产业形式。

而农业生态文化是乡村性的重要内容，保护和发展农业生态文化，不仅是促进乡村生态旅游健康发展的要求，也是促进乡村全面发展的要求（高谋洲，2008）。

2. 农业生态文化的价值与意义

农业生态文化是以农业产业为基础土壤，以生态为本，协调农业发展与自然和谐相处的文化形态，从长远、科学、发展、持续的角度来协调农业与自然关系的思想、观念和意识的总和。加强农业生态文化建设是确保农业保持健康、和谐、持续发展的重要手段之一。

（1）农业文化的生态价值。农业文明是人类在适应、利用、改造自然到破坏自然、受到惩罚，而最终尊重自然的漫长历史过程中积累形成的。在传统农业文化中，人与自然和谐相处，尊重自然、保护自然、按自然规律办事成为一种习惯。我国农业文化的生态价值突出表现在它很好地协调了三种关系：一是人与自然的关系，它告诉人们必须按照自然规律办事，努力达到人与自然的和谐共生。二是因地制宜、合理综合利用农业资源。对各种不同的自然环境条件，我国人民根据自然规律，扬长避短，因地制宜，合理利用自然资源和农业环境条件，发挥不同的地域优势，使农、林、牧、渔各业相互依存，协调发展。三是遵循用地养地相结合的原则，通过施用农家肥、绿肥、土地轮种、套种、灌溉、修建梯田等多种方式，实现对土地的永续利用，从而很好地保护了与农业生产息息相关的水土资源（李文华等，2012）。

（2）生态农业的文化传承。农业文化遗产的保护不仅为现代高效生态农业的发展保留了杰出的农业景观，维持了可恢复的生态系统，传承了高价值的传统知识和文化活动，同时也保存了具有全球重要意义的农业生物多样性。首先，农业文化遗产不仅包括一般意义上的农业文化和知识技术，还包括那些历史悠久、结构合理的传统农业景观和系统，是一类典型的社会—经济—自然复合生态系统，体现了自然遗产、文化遗产、文化景观遗产、非物质文化遗产的综合特点。其次，农业文化遗产“不是关于过去的遗产，而是关乎人类未来的遗产”。农业文化遗产所包含的农业生物多样性及传统农业知识、技术和农业景观一旦消失，其独特的、具有重要意义的环境和文化效益也将随之永远消失。最后，农业文化遗产保护强调农业生态系统适应极端条件的可持续性，多功能服务维持社区居民生计安全的可持续性，传统文化维持社区和谐发展的可持续性。因此，保护农业文化遗产不仅仅是保护一种传统，更重要的是为农业的可持续发展保留一种机遇。

3. 生态文化产业发展中存在的问题

由于生态文化建设标准不明晰、体系不完善，因而生态文化产业多为新兴产业，发展过程中主要存在以下问题：

（1）对生态文化产业建设认识不够。在许多地方，生态文化产业建设刚刚起步，一些领导对生态文化在推动全民族文化素质提高中发挥的引领作用认识不足，支持力度也不大。

（2）对生态文化产业建设投入不足。生态文化产业建设战线长、领域广、内容多，既有宏观管理的内容，也有基础建设的内容，还有思想意识的内容，一些地方虽然加大了对生态文化产业的投入，但规模都很有限，严重制约生态文化产业建设向纵深发展。

（3）对生产经营载体建设力度不够。由于缺乏对生态文化产业载体的明确定位，对于自然人文景观是否能够建设成为生态文化载体的判定和载体所应具有的标准的衡量还不够成熟，森林、湿地公园、生态文化知识教育基地、生态科普教育基地、生态文化展览馆、生态民族风情园等载体的建设都有待于进一步推动。

（4）生态文化产业层次有待于提升。生态文化产业从整体上讲，还存在规模小、结构单一、产品市场竞争力不强等问题，大多数生态文化企业只重眼前利益，生产的产品多是简单的外在加工，对潜在的文化价值开发不够。

（5）要创新生态文化建设管理机制。从成本及效率的角度看，在生态建设工作中过多地依赖于政府管理与市场调节的工作成效并不明显。如何在加强政府工作的同时，发挥本地各种相关社会组织，特别是各非政府组织的作用，积极创造有利条件，引导全社会力量来投入生态保护及生态文化建设工作，是目前生态文化建设管理机制亟待解决的重要议题。

4. 发展生态文化产业的对策

加快发展生态文化产业，要开阔发展思路，拓宽发展途径，充分发挥生态文化产业的生态、经济、文化和教育功能，加快构建完备的生态文化产业发展体系

（邓显超等，2013）。

（1）优化区域布局，科学制定和实施战略规划。要尽快制定生态文化产业发展的战略规划，明确生态文化产业发展的目标、方针、思路、重点和措施，通过创新驱动、需求拉动、示范带动、资金保证等方法促进生态文化产业发展。要建立健全创新体系，打造具有自主知识产权的企业和品牌；适应现代社会追求新、美、环保的消费特点，加快培育新颖文化与环保相结合的新型市场；建设一批具有重大示范效应和带动作用的典型项目；建立多方式、多元化的融资渠道，不断加大对生态的资金投入。

（2）加强政策支持，加快生态文化产业的发展。推进生态文化产业发展创新，需要政府树立正确的生态价值观、健康的生态消费观和积极的生态政绩观，努力满足城乡居民对生态文化产品和服务的需求。各级政府在发展生态文化产业应发挥主导作用，打造生态文化资源转化的政策引擎和制度平台，积极完善和落实优惠政策，在土地使用、贷款发放、税收减免、财政支持等方面给予倾斜，推动生态文化产业快速发展。

（3）依靠科技进步，创新生态文化复合产业。文化产业不仅是一种生态环保型产业，更重要的是一种依赖技术的高科技产业。增强生态文化产业的活力，要着力打造文化、生态和科技深度融合的生态文化产业，打造生态文化产业品牌。通过将生态文化资源与高新技术相结合，培育和发展蓝色生态旅游、绿色生态休闲、生态动漫影视、生态型人居建筑，提升生态工业、生态农业、生态林业等领域产业文化内涵与资源附加值，促进传统文化产业、现代服务业和生态城镇人居建设等产业提升与发展。

（4）强化宣传普及，强化生态环境保护意识。充分利用承载生态文化的生态资源，把各级各类自然保护区、森林公园、湿地公园、地质公园、海洋公园、自然博物馆、城市园林等作为宣传阵地；充分利用传播生态文化的现代媒介，把电视、广播、报纸、图书、网络等媒体以及学校、研究院所、企业、社区等作为教育渠道；充分利用弘扬生态文化的节庆活动，把世界“地球日”“环境日”等作为纪念平台。通过大力宣传生态文化，积极倡导绿色生活，不断增强全体人民的生态保护意识、生态忧患意识和生态责任意识，引导健康消费和绿色消费。

（5）注重人才培养，为持续发展提供智力支持。目前，高素质、复合型的生态文化产业人才的缺乏，已成为我国生态文化产业发展的一大制约因素。创新生态文化产业发展模式，应当抓紧培养善于开拓生态文化新领域的拔尖创新人才、掌握现代传媒技术的专门人才、懂得生态经济经营和文化产业管理的复合型人才。要营造宽松和谐的发展环境，充分调动广大生态文化工作者的积极性，使他们的才华有展示的舞台、能力有创造的空间，为不断涌现高质量的生态文化产品和服务提供智力保障。

（6）开展交流合作，着力提升生态文化软实力。国外发达国家的生态文化软实力经过多年的积累和发展，形成了战略谋划、政策扶持、多元投入、内外并举的一整套较为成熟的运作模式，是我们发展生态文化产业的异体参照。通过加强生态文化的国际交流与合作，学习西方先进的生态科学技术，借鉴国外发展生态文化产业的有益经验。同时，通过加强中华生态文化的对外传播，让中华民族的生态文化走出国门，增强生态文化产品的国际影响力，提升我国生态文化软实力。

20多年来，我国生态农业的技术系统和管理方法在广大农村得到了长足发展，在发展农业经济、改善生态环境和促进农村社会发展中取得了显著的社会、经济和环境效益，但是我国生态农业及其产业的发展与农业现代化的差距还很大。习近平同志曾指出，发展高效生态农业，必须积极推动农业科技创新和体制创新，做优做强区域化、特色化、品牌化的主导产业，大力培育专业化、规模化、产业化的现代生产经营主体，积极推广集约化、标准化、生态化的生产模式，着力构建信息化、多元化、社会化的新型服务平台，全面推进农田园林化、水利化、机械化的现代农业基础建设和装备建设，形成具有高土地产出率、劳动生产率和市场竞争力的现代农业产业体系（习近平，2007）。因此，现阶段应在持续利用农业生态资产的基础上调整这些生态关系，促进农业经营理念、经营目标和经营方式从传统小农经济向现代生态产业的转型，并从技术、体制、文化及认识领域重新调节农村社会的生产关系、生活方式、生态意识和生态秩序，在发展农业产业的同时充分考虑资源承载能力和环境容量，促进人与自然在时间、空间、数量、结构及功能关系上的可持续发展。

第七章 中国生态农业的管理制度

改革开放以来，为促进农业的生态转型和生态农业建设，我国在沼气建设、测土配方施肥、退耕还林、农田防护林建设、农业清洁生产、美丽乡村建设等方面积累了大量经验，取得很大成效。但是，随着整个农业生态转型的不断深入，我国生态农业制度建设的弊端逐步显现，迫切需要从以短期目标为主转到长期行为模式，以部门主管为主转变到以法制为依据的国家系统协调管理模式，以单一评价体系为主转为综合评价指标体系。

一、中国生态农业的管理模式创新

农业生态转型涉及协调农业内部不同部门之间的关系，也涉及协调农业与其他行业的关系。传统的部门和行业分割的垂直管理模式需要反思与创新。

（一）农业生态转型管理模式的反思

传统的农业管理模式实行垂直分层管理。这个模式有利于分工，有利于按照部门的特点实施管理。然而当管理对象涉及不同管理部门时，就需要部门之间的协调。如果管理对象涉及较少部门时，协调还比较容易。但生态与环境等涉及多个管理部门和对象时，垂直管理体系就产生了信息沟通不灵、协调难、效率差等问题。

我国长期存在环境保护部门与各行业管理部门职能重叠和分工不清等问题。在农业的生态转型中，涉及的部门至少包括了国土资源、住房与城乡建设、水利、农业、林业、环境保护、财政、商务、交通运输、人力资源与社会保障等。在农业生态转型的研究与技术推广中，也遇到了类似的问题。农业生态转型研究与推广涉及的学科包括农学、林学、生态、环境、畜牧、兽医、农业资源环境、园艺等一级学科。

传统的行政管理模式有两个特点，一是垂直领导和部门分割，二是决策权集

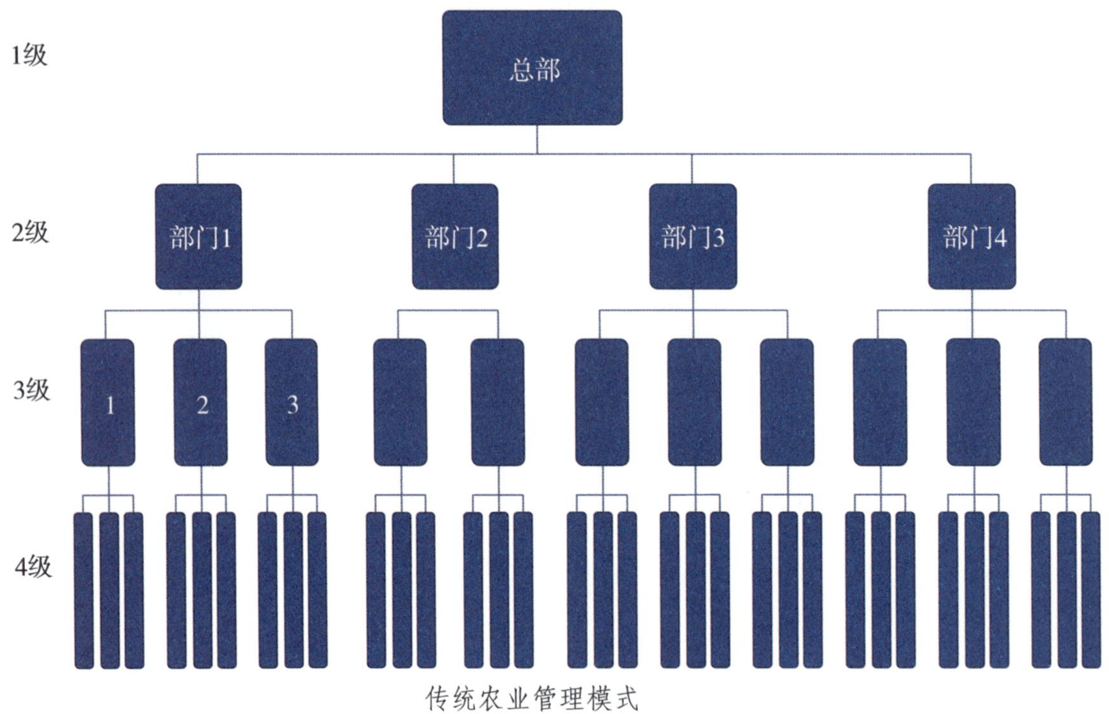

传统农业管理模式

中在上级，下级仅仅是执行单位。在新的管理模式中需要建立部门间横向沟通的渠道，需要建立上下级适当的分权分责关系。

此外，我国农业生态转型面临的另一个管理问题是受到计划经济管理方式的影响，国家一级通常管得太细，太具体，省、市、县、乡各级在生态农业建设中的分工分担不明确，权力分配不合理。这种集中式的管理方法很难适应我国千差万别的自然和社会经济发展状况，也不利于发挥各级管理部门的积极性和主动性。

（二）适应农业生态转型的管理模式

为了克服传统管理模式的弊病，我国和其他国家的农业生态转型都尝试过很多管理模式的创新。成功管理模式的共同特点是：①根据管理对象的系统性、综合性和复杂性，加强横向沟通、交叉协调的管理能力。②在不同层级分散权力，充分发挥各级管理部门及不同主体的主动性和积极性，特别注意发挥基层与群众的积极性。③建立农业生态转型不同发展阶段、不同发展特点的评价指标体系。

1. 树立生态农业的分级分类分阶段管理理念

联合国粮农组织（FAO）在2013年发布了“农业与食品体系的可持续性评估指南”（FAO，2013），提出了四大类的21个评估指标（表7-1）。对每一个指标都有红色底线和绿色标准，介乎这两者之间的就属于其他级别。

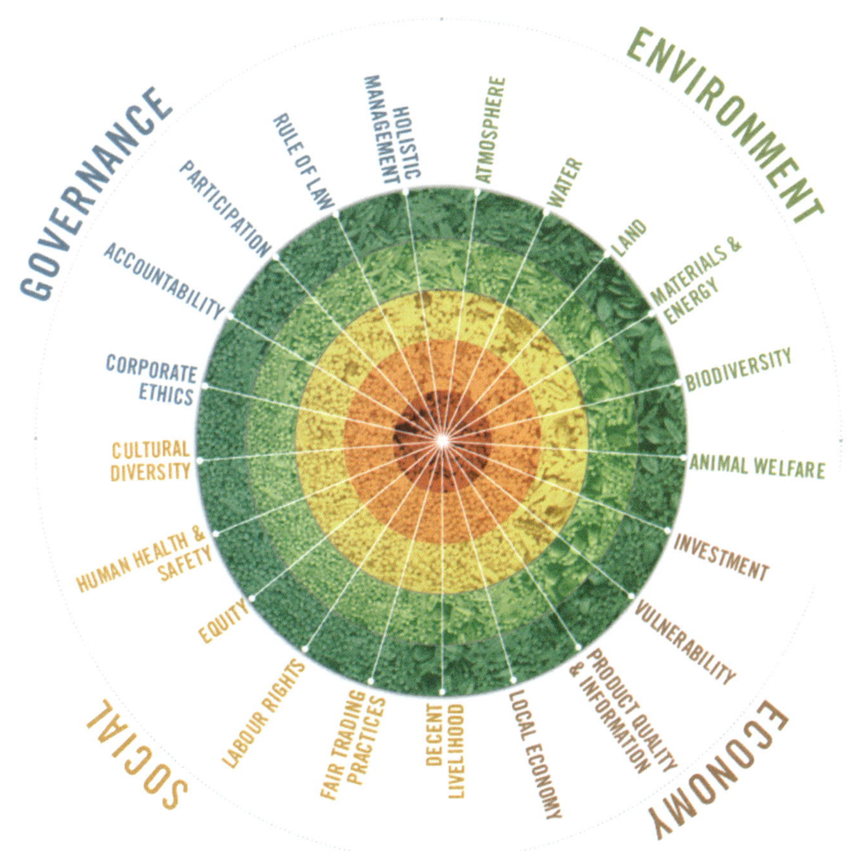

联合国粮农组织对农业与食品企业可持续性评价的分级体系（FAO，2013）

表7-1　农业与食品企业的可持续性评估指标体系（FAO，2013）

一级指标	二级指标	三级指标
良好管理	伦理基础	·发展目标 ·环境风险评估
	信誉度	·执行可持续性审计制度 ·领导关注环境影响，关注各利益相关方 ·透明度和公开性
	全员的参与程度	·与利益相关方的有效沟通与对话 ·利益相关方的申诉程序 ·有冲突解决机制，而且实际起作用
	制度和法规建设	·遵守有关法律，有风险管理机制，具备合法性 ·违反行为的补救、修复和防治机制 ·对供应链上涉及的民间与弱势群体的尊重 ·占用土地、水、劳动力等资源的合理性与合法性
	管理整体性	·可持续性管理计划 ·全成本（包括生态环境成本、社会成本）核算
尊重环境	空气	·温室气体排放量与排放趋势 ·空气污染物（如PM2.5、SO_2、NO_X、VOC）排放量
	水	·用水量的影响 ·对水质的影响
	土地	·土壤质量变化 ·土地退化与土地保护
	生物多样性	·生态系统多样性、功能完整性和系统整体性 ·物种多样性的保护，及其在农业中的应用 ·基因多样性保护，地方品种的保护和利用
	能量和物质	·物质的节约使用与循环使用 ·能量的节约使用与再生能源使用 ·减少废物及废物适当处置
	动物福利	·动物健康（温饱、受伤、病痛） ·动物逆境（拥挤、疼痛、伤害、恐惧、压抑）
经济弹性	投资与回报	·对改善和监测企业可持续性的投入 ·对社区可持续发展的投入 ·对设备、资源、市场环境长线可持续发展的投入 ·利润率

（续）

一级指标	二级指标	三级指标
经济弹性	脆弱性	·抗衡社会、经济与生态变动的生产稳定性 ·获得原材料供应的稳定性 ·产品市场的稳定性 ·资金流动性平衡与缓冲 ·社会、经济、生态环境风险的有效管理机制
	产品质量与信息	·食品安全性管理机制与措施 ·食品质量（包括营养水平等）符合有关要求 ·产品标签信息准确无误
	地方经济	·通过就业与税收贡献地方经济发展 ·通过采购本地供应商支持地方经济
社会福利	体面的生活水平	·生产者和员工的生活质量 ·生产者和员工获得培训和教育，有能力提升机会 ·能够平等地获得知识、技术与资金
	公平的贸易操作	·采购公平 ·对供应商的权益保护
	劳工权益	·合法透明的雇佣关系 ·没有实施强迫的劳动 ·没有童工 ·劳工结社自由与议价自由
	平等	·没有对不同利益相关方的任何歧视 ·性别平等 ·扶持帮助老弱病残、妇孺等弱势群体
	健康与安全	·岗位的工作安全与生活健康基础 ·对地方社区公众健康的影响
	文化多样性	·对传统和文化知识产权的认可与保护 ·保护地方品种和产品类型

我国农业生态转型管理制度建设，首先要在充分吸收国内外先进理念的基础上，根据转型目标、功能及内容进行分级分类，从强化高效管理、保护资源环境、获得合理经济回报，增加全社会福利等方面进行细分。其次要对不同指标确立相应的发展目标，并制定不同的管理措施以及奖惩政策。再次要让分级管理体系适应生态农业不同的发展阶段、发展类型和发展模式，让农业生态转型的实践有效覆盖全国（表7–2）。

表7-2 中国农业生态转型评估体系框架

发展阶段	评价依据	政策措施	标识	参考
未起步	有损害生态环境行为	按照法律执行处罚	红色	表7-3
起步期	是否违反生态环境红色底线	农业补贴与承诺挂钩	黄绿	表7-3
过渡期	是否采用了绿色清单的鼓励措施	成本与运行费用补贴	线绿	表7-4
达标期	环境、产品、生产记录检验达标	检验费用补贴、贴息贷款、专用标签上市	深绿	表7-1

在起步阶段，政府要求农业法人在农业生产中遵守保护生态环境法律和规定。农业法人需要与政府签订承诺书，把不做损害生态环境的事作为基本道德标准，要求得到普遍的遵守。政府通过第三方机构通过抽检、投诉、检查、公示等措施加以监管。如果发现有损害生态环境的违法行为，就依据对生态环境损害的程度，部分或者全部扣除政府的农业补贴，问题严重的还要依法追究法律责任。只有合格者才可以获得政府的全额农业补贴。

在过渡阶段，要求各省（直辖市、自治区）根据农业主管部门要求和规范，研究、制定和公布生态农业绿色清单，并附有政府对绿色清单实施的补贴标准和其他优惠政策。农业法人如果采纳了绿色清单模式与技术体系，就可以获得相应补贴。农业法人不仅可以获得低息和贴息贷款，产品还可以贴出“生态农业过渡期”标签上市。

在达标阶段，农业法人可以自愿选择是否参加达标检测。如果自愿参加生态农业达标检测的，需要向第三方提供生产资料购置记录，如灌溉、施肥、用药、饲料等农业操作记录，接受现场检查和环境及产品取样检测。经检测达到生态农业有关标准的，政府补贴检验费用，可享受相应的财政与金融优惠政策，并使用“生态农业达标单位”标签上市。

2. 建立跨部门生态农业建设协调机制

我国在20世纪后期开展生态农业县建设的实践中，建立了八部委协调联动的机制，多次共同签署生态农业建设文件。有关生态农业试点县也成立了生态农业建设领导小组，并设立办公室。这些协调机制的建立为促进我国生态农业示范县建设发挥了积极作用。

我国农业生态转型阶段，是一个复杂的系统工程，迫切需要国家建立相应管理体制及协调机制，尽快成立由国务院领导任组长，相关部委参加的国家农业生态转型领导小组或者生态农业建设领导小组，办公室设在政府或者农业主管部门。各省（直辖市、自治区）和县级部门建立相应的协调、组织、领导机制。

3. 建立权责合理的农业生态转型管理体系

我国农业生态转型中，要重点解决好中央和地方的职能问题。国家农业主管部门应负责提出生态农业的目标原则、体系框架和典型模式，政府和人大负责制定国家促进农业生态转型的政策法规。各省（直辖市、自治区）要根据各区域自然和社会经济条件提出适应本地的发展模式与技术体系，并且把国家的政策法规与地方政策法规衔接起来，形成可以具体实施的政策措施。县（市）一级要对本省（直辖市、自治区）提出的模式与技术类型进行必要的筛选和补充，并且把政策措施落实到具体的企业与农户。此外，政府也要鼓励企业、民间组织与农户积极探索适合当地的模式与技术体系，支持科研单位与大学开展各种创新性的生态农业研究。

美国农业面源污染控制的管理措施是，由佐治亚州、弗吉尼亚州、加利福尼亚州等各州根据实际情况先提出，美国联邦政府借鉴有关经验后研究提出指导意见（唐浩，2010），但具体模式、技术与奖励政策制定主要发挥州一级的主导性。例如：2012年，美国明尼苏达州发布的《明尼苏达农业最佳实践手册》（The Agricultural BMP Handbook for Minnesota）中详细列举了各项管理措施及其政府补贴水平；2013年，海湾区域（Chesapeake）提出了实施管理措施的信息管理办法（Tetra Tech，2013）。这些经验值得借鉴。

4. 充分调动民间参与生态农业建设的积极性

（1）国外民间组织动员的经验。20世纪80年代初，拉丁美洲国家借助国际“可持续农业和农村发展”项目的推行，“农民对农民运动”（Farmer to Farmer Movement）逐步兴起。人们发现生态农业的实施不仅使农产品产量大幅度增加，而且还保护了环境，越来越多的农民逐渐加入到运动中来，参加人员遍布墨西哥、巴西、古巴、危地马拉、尼加拉瓜等国家，参加的农户达到数百万。2009年古巴参加的农户数就达到11万。在巴西，该运动还成功推动了巴西有关生态农业的国家立法（Gimenez，2006）。

为了扶持农民发展生态农业与有机农业，在美国加利福尼亚州民间的“土地与农业培训联盟”（Agriculture and Land –Based Training Association，简称ALBA）组织，专门培训那些弱势的农民，例如来自墨西哥移民的农民、刚转业到农业的低收入群体等。ALBA给他们提供课程，划出小块土地，让他们按照规范实践有机生产。地块租金开始免费，然后逐步增加。这个过程让参加人员熟悉生产，积累经验和资金。ALBA生产的产品收获后统一出售，也可以由学员自己成立的公司出售。通过生态农业与有机农业的培训，更多的农民走上了农业生态转型之路。另外一个叫“根本转变”（Root of Change）的民间组织，聚集了加州不少农民、农业推广人员、农产品经营者，甚至议会的议员。该组织的目的就是要改变目前被大企业垄断的食品供应体系，通过影响地方政策法规和生产者的行为，重构食品供应体系，让民众更多享受低廉、安全、生态、权利平等的农产品。正是在民间的推动下，美国政府农业部从2009年开始成立专门的机构并设立项目支持有机农业的发展（Hoodes et al，2010）。

日本农协是全国性的农民组织。在农协内部实行一人一票的决策制度，遵循协同和相互扶助原则。该组织对农民承担了指导农户生产经营、提供生产资料、产品销售服务、开展信贷业务等职能，能够影响国家环境、食品、农业、农村的制度形成及其执行（李纯湘等，2004）。

韩国农协把大部分农民组织起来，人数达到300万人左右。政府对农业、农村和农民的各项投资补贴大部分通过农协的金融机构进行。韩国的新农村建设就主要由农协执行，通过成立农协专门学校和培训机构，定期定点培训农民技术骨干。韩国农民获得的补贴水平与是否实施生态转型措施挂钩。农协对于农业生态转型起到了明显的支持和推动的作用。

（2）我国民间组织的组织动员。2012年底为止农村专业技术协会有140个专业的各类农技协11.3万个，联系会员1 468万人。到2013年，全国农民合作社有90余万家。推动农业生态转型，一方面需要继续扩大农民和农业行业的民间组织，另一方面需要扩大现有组织的活动范围，加强组织的活动能力，让更多农民自觉、主动地参与到农业生态转型的各项活动中来，包括参加有关培训和开展示范。

调整经济政策和制定法律规范是动员农民和农业企业开展农业生态转型最有

效的办法之一。如果我国的粮食补贴、菜篮子补贴、生猪补贴、农机补贴等涉农补贴与农业生态转型考核挂钩，将会极大调动农民和相关主体开展生态农业建设的积极性，扭转“政府急，农民看，企业顾不上”的局面。

（3）科技人员的组织动员。全国共有农业科技人员70万人左右（李大胜等，2010），农业技术人员207万左右。随着我国农业各类学术组织不断发展完善，科技学术组织承担了大量的技术质量评估、产品和生产标准制定、人员技能鉴定、人才水平评估等工作，科技人员在各种农业科技学术组织交流中发挥着越来越重要的作用。在农业生态转型阶段，科技学术组织可以积极参与制定适合当地的生态农业模式结构、技术体系、评估标准，并开展生态农业的技术人员培训等，为我国农业可持续发展做出贡献。

二、中国生态农业的生态红线制度

政府在推进农业生态转型过程中都对危害农业和农村生态环境的行为给予严格的制止，并且对违反规定的行为给予严厉惩罚。例如欧盟在实施多功能农业中，要求农民在获得政府补贴前，签订“交叉承诺”（cross-compliance），承诺遵守有关环境保护、动物福利、质量保障的规定，任何违反规定的都会导致欧盟停止对该生产单位或者农民的直接生产补贴（乐波，2006；陈彬，2008）。严重逾越红线的行为还会受到法律法规的严重处罚。

（一）我国农业生态红线现状分析

我国在制定法律和政策过程中，越来越重视农业生态环境保护问题，但是对于生态红线的规范还不够完善，原则性陈述比较多，可操作性比较弱，有些政策之间还存在不协调和不一致的问题，还需要进一步完善和强化。

1. 资源保护与利用的规范

（1）土地资源。我国资源禀赋的特点，决定了需要实行最严格的土地和耕地管理制度。2009年6月，我国提出“保经济增长、保耕地红线”行动，坚持实行最严格的耕地保护制度，18亿亩耕地红线不能碰，同时还对耕地质量提出了明确要求。涉及的主要法律有《中华人民共和国土地管理法》《中华人民共和国土地管理法实施条例》《基本农田保护条例》和《农产品产地安全管理办法》等。这些法律规范了土地用途管理制度、耕地总量动态平衡制度、耕地占补充平衡制度、耕地保护目标责任制度、基本农田保护制度、农用耕地转用审批制度、土地开发整理复垦制度、耕地保护法律责任制度等，为我国土地资源有效管理奠定了法律基础。

保护基本农田是国家法律规定

（2）水资源。我国是一个人均水资源贫乏的国家，且地区和时间分布都很不均匀。随着工业化和城镇化发展，农业与其他领域用水的矛盾越来越大。我国一方面通过植树造林、水源保护、建造水坝、建造水库和南水北运工程等措施增加供水量，另一方面开始提出了一系列节约水资源有关的措施和规定。如水费的梯级定价制度，鼓励实施水循环利用的制度等。《中华人民共和国水法》第四条就规定了“开发、利用、节约、保护水资源和防治水害，应当全面规划、统筹兼顾、标本兼治、综合利用、讲求效益，发挥水资源的多种功能，协调好生活、生产经营和生态环境用水。”还制定了水资源的保护制度、开发许可制度、有偿使用制度等。在《中华人民共和国循环经济促进法》中第二十四条规定“鼓励和支持农业生产者采用节水、节肥、节药的先进种植、养殖和灌溉技术，推动农业机械节能，优先发展生态农业。在缺水地区，应当调整种植结构，优先发展节水型农业，推进雨水集蓄利用，建设和管护节水灌溉设施，提高用水效率，减少水的

水资源保护

蒸发和漏失。”我国许多干旱半干旱区还因地制宜制定了不同作物的灌溉定额，并成为一个必须执行的制度。例如2013年山东出台了《山东省农田水利管理办法》，要求农田灌溉实行节约用水、定额管理，逐步推行超定额用水累进加价制度。

（3）森林资源。森林资源不仅提供重要的林产品，而且在涵养水源、养育野生动植物、稳定区域与全球生态环境中有不可替代的作用。《中华人民共和国森林法》为保护和合理利用森林提供了基本法律框架。森林法稳定了山权和林

稳定生态环境，森林的作用不可替代

权，划分了防护林、用材林、经济林、薪炭林和特种用途林，并且分别提出了经营管理措施和保护规定。法律鼓励植树造林，严格了采伐许可制度，明确规定更新恢复不少于砍伐的平衡要求，建设工程影响植被的需要缴纳森林植被恢复费。法律还规定建立森林生态效益补偿基金。国家在2002年颁布的《退耕还林条例》中提出了在水土流失严重区，沙化、盐碱化、石漠化严重区域和生态地位重要而粮食产量低而不稳区域等区域要实施退耕还林，而且提出了要严格执行“退耕还林、封山绿化、以粮代赈、个体承包”的政策措施。

（4）草地资源。我国草原资源分布广，过度放牧已成为引起草原退化的一个突出问题。2002年修订的《中华人民共和国草原法》稳定了集体所有制下的草原承包责任制，在草原划分了禁牧区、休牧区、轮牧区，并对合理进行放牧、圈养、割草提出了要求。其中第四十五条规定“国家对草原实行以草定畜、草畜平衡制度。县级以上地方人民政府草原行政主管部门应当按照国务院草原行政主管部门制定的草原载畜量标准，结合当地实际情况，定期核定草原载畜量。各级人民政府应当采取有效措施，防止超载过牧。”在此基础上国家从2011年起实施草原生态保护补助奖励政策，在内蒙古、新疆、西藏、青海、四川、甘肃、宁夏和云南等8个主要草原牧区省、自治区和新疆生产建设兵团，全面建立草原生态保护补助奖励机制。政策目标是“两保一促进”，即“保护草原生态，保障牛羊肉等特色畜产品供给，促进牧民增收”。政策主要内容是：①实施禁牧补助。对生

以草定畜、草畜平衡，保护草原生态

存环境非常恶劣、草场严重退化、不宜放牧的草原，实行禁牧封育，中央财政按照每亩每年6元的测算标准对牧民给予禁牧补助。②实施草畜平衡奖励。对禁牧区域以外的可利用草原，在核定合理载畜量的基础上，中央财政对未超载的牧民按照每亩每年1.5元的测算标准给予草畜平衡奖励。③给予牧民生产性补贴。包括畜牧良种补贴、牧草良种补贴和每户牧民500元的生产资料综合补贴。④绩效考核奖励。补奖政策由省级人民政府负总责，财政部和农业部实行定期或不定期的巡查监督，并按照各地草原生态保护效果、地方财政投入、工作进展情况等因素进行绩效考评。中央财政每年安排奖励资金，对工作突出、成效显著的省份给予资金奖励，由地方政府统筹用于草原生态保护工作。

（5）渔业资源。2002年修订的《中华人民共和国渔业法》第三条规定渔业生产实行“以养殖为主，养殖、捕捞、加工并举，因地制宜，各有侧重”的方针，其中第二十二条规定“国家根据捕捞量低于渔业资源增长量的原则，确定渔业资源的总可捕捞量，实行捕捞限额制度”。同时，法律还规定要重视渔业资源的增殖和保护，第二十九条规定“国家保护水产种质资源及其生存环境，并在具有较高经济价值和遗传育种价值的水产种质资源的主要生长繁育区域建立水产种质资源保护区”。还分别实施了东海、渤海、黄海、南海、长江流域和珠江流域的禁渔期，禁渔措施有利于水生生物资源的恢复。

渔业资源保护

（6）种质资源。我国有很多宝贵的农业动物、植物、微生物种质资源。野生动植物中也有很多宝贵的性状值得作为育种材料加以保护。我国已经通过建立就地保护与异地保护的方式，保护了一大批农业动植物种质资源。相近的法律有《中华人民共和国野生动物保护法》《野生药材资源保护管理条例》，还有一些规定分散在《中华人民共和国环境保护法》《中华人民共和国森林法》《中华人民共和国草原法》《中华人民共和国农业法》中。其中《中华人民共和国农业法》第六十四条规定“国家建立与农业生产有关的生物物种资源保护制度，保护生物多样性，对稀有、濒危、珍贵生物资源及其原生地实行重点保护”。然而，到目前为止，还没有一部专门的保护农业动植物种质资源的法律文件。

保护野生动植物，保护生物多样性

2. 农业生产资料的使用规范

化肥、农药、农膜、动物激素、兽药、饲料添加剂等农业生产资料的投入有利于提高农业的产量与农业的经济效益，但是如果滥用也很容易引起环境问题和食品安全问题。因此各国都对这些农业投入品的质量和用量有严格的规定。

（1）化肥。化肥使用量会影响作物种类、耕地质量和气候环境。据统计，我国化肥使用量每公顷达到434千克，远超出发达国家规定的225千克的上限。氮肥利用率仅仅30%～35%，远低于欧盟的60%～80%。目前，我国水体污染的氮和

提倡测土配方施肥，科学使用化肥

磷大约50%的来源是农业。因此，急需制定适合我国不同区域主要作物化肥使用量上限的指导性规范。1998年通过的《基本农田保护条例》中规定“国家提倡和鼓励农业生产者对其经营的基本农田施用有机肥料，合理施用化肥和农药。利用基本农田从事农业生产的单位和个人应当保持和培肥地力”。2002年通过的《中华人民共和国清洁生产促进法》要求“农业生产者应当科学地使用化肥、农药、农用薄膜和饲料添加剂，改进种植和养殖技术，实现农产品的优质、无害和农业生产废物的资源化，防止农业环境污染”等。环境保护部又出台了《化肥使用环境安全技术导则》。规定了化肥环境安全使用原则，源头控制技术措施，减少化肥流失的措施和环境安全使用管理措施。但是，这些政策多停留在指导、建议层面，而具体的实施细则和操作方式则迟迟未出台，特别是还没有建立与农业生产和面源污染息息相关的科学施肥政策体系。我国的农民偏好使用氮肥，全国农业技术推广服务中心对88个化肥经销商的调查结果显示，农民购买氮肥所占的比重最大，为41%，其次是复混肥，占28%。而磷肥和钾肥的比重仅占18%和12%。我国氮、磷、钾的消费比例仅为1：0.32：0.17，与农业部要求的比例1：0.37：0.25还有较大差距。

（2）农药。我国生产的农药达到170万吨，平均每公顷耕地使用农药达到14千克左右。农药使用次数过多、每次用量过多以及使用时间接近收获期等都会影响到环境安全和食品安全。2001年《农药管理条例》规定了农药登记制度、生产许可制度、经营许可制度。其中可以经营农药的单位包括了植保站、土肥站等农业林业推广机构。第二十七条原则性地提出了“使用农药应当遵守国家有关农药安全、合理使用的规定，按照规定的用药量、用药次数、用药方法和安全间隔期施药，防止污染农副产品。剧毒、高毒农药不得用于防治卫生害虫，不得用于蔬菜、瓜果、茶叶和中草药材”。在《农业法》中第六十五条提出“各级农业行政主管部门应当引导农民和农业生产经营组织采取生物措施或者使用高效低毒低残留农药、兽药，防治动植物病、虫、杂草、鼠害。”如何尽量减少农药使用，寻求替代方法和采用综合防治方面都需要更加明晰的政策规范和法律指引。我国农药残留标准体系日益健全，已建立农产品、食品和环境样品等中农药残留量检测方法标准近千项，以国家标准为主，行业标准、农业标准、地方标准等为补充；残留限量标准从2010年的92种（类）作物的807项农药残留限量标准，迅速发展到387种农药在284种（类）食品中的3 650项限量指标，基本覆盖了农业生产常用农药品种和公众经常消费的食品种类。颁布并实施《食品中农药最大残留限量》（GB 2763—2014），同时，农药合理使用准则、农产品及食品中农药残留风险评估指南、农药每日允许摄入量制定指南等技术规程陆续出台，为我国农药残留标准体系的完善提供了法律法规基础。

科学使用农药，确保环境安全和食品安全

（3）农膜。农用薄膜的使用可以保温、保墒，对增加农业生产起到了积极的作用。目前最大的问题是农膜多年在田间累积以后造成“白色污染”，影响到了作物根系的生长和水分养分的扩散，从而影响作物的产量。2013年6月修订的《固体废弃物污染环境防治法》第十九条提出了“使用农用薄膜的单位和个人，应当采取回收利用等措施，防止或者减少农用薄膜对环境的污染”的原则性规定。2013年12月，第一部有关地膜回收的地方性法规《甘肃省废旧农膜回收利用条例》颁布。条例总结概括了甘肃省多年开展废旧农膜收回利用工作的成功经验，从法制手段上明确了农业生产者、农膜生产经营企业、废旧农膜回收利用企业和政府各有关部门在废旧农膜回收利用工作中的职责，规定了农用地膜的使用标准，强化了有关法律责任，补充完善了扶持政策，有关做法值得各地借鉴。

发挥农用薄膜的增产作用，避免“白色污染”

（4）饲料添加剂。饲料添加剂使用不当容易引起食品安全问题和环境污染问题，为此国家已经颁布了111项饲料工业的饲料添加剂标准，其中包括维生素、氨基酸、重金属化合物、调色素、调味素、抗菌剂、酵母等。2008年卫生部等9个部门发布《关于开展全国打击违法添加非食用物质和滥用食品添加剂专项整治的紧急通知》，2011年国务院又颁布《关于严厉打击食品非法添加剂行为切实加强食品添加剂监管的通知》。这些清查行动主要是针对食品行业，而不是针对饲料添加剂行业。因此，我国急需制定禁止滥用饲料添加剂的法律法规。

3. 农业和农村废弃物的处置规范

农业生产过程中的作物秸秆和家畜粪便，村落中的污水和垃圾如果处理不好会造成污染，如果处理得好可以变成重要的资源。

（1）秸秆的处理。1999年，国家环境保护总局颁布《秸秆禁烧和综合利用管理办法》规定，各地要划出秸秆禁烧区，其中包括“以机场为中心15千米为半径的区域；沿高速公路、铁路两侧各2千米和国道、省道公路干线两侧各1千米的地带”，对于一般违反规定的罚款是20元以下，惩罚力度明显不足。2008年，国家环境保护总局又颁布《关于进一步加强秸秆禁烧工作的通知》，针对奥运会前的空气质量问题，发布了严厉的措施，要求强化执行力度。2008年，国务院办公厅发布了《关于加快推进农作物秸秆资源综合利用的意见》，进一步明确了工作思路和重点，提出了秸秆综合利用率达80%的目标。2011年，国家发展和改革委员会、农业部、财政部印发了《“十二五”农作物秸秆综合利用实施方案》，对秸秆资源肥料化、饲料化、原料化、基料化、燃料化等利用途径提出了具体要求。许多地方政府制定了禁止烧秸秆的规定，例如，2009年江苏制定了《江苏省人民代表大会常务委员会关于促进农作物秸秆综合利用的决定》，2012年江苏省和南京市分别制定了《秸秆禁烧工作考核及奖励办法》。通过卫星遥感监测点火数量进行评分和问责。2014年国家发展和改革委员会、农业部印发了《关于推进大气污染防治重点地区及粮棉主产区秸秆综合利用的通知》，进一步强化各级地方政府目标责任，加强秸秆收储运、利用等环节监督管理。目前为止很多地方的秸秆禁烧还是运动式的布置工作，临时压任务。如何上升到法制规范，还有很多工作要做。在这方面，美国的经验值得借鉴。美国俄亥俄州对秸秆焚烧的规定包括：①超过一定规模的秸秆燃烧需要提早两周告知环保局，经过允许后才可以合

综合利用秸秆资源

法焚烧。②焚烧的秸秆不允许含有可能造成臭味和产生新污染物的橡胶、沥青、油脂、动物尸体、建筑垃圾、生活垃圾等。③焚烧地点需要远离公众地点和交通要道，如果有影响需要特殊审批。④天气条件不利于烟雾扩散的不允许烧，天气条件容易引起火灾的也不允许烧。⑤通过居民投诉、执法人员巡逻方式发现问题和收集违法证据。⑥如果违法焚烧秸秆可处以最高罚款1 000美元，如果涉及违反《火灾预防法》就会面临判刑。

（2）畜禽粪便处理。2001年，国家环境保护总局颁布了《畜禽养殖污染防治管理办法》，规定了畜禽禁养区划定办法，提出了污染物排放标准和许可制度，对于气味、雨水、运输等造成的环境问题和畜禽粪便的综合利用也给予了原则性的指引。对于违反办法规定的给予1 000元以上3万元以下罚款。2010年，环境保护部发布的《畜禽养殖业污染防治技术政策》第二条提出："畜禽养殖业防治环境污染，可作为编制畜禽养殖污染防治规划、环境影响评价报告和最佳可行技术指南、工程技术规范及相关标准等的依据，指导畜禽养殖污染防治技术的开发、推广和应用。"2013年10月，国务院颁布《畜禽规模养殖污染防治条例》，明确提出了相关鼓励和激励措施，其中包括污染设施补贴，有机肥生产的税收优惠，污染防治设施的电价优惠，沼气发电的上网电价优惠，建设项目咨询费补贴等。其中，第二十八条规定"建设和改造畜禽养殖污染防治设施，可以按照国家规定申请包括污染治理贷款贴息补助在内的环境保护等相关资金支持"。此外，根据不同违规情况处罚额度增加到从3万元到50万元不等。

（3）乡村垃圾处理。2004年，我国修订的《固体废物污染环境防治法》第四十九条指出："农村生活垃圾污染环境防治的具体办法，由地方性法规规定"。2011年，四川省政府颁布《关于进一步加强城乡生活垃圾处理工作的实施意见》，四川省环境保护厅发布《四川省城乡生活垃圾处理指导意见》，提出了规定农村生活垃圾的"户集、村收、镇运、县处理"方式。2012年，广东省全面推行农村垃圾处理"户收集、村集中、镇转运、县处理"模式。江西省在开展农村清洁工程建设试点中提出，农村和村镇的住户、保洁员、村民理事会三个责任主体负责垃圾处理，进行分类收集，不能回收利用的部分进行焚烧处理。然而，整体来看目前农村的垃圾处理仍然面临资金不足、制度缺失、习惯难改、管理松懈、实施走样等问题，需要系统解决。

（4）乡村污水处理。2008，我国修订的《水污染防治法》中提到了农药、化肥、畜禽养殖、水产养殖和农田灌溉的污染问题，但是没有专门提出农村生活污水处理的规范性意见。2010年，环境保护部在回复江苏省环保厅《关于农村地区生活污水排放执行国家污染物排放标准等问题的复函》提到农村生活污水排放适用的参照标准。目前，我国农村污水处理仍然面临很多困难，需要进一步完善相关法律法规。

农村生活污水处理

（二）中国生态农业的红线制度建设

中国农业生态环境建设迫切需要加强生态环境保护红线制度的系统性、协调性、科学性和可操作性，坚决制止在农业与农村中出现的危害生态环境行为。这些危害行为包括：违法占用农田，农田化肥使用超量，农田灌溉超定额，秸秆大田随意燃烧，畜禽粪便不经处理排放，农膜使用后不采取回收措施，草原超过定额养畜，海洋河流禁渔期捕鱼，在生态功能区和生态敏感区采取危害生态环境的农业垦殖活动等（表7-3）。

1. 建立红线体系

我国农业生态环境保护红线需要对不同行为类型加以规范。有些仅需要提出禁止的要求，例如砍伐生态公益林，猎杀国家一级保护物种，侵占基本农田等，

表7-3 农业与农村生态环境红色底线列表

大　　类	涉及对象	禁止的行为	要遵守的标准
资源保护与利用	耕地资源	侵占农田	农田保护区红线
	水资源	破坏水源	灌溉定额
	森林资源	破坏森林	砍伐定额
	草原资源	破坏草场	额定载畜量
	渔业资源	破坏性捕捞	禁渔期、渔具规格
	农业种质资源	随意丢失	保护与利用规范
农业生产资料使用	化肥	过量使用	化肥使用定额
	农药	不按规范使用	种类、剂量与时间
	农膜	长期不回收	农膜回收制度
	饲料添加剂	有害添加剂	严格按照规范
农业和农村废弃物处置	作物秸秆	大田随意燃烧	循环使用规范
	畜禽粪便	未经处理排放	循环使用规范
	乡村垃圾	随意堆放	回收处理规范
	农村污水	未经处理排放	污水处理规范

有些则需要制定量化标准，如施肥超标、水资源浪费、超载放牧等。对于量化的指标，国家需要提出指导意见，各地根据指导意见，提出适合当地实际情况的量化指标体系。

2. 完善监管办法

监督管理办法是落实生态红线制度的重要内容，是实施监督管理的主要依据。监督管理的主要方式有：现场监测、遥感数据、群众举报、产品抽样、生产记录、购销记录等。执行监管还需要建立专业监管与群众监督相结合的机制，确保红线制度落到实处。

3. 建立惩罚机制

违反红线的惩罚机制除了触犯法律的要依法追究责任以外，对违反红色底线的行为，取消各种农业补贴也是行之有效的办法。例如欧盟农民与政府必须签订“交叉达标”承诺，保护生态环境是其中重要的承诺，违反承诺的，政府将取消农业补贴。目前，我国的各类农业补贴还没有与保护生态环境挂钩。因此需要完善政府农业补贴发放办法，要求享受各类政府农业补贴的企业与个人必须签订农业生态环境保护承诺。

三、中国生态农业的绿色清单制度

生态农业建设的主体是广大生产经营者，调节生产经营者行为既需要红线制度的刚性约束，也需要对努力实践生态农业措施的行为给予奖励和扶持。尽快建立生态农业绿色清单制度，对加快发展现代生态农业意义重大。生态农业的绿色清单是指一系列由政府推荐使用的对生态环境保护有利的模式和技术体系。

（一）生态农业绿色清单制度建设成效

我国在农业发展过程中以及在上一轮生态农业建设实践中，逐步推出了各种各样有利于平衡农业生产与农业生态环境关系的方法、措施、模式与技术。通过长时间的实践，取得了丰富的经验。

1. 推广生态农业

1993年，农业部等八部委开展全国生态农业试点工作，到2002年共扶持建设了100个生态农业典型县，影响面覆盖了30%的县，7个县获得联合国全球500佳称号。2002年，农业部向全国推荐了十大生态农业模式。

2. 实施退耕还林

退耕还林1999年开始实施，到2010年实施面积覆盖4.15亿亩坡地，政府累计投资支持了4 300多亿元。其后政府又继续投入资金改善退耕还林区域的能源与耕地质量。

3. 建设生态林网

我国非常重视生态防护林体系建设，开展了“三北”防护林工程、平原区林业工程、长江中上游防护林工程、沿海防护林工程等。

4. 利用再生能源

国家发展和改革委员会、农业部2002年以来累计投入近350亿元支持农村沼气建设，财政部制定秸秆综合利用资金补助办法，各地投入资金开展节柴灶、太阳能热利用等能源改造工程。截止到2013年，全国约有4 300多万农户用上了沼气。

5. 控制化肥施用

自2005年开始到2012年，中央财政累计投入57亿元，推广测土配方施肥技术，目前已基本覆盖全部农业县，推广面积达12亿亩，累计减少不合理施肥700多万吨。

6. 提升土壤肥力

2006年开始，国家启动实施了土壤有机质提升补贴项目，鼓励和引导农民增施有机肥，减少化肥施用，改善土壤地力和农业生态环境。

7. 改善食品质量

2005年，农业部颁布了《农业部关于发展无公害农产品绿色食品有机农产品的意见》。2007年9月，农业部制定400项无公害食品标准，815个种类的农产品纳入了《实施无公害农产品认证的产品目录》，大约20%的产地面积和产品总量按照无公害农产品生产规范实施。到2010年，我国有机食品企业总数2 512家，产品5 598个，有机生产面积达到358万公顷，国内销售额27.1亿元，出口1.2亿美元。到2012年，绿色食品认证企业达到6 862个，产品17 125个，绿色产品销售额3 178亿元，产地环境监测面积2.4亿亩。

8. 开展清洁生产

2011年12月，农业部颁布了《农业部关于加快推进农业清洁生产的意见》，积极开展农村清洁工程示范建设。2005—2012年，农业部在全国25个省、自治区、直辖市建成农村清洁工程示范村1 400多个，示范村的生活垃圾、污水、农作

农村清洁工程——利用植物对污水进行二次净化

物秸秆、人畜粪便处理利用率达到90%以上。

上述有利于农业生态环境的绿色行动主要还是以项目推动的方式实施，存在以下不足：

第一，绿色行动呈现短期性。由于项目实施时间跨度一般都是3～5年，好处是能够在短期内促进有关工作的实施，不足之处是项目期过后，就没有人过问了。因此会出现沼气池废弃不用、水保林管护放松、配方施肥停止实施等现象。

第二，项目内容单一。由于项目类型单一，内容缺乏系统性，在各个区域，需要因地制宜选择组合式的行为。例如，为了减少水土流失，不仅需要直接的工程措施和生物措施，而且还需要通过建立沼气池等农村能源设施解决燃料问题，避免植被遭受破坏，同时还需要建立种养结合的生产体系，以解决沼气原料和发展农村经济。因此，单一的水土流失或沼气项目都很难达到这些综合性、长期性效果。

第三，绿色行动推广困难。项目区经过长期实践已经取得了一些成效，但要把这些好的做法推广开来，还面临着一些困难。这些困难来源于资金不足、整体措施不配套、农民意识不强、政府管理不利等方面。

为了解决以上不足，我们应当借鉴国际上的先进经验。例如，美国农业环境保护的最佳管理措施（Best Management Practice），包括了保护性耕作、少耕、免耕、精确施肥、土壤养分水分测试、作物轮作、节水措施、水平耕作、保护性覆盖植被、排水管理、农田田边植被、河流缓冲植被带、坡地植物篱、轮牧、防止家畜污染水源、家畜粪便处理、湿地保护、水平梯田建设、水土流失控制、防护林带等一系列措施。为了激励农业环境保护措施的实施，美国政府制定了系统的资金支持制度。对环境敏感区与脆弱区退出耕作的农田，美国农业部为农场主提供土地租金，并对植树种草补偿部分成本；对采用保护土壤、水源、湿地和生物多样性的环境友好措施，给予资金支持。2010年，美国获得支持的面积近1亿亩，预算达到12亿美元。明尼苏达州农业最佳实践手册中列出了各种具体措施的政府补贴额度，例如土地植物覆盖措施中种植禾本科或者豆科覆盖作物的每公顷补贴123.5美元，授粉动物依赖的本地植物种植每公顷补贴504美元，坡地种植水平植物缓冲带种植本地种超过4公顷的每公顷补贴578美元（Minnesota Depa rtment of Agriculture，2012）等。

（二）生态农业绿色清单制度建设

建立政府长期支持的绿色清单制度，有利于让农民和农业企业在准确预期政府帮助与支持的情况下，因地制宜自主制定绿色行动计划，也有利于形成公平公正的社会氛围，减少权力寻租。

1. 建立绿色行动清单

尽快推出适应各地的绿色清单（表7–4），这些绿色清单包括在生态功能区和生态敏感区退出农业或者减少农业强度的工程，农区生态植被建设工程，农业循环利用体系工程，农业有害生物综合防治工程，减少化肥利用的轮间套作体系建设工程等。国家层面制定绿色清单指南，地方就要因地制宜地制定绿色清单具体实施细则。例如：国家制定国家生态功能区划分原则和基本分区，地方需要细化区划，确定当地适合的农业区和不合适开展农业的具体位置。国家鼓励化肥替代，地方应当因地制宜制定鼓励使用堆肥、厩肥、绿肥的具体措施。国家鼓励节水，地方就应制定具体的节水措施。

表7–4　在农业与农村保护生态环境行动的绿色清单举例

大　类	对　象	措　施
区域生态功能区	主体功能区规划	明确管辖范围的生态功能区、生态敏感区、主要城镇与工业经济发展区、农业主产区等
	流域上下游功能关系	产水量与用水量的关系平衡
		流域立体布局模式
		水土流失综合治理模式
		退耕还林还草
景观生态布局	农区景观布局	家畜饲养量与农田消纳量平衡
		农田林网
		田间自然植被
		坡地植物篱
		排水道与河流的植被缓冲区
		作物镶嵌布局

（续）

大　　类	对　　象	措　　施
景观生态布局	牧区景观布局	养殖量与产草量平衡
		轮牧草场划分
		防止牲畜污染的水源区保护
	湿地景观布局	退耕还湿地
		低洼地基塘体系
		建立污水处理人工湿地体系
	生活与旅游景观建造	发扬乡土文化的行动
		融洽乡村人文与自然景观的工程
构建循环体系	秸秆循环利用	饲料化利用
		农田覆盖及有机肥制作
		食用菌生产基质
		纤维与能源生产原料
	家畜粪便利用	作为有机肥利用
		作为燃料生产原料
		生产食用菌、蚯蚓、饲用蛋白等
	食品加工企业废废物	作为肥料、饲料的利用
构建立体群落	复合农林体系	林地复合农林体系
		果园复合农林体系
		茶园复合农林体系
	农田立体群落	作物轮作体系
		作物间作体系
		水稻与水生动物共作模式
	水面立体模式	鱼塘混养模式
		水禽与鱼综合模式
有害生物综合防治	生物防治方法	天敌引进、陷阱作物与驱赶植物种植
		性激素引诱、抗性品种选择
	物理防治	色板、诱虫灯
资源替代技术	能源替代技术	沼气、太阳能、风能、水能利用
	化肥替代技术	使用堆肥、沤肥、厩肥、沼气肥、绿肥、作物秸秆、泥肥、饼肥的农家肥
	农药替代	农用抗生素、生物源农药等
	饲料添加剂替代	中草药、益生菌等

（续）

大　类	对　象	措　施
资源节约技术	节肥技术	土配方施肥技术
	节水技术	滴灌、喷灌
		微型集水系统建立
		排水循环利用
	节能技术	少耕、免耕技术
		节能机械、节能温室
污染防治技术	水污染处理技术	生态沟建造
		人工湿地建造
	土壤污染处理技术	重金属污染处理技术
		有机污染处理技术

2. 制定激励政策

对采用了绿色清单有关行动的行为主体，政府要制定相应的激励政策。根据不同类型的行为，激励方式包括：①实行建设成本和运行成本的直接补贴。②给予贴息贷款和优惠贷款。③有农产品产出的，可以考虑建立绿色标签认证制度。认证制度可以是单项的，例如：农产品节能绿色标签，农产品节水绿色标签，农产品碳足迹绿色标签；认证制度也可以是综合性的，如可以参考日本“生态农户”和韩国建立“环境友好型农户”标签制度，建立我国不同等级的“生态农业”标签。

3. 建立绿色清单执行制度

各级政府要整合分散在农业生态环境建设方面的各种项目经费，集中到绿色清单行动的补贴中，每年做出绿色清单执行的经费预算。

农业企业与农民需要根据绿色清单选择适合自己的行动，并制定年度计划，填表上报。

国家建立绿色清单执行的第三方评审。评审机构对申报情况进行可行性分析、对轻重缓急进行排序，并报政府作为资助和激励的依据。

政府通过公平、公开、公正的方式实施绿色清单的激励政策。

建立对绿色清单执行过程和建设效果的第三方评估。

第八章 中国生态农业标准与评价

一、中国生态农业标准体系建设

生态农业标准体系是指以生态农业产前、产中、产后全过程技术标准为核心，对一系列影响生态农业发展的环节与要素提出特定要求的规范化体系，它是在适应生态农业体系内在联系的基础上形成的科学有机整体。这些标准既相互联系、又相互制约，起着规范与指导生态农业全产业链过程的作用。

（一）构建中国生态农业标准体系的迫切性与可行性

发展生态农业、走可持续发展道路，已经成为我国农业发展的有效途径和主攻方向。然而，标准体系的缺失严重制约着我国生态农业的转型升级。因此，从我国农业资源环境特点和社会经济发展水平的实际出发，加快制定系统、科学、完善、协调的生态农业标准体系，对指导与促进中国生态农业规范化、规模化与高效化发展，构建我国与国际农业接轨的农业生产安全体系，具有重要的现实与长远意义。

（二）国内外生态农业标准体系现状

1. 国外状况

欧洲经济委员会统计表明，在农业非关税壁垒中，25%以上的贸易障碍是由技术标准造成的。因此，国外对农业标准体系及农产品标准建设工作非常重视，有众多官方和非官方组织从事这方面的工作。

国外生态农业标准体系是以产品为核心对农产品生产的产前、产中、产后建立了完整的标准。经过多年的发展，国外在农产品生产、管理方面构建了大量的产品标准、技术标准、管理标准、监督监控标准等，这些标准共同构成了农业生产的标准体系。

国际上农业标准体系主要分为三个层次，一是联合国层次，二是国际性非政府组织层次，三是国家和地区层次。联合国层次的标准是由联合国粮农组织（FAO）与世界卫生组织（WHO）制定的。联合国粮农组织和世界卫生组织联合成立的食品法典委员会（CAC），专门协调和制定有关农产品及其加工产品的质量安全标准。其他还有国际乳品联合会（IDF）、美国油脂化学会（AOAC）、美国小麦协会（AACC）、国际标准化组织（ISO）的农产食品技术委员会（ISO/TC34）、国际谷物化学协会（ICC）、加拿大谷物协会、澳大利亚小麦协会等，每年都通过公告向世界发布标准信息，对世界农产品及其加工品的标准化起着重要作用。在实现农产品质量标准化的同时，发达国家也都有比较完善的农产品质量监测体系。

国际有机农业标准主要是由国际有机农业运动联盟（IFOAM）制定的。区域和国家层次的有机农业标准主要以欧盟、美国和日本为代表。欧盟的有机农业标准（EU 2092/91）是1991年6月制定的，对有机农业和有机农产品的生产、加工、贸易、检查、认证以及物品使用等全过程进行了具体规定。以欧盟标准为范本，美国和日本也随后制定了有机农业标准。

国际标准化组织1993年制定了一系列与环境管理有关的国际标准体系，即ISO14000系列标准，其中包括用于评价组织的标准：环境管理体系（ISO 14001—14009）、环境行为评价（ISO 14030—14039）、环境审核（ISO 14010—14019）以及评价产品的标准：产品生命周期分析（ISO 14040—14049）、环境标志（ISO 14020—14029）、产品标准中的环境因素（ISO导则64）。另外还有专门的标准术语和定义（ISO 14050—14059）。在标准出台后的7年时间里，就有14 582个企业获得ISO 14001认证，有些国家计划把这些标准列入国家的有关法律条文中。ISO 14001标准要求产品生产单位建立规范化体系、制度和评价。体系是指建立"计划（planning）—实践（do）—检查（check）—行动（action）"PDCA环境管理循环体系，识别来自活动、产品和服务对大气、水、固体废物、土地、资源、社区等资源生态环境的影响，辨别其中的正常状态、异常状态和紧急状态，不仅了解现时的影响，还应当了解过去和未来的影响；制度是要求把环境目标落实到每一个层次、每一个岗位、每一个阶段，并且有相应的记录文件；评价是指运用生命周期方法（Life Cycle Analysis，LCA），分析产品从资源开采—生产过程—使用过程—报废处理的整个周期的环境影响。

2. 国内状况

我国已经陆续出台了许多有关农业标准化的政策和法规。1991年，国家技术监督局召开第一次全国农业标准化工作会议并发布了《农业标准化管理办法》。1992年，国务院发布了《关于发展高产、优质、高效农业的决定》，提出了尽快建立健全农业标准体系和监测体系，以主要农产品等级标准为重点，逐步向实现农业产前、产中和产后全面标准化发展，率先在主要农产品生产基地实施。1996年，国家质量技术监督局、农业部和国家科学技术委员会提出了《关于加强农业标准和农业监测工作，促进高产、优质、高效农业发展的意见》，对建立健全"两个体系"的有关工作进行了部署。同年10月，国家质量技术监督局与农业部联合发布了《全国农业标准化"九五"计划》，提出了"切实加强农业标准化工作"的要求。1997年，成立了中国环境管理体系认证指导委员会，下设认证机构认可委员会和认证人员国家注册委员会环境管理专业委员。2000年10月，中央明确提出了要加快建立食品安全和质量标准化体系、加快制定农业行业标准和重要农产品质量标准、创建农产品标准化生产示范基地 。2001年10月，农业部公布了首批73项无公害农产品的行业标准，包括产品产地环境条件、生产技术规范、质量安全标准以及相应检测检验方法标准（钱永忠等，2005）。

截至目前，我国共制定农业国家标准1 911项、行业标准3 144项、地方标准5 463项，标准范围扩展到种植业、畜牧业、渔业、林业、饲料、农机、再生能源和生态环境等方面，基本涵盖了大农业的各个领域，贯穿了农业产前、产中、产后的全过程。

例如，我国1990年制定了绿色食品标准体系，由产地环境标准、生产技术标准、生产操作规程、产品标准、包装标准、储藏运输标准等6个部分组成。绿色食品分为AA级和A级产品。AA级绿色食品要求生产过程不使用化学合成的肥料、农药、兽药、饲料添加剂、食品添加剂和其他有害于环境和身体健康的物质，按照有机生产方式生产；A级食品要求生产过程中严格按照绿色食品生产资料使用准则和生产操作规程要求，限量使用限定的化学合成生产资料。截至2013年，我国绿色食品企业达到7 696家，绿色产品达到19 076个，年销售额为3 625.2亿元。

我国在农业标准化建设方面取得了很大成绩，但在生态农业相关标准研究方面仍十分薄弱，尽管一些专家对我国生态农业标准体系框架进行了研究（邱建军等，2008），各地在实践中也进行了积极的探索，但截至目前国家层面的生态农业标准体系仍未形成，已成为我国现代生态农业建设发展的制约瓶颈。

（三）中国生态农业标准体系构建的总体思路、目标与原则

1. 总体思路

深入贯彻中共十八届四中全会依法治国的要求，从我国国情农情出发，借鉴国际先进经验，以建设现代生态农业为目标，围绕生态农业法规、行业管理、技术与产品三个方面，科学制定适合中国国情的生态农业标准体系。以“生态农业法”为核心，制定生态农业配套法规体系；以规范产前、产中、产后和认证、评价等环节为目的，制定生态农业行业管理标准体系；以规范生态农业生产技术操作为目的，制定生态农业技术标准；以规范生态农业产品分类分级为目的，制定生态农产品分类、分级标准体系。通过上述标准体系的制定与完善，促进生态农业的标准化、产业化和高效化建设，加快现代生态农业发展步伐。

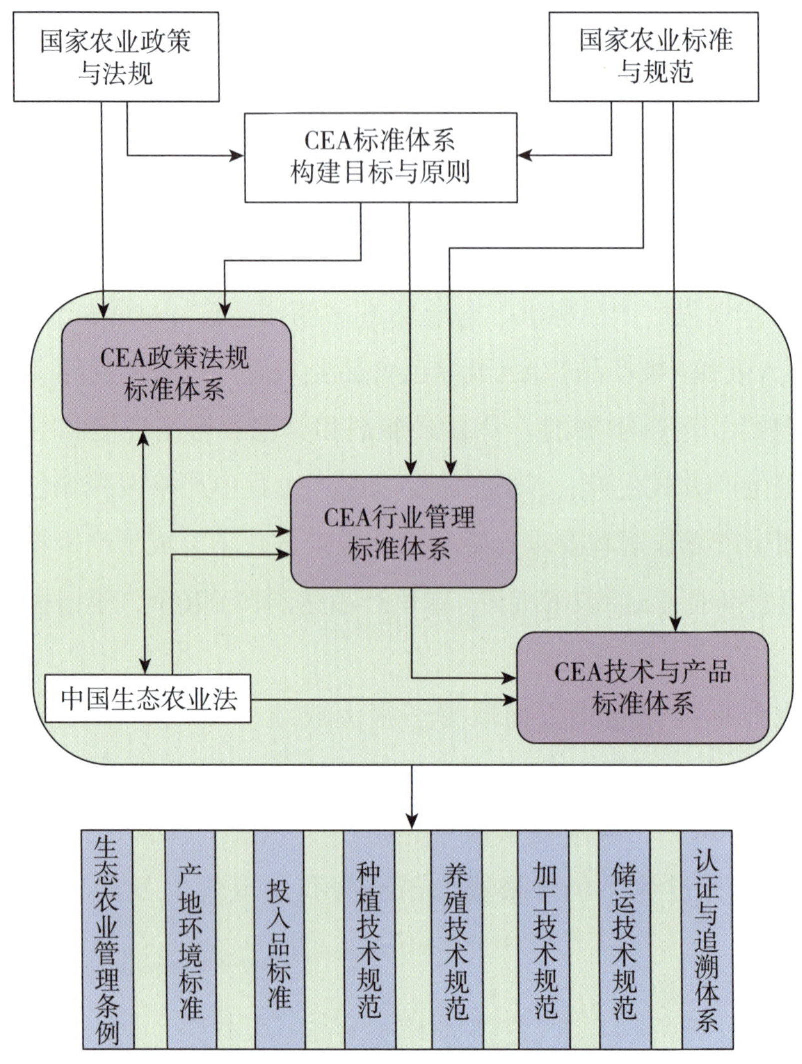

中国生态农业标准体系构建框架与思路

2. 重点任务

中国生态农业标准体系应充分体现全程控制的理念，建立一套包括投入管理、农业生产、市场营销、质量控制、风险防范等各个环节和方面的标准体系，重点开展以下工作。

（1）绿色投入。绿色投入是发展生态农业的基础。要建立绿色投入和使用管理制度，包括土壤肥力管理、水资源利用、投入品“红线”管理、市场准入等制度。

（2）清洁生产。按照生态农业标准化的要求，通过生产和使用环境友好型农业投入品，减少农业污染，提高农业产品质量安全，确保农业生产活动产前、产中、产后全过程清洁化。

（3）产品质量安全追溯。根据生态农产品标准化生产和管理要求，建立详细的生产档案，完善内部质量控制措施，标注质量认证标志，向社会公开产品质量安全信息，建立可供追溯的内部管理系统，实现信息可查询、标识可防伪、流向可追踪、责任可追溯。

（4）污染风险监测评估。委托专门机构对生态农业发展过程中存在的污染因子、污染水平及其变化带来的风险和影响，进行有效的监控与评估，为制定生态农业相关标准和规避风险提供依据。

3. 构建原则

（1）整体性原则。生态农业事关农业发展的眼前与长远、局部与全局，涉及多部门多环节，需要兼顾经济、社会、生态三大效益，应当系统设计、整体优化。

（2）可行性原则。构建生态农业标准体系既要着眼未来发展趋势，又要立足当前实际，增强可操作性；既能为中国生态农业的发展指明方向，又能促进当前生态农业健康发展。

（3）国际接轨原则。构建生态农业标准体系既要充分考虑我国国情，又要注意与国际接轨，充分借鉴发达国家的经验，提高标准制定水平。

（4）分类分层管理原则。要区别产地环境质量标准、投入品标准、产地与产品认证标准、加工与物流标准、产品分级标准等不同类型标准以及中央、地方和生产主体等不同层次，分别制定强制性、推荐性或指导性标准，形成层次明晰、重点突出、分级推进、分步实施的标准体系。

（5）动态发展原则。要随着国内外生态农业实践、技术进步和市场变化，不断修订生态农业标准，使之与不断变化的客观实践相适应，并在实践中加以检验，不断优化和完善。

（四）中国生态农业标准体系主体框架

1. 法规标准体系

法规标准体系是生态农业标准体系构成中的最高层次，是战略与方向层次，主要包括生态农业发展战略层面的标准、准则与条例，它决定了行业管理标准、技术与产品标准的性质与方向。该层次标准体系集中体现为生态农业法，包括生态农业法律法规、国家生态农业管理条例、生态农业标准制定规程、生态农业标准编制原则和要求等。

2. 行业管理标准体系

行业管理标准体系是生态农业标准体系的第二个层次，也是不同部门、不同地区、不同模式均可参照执行的通用标准。该层次标准主要包括产地环境标准、投入品标准、认证制度、产品分级管理标准、产品加工标准、产品追溯制度、评价监督方法等。在产地环境、投入品、追溯制度等方面要建立“红线管理”制度，明确不可触碰或逾越的底线，为生态农业健康发展提供坚固防线。

3. 技术与产品标准体系

技术与产品标准体系主要从生态农业模式的技术规范和产品质量规范两个方面出发进行制定。技术标准通常以具体的生态模式为核心，根据所处的资源环境基础、物质循环方式、模式系统结构功能特征等进行梳理，并制定相应的技术标准。产品标准主要依据行业管理标准体系中的产品分级管理要求，结合具体产品进行制定。

（五）中国生态农业标准体系案例

1. 中国绿色食品生产标准

中国绿色食品发展已有10年以上的历史，其标准体系相对较为完整健全，整体框架包括产地环境、投入品、产品标准、认证管理等方面（邱建军等，2008）。

（1）绿色产品产地环境标准。主要包括《绿色食品　产地环境技术条件》（NY/T 391）和《绿色食品　产地环境调查、监测与评价导则》（NY/T 1054）。《绿色食品　产地环境技术条件》规定了绿色食品产地环境质量的各项指标及浓度限值、监测和评价方法。《绿色食品　产地环境调查、监测与评价导则》是与前者相配套的实施细则，其规范了绿色食品产地环境质量现状调查、监测、评价的原则、内容和方法。

绿色食品产地的生态环境基本要求有：生产应选择生态环境良好、无污染的地区，远离工矿区和公路铁路干线，避开污染源。应在绿色食品和常规生产区域之间设置有效的缓冲带或物理屏障，以防止绿色食品生产基地受到污染。建立生物栖息地，保护基因多样性、物种多样性和生态系统多样性，以维持生态平衡。应保证基地具有可持续生产能力，不对环境或周边其他生物产生污染。

（2）绿色食品生产技术标准。标准包括两部分：一是通用绿色食品生产资料使用准则和生产管理准则，二是绿色食品生产操作规程。绿色食品生产资料使用准则和生产管理准则对生产过程中投入品的基本原则规定，包括农药、肥料、兽药、渔药、饲料及饲料添加剂（包括畜禽和渔业）、食品添加剂等使用准则。

绿色食品生产操作规程包括各类产品的种植、畜禽养殖、水产养殖和食品加工方面生产操作规程（主要以地方标准和企业标准形式发布），主要对具体产品的整个生产环节进行标准化规范，如种植业的规程应包括农作物的产地条件、品种选择、土肥水管理、病虫害防治、采收与包装贮运等生产环节中必须遵守的规定。

（3）绿色食品产品标准。绿色食品产品标准是产品质量保证的最后关口，集中反映出绿色食品生产、管理及质量控制的水平。产品标准按百余种产品类别分别编写，标准中规定了相关产品的术语和定义、分类、感官要求、理化要求、卫生要求和微生物要求、试验方法、检验规则、标志和标签以及包装、贮藏运输等。

（4）绿色食品包装、贮藏运输标准。包括《绿色食品　包装通用准则》（NY/T 658）和《绿色食品　贮藏运输准则》（NY/T 1056）。绿色食品包装充分考虑环境保护问题，对绿色食品各类包装材料的选择、尺寸等提出规范要求。贮藏运输方面以全过程质量控制为出发点，对产后的贮藏设施、堆放和贮藏条件、贮藏管理人员和记录以及运输工具和运输过程的温度控制提出了原则性要求。

（5）绿色食品生产中农药、兽药使用要求。依据《绿色食品　农药使用准则》标准，绿色食品生产中农药的使用应以保持和优化农业生态系统为基础，优先采用农业措施，尽量利用物理和生物措施，在必要时合理使用低风险农药，若没有足够有效的农业、物理和生物措施，在确保人员、产品和环境安全的前提下按照绿色食品农药选用原则和使用规范的规定，配合使用低风险的农药。

绿色食品对兽药使用的基本原则主要有以下五点：一是生产者应供给动物充足的营养，良好的饲养环境，加强饲养管理，采取各种措施以减少应激，增强动物自身的抗病力。二是要求按《中华人民共和国动物防疫法》的规定进行动物疾病的防治，在养殖过程中尽量不用或少用药物；确需使用兽药时，应在执业兽医指导下进行。三是所用兽药应来自取得生产许可证和产品批准文号的生产企业，或者取得进口兽药登记许可证的供应商。四是兽药的质量应符合《中华人民共和国兽药典》《兽药质量标准》《兽用生物制品质量标准》《进口兽药质量标准》的规定。五是兽药的使用应符合《兽药管理条例》和农业部公告第278号等有关规定，建立用药记录。

（6）绿色食品生产中肥料使用要求。对绿色食品生产中肥料的使用有四项原则要求：一是持续发展原则。施用肥料有利于保护生态环境，保持或提高土壤肥力及土壤生物活性。二是安全优质原则。绿色食品生产中应使用安全、优质的肥料产品，对作物（营养、味道、品质和植物抗性）不产生不良后果。三是化肥减控原则。在保障植物营养有效供给的基础上减少化肥用量。四是有机为主原则。绿色食品生产过程中，以农家肥料、有机肥料、微生物肥料为主，化学肥料为辅。

2. 以沼气为纽带的生态农业模式技术规范

在中国数十年生态农业发展实践中，以沼气为纽带的生态农业发展模式与做法层出不穷，认真总结以沼气为纽带的生态农业发展模式及其技术规范，对中国现代生态农业的发展具有重要指导作用。

（1）南方“猪—沼—果”生态农业模式技术规范。“猪—沼—果”生态农业模式也是中国近些年产生的十大典型生态农业模式之一。该模式以养殖业为龙头，以沼气为中心，联结粮食、甘蔗、烟叶、果业等农业生产，实现农业内部物质和能量的多级利用、增殖和良性循环。建设内容为“三建”和“三改”，即每户建1口沼气池、1个标准化果园和1个微水池，“三改”即改厨房、改厕所、改猪圈。该模式技术规范基本要点如下：

沼气池：池型为点盖式圆筒形沼气池，池型结构采用混凝土整体浇筑，池容积按8米^{3}规格设计。沼气池、厕所、猪圈“三结合”，实现自动进料，圈、厕、厨功能独立，位置相对分离。安装提料器，实现半自动出料。沼气灶具及关键配件采用正规厂商提供的合格产品。

微水池：微水池设计容积100米^{3}以上，通过PVC管道与果园连通，微水池周边配建护栏，入水口建沉沙池。

果园：果园面积1.5亩以上，尽可能靠近沼气池。种植优良果树、蔬菜品种。用滴灌装置或水泵将沼肥输送到果园，实现沼液自动喷灌。

"猪—沼—果"生态农业模式

厨房：建成省柴节煤炉灶，厨房内的炉灶、水池、碗柜布局合理，整洁卫生。建成与省柴节煤灶联为一体的沼气灶台。厨房内墙面用砂灰抹平，贴150厘米以上的瓷砖墙裙。地面硬化，铺水泥地面。

猪圈：建设20米^2、层高280厘米圈舍。圈栏用12厘米砖砌筑或用预制混凝土件安装。圈舍开设通风窗、采光窗，安装自动饮水器，达到通风、采光、卫生的要求。圈舍内地面铺石板或用水泥硬化，并向沼气池进料口方向倾斜5%。

厕所：改建水冲式厕所，安装陶瓷大便器，配备水冲设备，达到整洁、卫生、无蝇、无蛆、无臭的要求。厕所有门，相对独立。厕所内墙面用水泥抹面，贴不低于180厘米高度的瓷砖墙裙。

（2）北方"四位一体"生态农业模式技术规范。"四位一体"生态农业模式是中国近些年产生和发展起来的十大典型生态农业模式之一。该模式通过可再生能源生产（沼气、太阳能）、保护地栽培、日光温室养猪、厕所等四大因素的合理配置，形成以太阳能、沼气为能源和以沼渣、沼液为肥源的种养结合、资源高效利用的生产体系。其基本要点如下：

沼气池：沼气池建在温室一端，距农户灶房不超过25米。沼气池建在猪舍地下，池型为椭圆形平顶自然流动式沼气池，采用混凝土整体浇筑，池容按8米^{3}规格设计，活荷载200千克/米^3，最大投料量为池容的90%，产气率0.15米^3/米^3（每日）以上。

日光温室：日光温室与普通日光温室相同，采用竹木或金属做骨架，土垒或砖砌做夹心保温围墙，采光面采用无滴塑料棚膜。屋面采光角根据当地太阳光线对倾斜面光线入射角计算，温室跨度6～8米，北纬37° 以南地区不宜超过8米，北纬38°～40° 地区不宜超过7.5米，北纬41°～43° 地区不宜超过7米，北纬44°以北地区不宜超过6.5米。前屋面角保持25° 以上，以拱圆形屋面角获得太阳辐射最多，适合果、菜生产。

猪舍：猪舍位于沼气池上方、日光温室一端，面积12～14米^2。猪舍棚面形状与温室相一致，分开采食、排便、活动和猪床空间。温室与猪舍需用内山墙间隔，并使沼气池出料口位于日光温室内。内山墙基础以上，70厘米高度以下采用24厘米厚墙，以上部分采用12厘米厚墙，墙壁上留两个换气孔，空口为30厘米×30厘米，空口设木制活动扇，便于开闭。低孔距地面70厘米，高孔距地面150厘米。猪舍面采用背脊式，固定式前坡长100厘米，坡度与日光温室相同。

猪舍做水泥地面，高出自然地面10厘米，由猪床向集粪沟抹成3°～5° 的坡

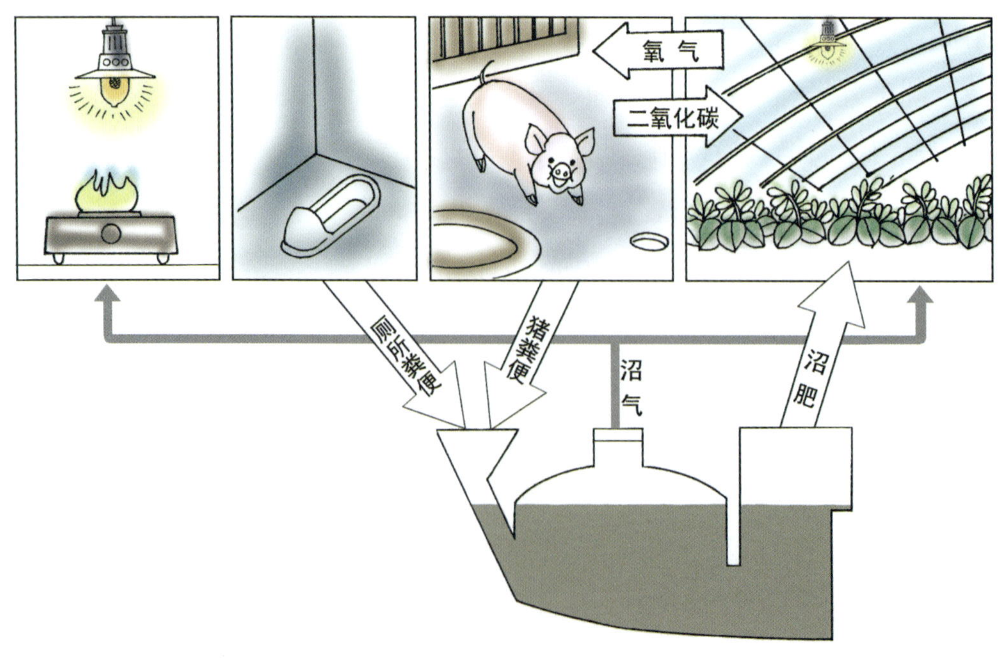

“四位一体”生态农业模式

度，暗管坡道应大于30°。

厕所：厕所有效面积0.8～1.0米^2，长100厘米，宽80厘米；厕所滑粪道与猪粪尿进池口连通。蹲位及滑粪道长60厘米，宽15～18厘米；滑粪道前半段水平夹角10°，后半段水平夹角60°；滑粪道紧连沼气池入料口。蹲位地面应比入料口顶面高出两层砖，以增加厕所滑粪道坡度。

（3）西北“五配套”生态农业模式技术规范。西北“五配套”生态农业模式也是中国近些年产生的典型模式之一。该模式以沼气能源利用和水资源高效利用为核心，组成单元主要包括果园（或庭院）、禽舍、厕所、沼气池、水窖及配套节水设施等五大基本组分，形成一个经济、生态综合效益高的有机整体。模式技术规范基本要点如下：

总体布局与设计：果园相结合的西北模式，宜在农户庭院或果园规划设计一口8～12米^{3}的沼气池、一座10～20米^{2}的太阳能畜禽舍和一座1.5～2.0米^{2}的户用厕所，在果园规划设计一眼15～35米^{3}的水窖和一套果园滴灌系统。大棚蔬菜相结合的西北模式。西北模式中的沼气池和圈厕设施应布局在庭院或果园、菜地背风向阳处。

沼气池布局与设计：沼气池应和畜禽舍及户用厕所一体化设计，三联通布局。沼气池应建在太阳能畜禽舍地下，厕所宜建在畜禽舍旁，并靠近沼气池进料

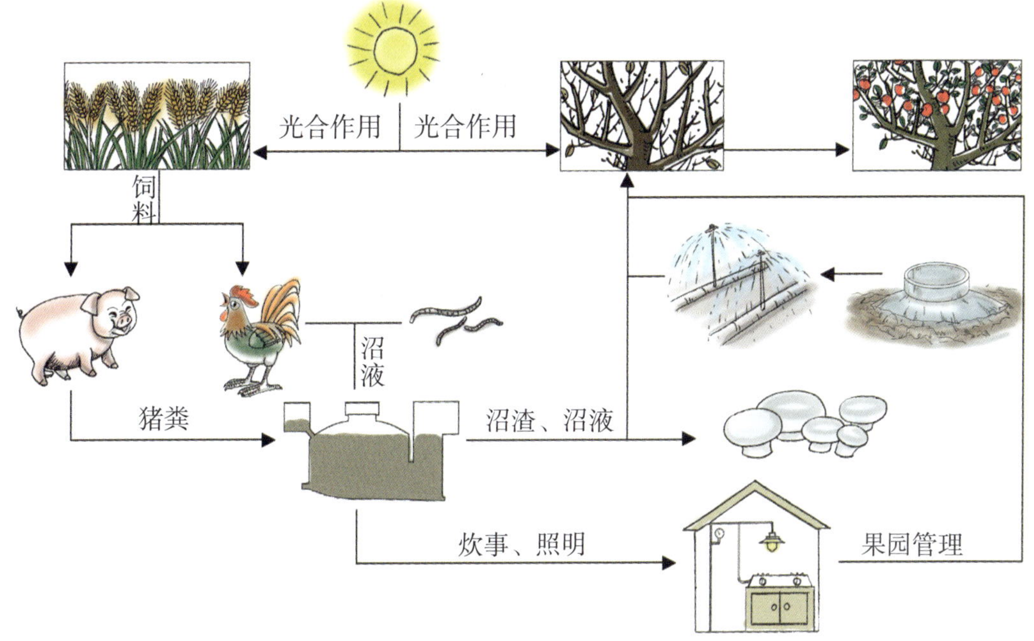

西北“五配套”生态农业模式

口的位置，畜禽舍和厕所的人畜粪便及冲洗水应通过进料口—进料管自动直接流入沼气池。在畜禽舍旁靠近厕所便槽的位置应建贮肥间，通过溢流出料管与发酵间联通，通过冲厕管和脚踏冲厕器与厕所便槽联通。

畜禽舍布局与设计：畜禽舍应布局沼气池之上，坐北向南，其长宽尺寸应大于沼气池的建设尺寸，排粪口与沼气池进料口直接相连。畜禽舍面积依据畜禽种类和饲养数量。畜禽舍宜采用单斜面塑膜太阳能暖圈，高度2.0～2.6米，高跨比（2.4～3.0）：10。

厕所布局与设计：厕所布局在畜禽舍一侧，便槽应和厕所走向一致，前后左右间距应便于人下蹲如厕，排粪管与沼气池进料口直接相连。厕所布局在农户庭院其他地方，应通过排粪管以3%的坡度与沼气发酵间连接。厕所地面垂直高度应不小于沼气池地面200毫米，在合适位置安装脚踏式沼液冲厕器，利用沼液冲洗蹲便器，使粪便经排粪管直接进入沼气池。厕所面积应不小于1.5米^2。

集雨水窖设计：集雨水窖宜采用拱形窖顶、圆台形窖体的结构。在集雨水窖进水口2～3米处应设置沉沙池。

果园滴灌设备选配：水泵宜选用自吸式潜水泵，泵功率按照电动机功率的70%～90%选取，扬程按滴头工作压力的1.2～1.4倍选取。输水管宜选用低密度聚乙烯管，管内径及长度按照管路压力损失确定。滴头宜选用低压大流量滴头和调压式滴头，优选补偿式滴头和内镶式滴头。

二、中国生态农业评价体系

（一）国内外生态农业评价指标发展过程

1. 评价指标发展过程

评价指标一般包括生态、经济和社会三个方面。生态指标主要包括土壤质量、水分、生物多样性、空气质量、生物杀虫剂使用变化情况等。土壤质量主要是指土壤的物理、化学和生物完整性，即保水保肥能力、抗酸碱化能力、抗侵蚀能力、有机质含量和营养元素的比值等。经济指标主要包括生产力、利润、投入/产出比、绿色GDP等。社会指标主要包括人口素质、人口数量和结构、社会保障体制等。指示因子的选择均需从其研究对象、研究目的和研究手段等方面来充分考虑，一般都是根据需要解决的问题来确定评价指标。

国外关于生态农业系统评价指标及其标准也没有统一或固定的范式。Herdt等1995年提出从生物环境、经济和社会效益等方面来衡量系统的可持续发展能力。Tellarini等2000年提出投入产出分析法，Julie 在2000年分析美国加州生态农业经营绩效时提出了生态措施的评价方法以及实证分析方法。联合国粮农组织（FAO）1996年从“压力—状态—响应（简称PSR）”框架出发，针对状态建立了农业评价指标体系，主要包括土地资源利用、森林、荒漠化、干旱、农业与农村发展和生物多样性等方面，具体由土地利用变化、土地条件变化、年原木产量、森林蓄积增长、森林面积、木柴占能源消耗比重、天然林和人工林比例、干旱地区单位面积牲畜数量、绿色植物生物量、干旱区贫困人口、人均耕地面积、灌溉比例、盐化和涝渍面积、农业研究强度、农业扩展资金、农业教育、乡村居民能源构成、农业耗能、农业能源构成、生产条件变化和土地保护现状变化等21个指标组成。

英国也利用PSR框架，建立了生态农业系统评价指标体系，包括农业经济、农业生产力、农业生产系统管理、农药投入、化肥投入、有害物残留、农业保护和农业生产环境等方面，具体包括资产与负债、年龄、租赁资产的负重、欧盟生产者支持、农业环境支付、农业总收入、平均收入、农业生产力、农业雇工、耕作管理系统的接受度、有机农场面积、对良好农业活动的认知、河流中的农药、地下水中的农药、农药有效成分的使用量、农药喷洒面积、食物中农药残留、氮磷流失、表土磷含量、肥料管理、氨的挥发、甲烷和N_2O的挥发、直接能源使用、间接能源投入使用、灌溉用水、表土有机质含量、表土重金属积累、农田面积、土地转到城市用途的变化、非粮食作物种植、自然保护占用农地的面积、农地特征、农田边地面积、半人工草地面积、优势鸟群数量等35个指标。美国环境保护署（EPA）从90个相对独立的指标中筛选出16个指标进行农业环境的先期评价，最后选出作物生产力、土地生产力、灌溉水量与水质、农业化学品使用和土地利用5个指标做试验性评价。阿根廷提出12项指标，对草原农业生态系统进行环境评价，分别是土地、化石能源、能源效率、氮平衡、磷平衡、氮污染、磷污染、农药污染、水土流失、生态环境干涉、土壤碳库变化、温室气体平衡。

1996年我国农业部农业资源区划管理司在评价生态农业系统时采用综合指标

（系统结构合理、系统稳定和系统综合生产力）、经济指标（农村人均纯收入、工农业总产值增长率、经济产投比、粮食单产、劳动生产力、土地生产力）、生态指标（森林或草地覆盖率、农田土壤养分平衡指数、人口自然增长率、资源利用适宜度、环境质量状况和饲料转化率）和社会指标（人均粮食占有量、社会就业率、商品化程度、人口科技素质、农村剩余劳动力转移比例、优质农产品在总产品中的比例）等指标。

2. 评价尺度选择

评价尺度变化对评价结果具有重要的影响。国外生态农业评价尺度主要分为农田尺度（Field Level）、农户尺度（Farming Level）、区域尺度（Regional Level）和国家尺度（National Level）。系统定量研究主要集中在农田和农户水平上，在农户水平的生态系统，研究重点主要是农业生产方式对生态环境的影响以及经济投入产出状况。通过农作方式、畜牧生产方式等各方面条件的改变，分析适合当地农业发展的最佳模式。在这个水平中，生态、环境、经济和政策有很大的决定作用。在创建评价系统过程中，易测性和直观性是指标因子选择的一个标准。Halberg通过测定磷、铜和氮元素含量、单位农畜产品能量消耗、农场小生境、未喷灌面积、害虫治理率、作物与杂草比等指标因子，对丹麦20个农场进行了不同耕作方式下农场指标变化的对比研究。Derk等通过采用环境、生态、经济、社会和文化等方面的标准来将规模不同的2个有机农场与周围农场做比较。区域水平和国家水平的农业生态系统更注重的是整个系统在经济、环境和社会这三个方面及其之间相互协调发展的研究，通常应用高科技手段如GIS、GPS等技术开展较大范围的评价。

（二）中国生态农业评价指标体系

我国生态农业评价指标体系一般从生态、经济和社会效益三方面考虑，将生态农业系统划分为相应的三个子系统，分别从每一子系统选择若干具体指标，构成综合评价指标体系。

本章节提出的生态农业评价指标体系，结合了我国生态农业的多样性与复杂性特点，并参照了欧美国家生态农业评价涉及的交叉达标（Cross-compliance）、农业环境措施（Agri-environment measures）与美国农业最佳管理措施（best management practices）等具体要求与实践经验，具体指标如下：

1. 生态效益评价指标

主要有：①土壤污染物状态（土壤重金属、持久性有机污染物、农用化学调节剂、农膜、病原菌数量等）。②土壤有机质含量。③保护耕地状态（少免耕、水土保持、绿色覆盖面积等）。④自然植被面积变化（草地面积、林地面积、湿地面积等）。⑤排水水质监测结果（如全氮、全磷、COD、硝态氮、氨氮浓度等）。⑥水体污染状态（地表水与地下水污染物如全氮、全磷、COD、硝态氮、氨氮浓度等）。⑦水土流失状态（草地面积、林地面积、退耕还林等）。⑧空气污染状态（氮挥发、酸雨、PM2.5）。⑨标志性生物的存活状态（鸟、鱼、蚯蚓、蜘蛛、蜻蜓）。

2. 经济效益评价指标

主要有：①产量水平（粮、棉、油、肉、奶、蛋、皮、毛等）。②农产品安全水平（人均粮、棉、油、肉、奶、蛋、皮、毛等）。③产品售价（国内市场与国际市场售价）。④总成本（生产资料与人工投入）。⑤总收入（生态产品销售收入）。⑥纯利润（单位产品利润、单位土地面积利润、单位劳动力利润等）。⑦人均收入水平。

3. 资源效率评价指标

主要有：①劳动生产率（机械效率、劳动力效率等）。②土地产出率。③氮肥利用率。④磷肥利用率。⑤水分利用率。⑥光能利用率。⑦土地复种指数。⑧辅助能产出效率（汽油或柴油利用率、沼气产出效率等）。

（三）生态农业评价方法

1. 划定生态农业系统边界

边界是划定系统与环境的分界线，分界线形成的闭合圈内就是评价或研究的对象。不同层次的系统，可以小至生产企业与农户，大至行政区域（乡镇、县市）。不同大小的系统表现为尺度，一般分为小、中、大尺度，小尺度可以是农田、池塘，庭院等，大尺度可以是流域、区域，中尺度可以介乎大、小之间。通常结合管理需要，生态农业的小尺度指农场或农业企业，中尺度指村镇级生态农业、平原生态农业和山区（山地）生态农业等，大尺度包括县域生态农业、流域或区域生态农业。我国关于县域生态农业评价已经开展了较长时间，为生态农业评价积累了丰富的研究资料，为生态农业评价开展长期追踪创造了良好平台。

2. 构建评价指标体系

以1994年农业部发布的《生态农业示范区建设技术规范（试行）》中典型动态评价指标为例（表8–1）。

表8–1 生态农业示范县评价指标（1994年）

项　目	贫困和生态环境质量低下地区	中等经济水平地区	农村经济发达地区
1. 人均纯收入	年增长率>4%	接近当地小康水平	超过当地小康水平
2. 中低产田面积占农田总面积（%）	<60	<30	0
3. 粮食亩产	依据当地条件定	同左	同左
4. 人均粮食占有量	依据当地条件定	同左	同左
5. 农产品商品率（%）	≥30	≥50	≥70
6. 种植业产投比	≥1.8	≥1.8	≥1.8
7. 退化土地治理率（%）	≥25	≥60	≥90
8. 农业总产值与种植业（粮棉油）产值之比	≥1.0	≥1.5	≥2.0
9. 林草覆盖率指数	≥0.7	≥0.8	≥1.0
10. 农田投入有机肥与无机肥之比（按纯氮计算）	11或达标	同左	同左
11. 综合防治病虫害面积占总农田面积（%）	30	50	80
12. 新能源开发占农村能源比例（%）※	10	20	30
13. 秸秆还田（包括过腹还田）（%）	≥30	45	80
14. 新上工业项目及乡镇工业“三同时”执行率（%）	100	同左	同左
15. 生态农业试点户、村、乡及生态工程占农田面积（%）	40	60	70

※ 新能源指太阳能、风能、生物能、地热、潮汐能等在生产生活中的开发利用。

这套体系在指导我国生态农业建设方面起到过积极的作用，但随着社会经济的发展和环境污染越来越严重，该评估指标体系还需要不断的修订。例如，水体[包括地表水（江河湖库）和地下水]监测指标（氮、磷、COD、农药等），土壤重金属（砷、镉、铅污染）、农产品质量（农药残留、重金属富集等）等，这些环境评价指标需参照国家颁布的相关标准进一步完善。同时，还应考虑生态农业的整体规划、生态安全、农业循环体系、生物多样性、生态环境质量、产品质量、人民生活水平等因素。此外，由于我国农业区域自然条件和社会经济条件差异很大，需要各地根据区域特色和农业类型分别制定农区、牧区、林区、渔区不同的指标体系。

3. 确定评价指标的权重

指标权重是指某项指标在整体指标中相对重要的程度的量化值。指标权重确定的主要有层次分析法（AHP）和德尔菲法两种。层次分析法是把评价系统分解成各个组成部分，然后将这些组成要素按支配关系进行分组，从而形成一个有序的递阶层次结构，在这个基础上，通过两两比较的方式确定层次中各个因素的相对重要性，最后综合判断确定出各个要素的相对重要性的总排列顺序。德尔菲法是挑选同行业的一批专家，先让他们分别根据个人的经验和主观感受给每个指标确定一个权数，经过处理后，将第一轮的赋权结果反馈给各位专家，并进行第二轮评估，如此反复，直至专家们的评定意见比较吻合时为止。由于是同行专家共同评定的，因而得到的指标权重一般比较客观。该方法相对比较简单，也容易理解，但是如果评价指标层次较多时，有可能导致判断偏差。

4. 调研与数据收集整理

针对评价方案，对需要评价的生态农业系统开展调研与取样，并将结果整理成规范化与系统化的数据。

5. 确定评价标准、指标评分与综合评价

农业生态系统的评价标准是指在当前或一定时间内应达到的各种指标的水平。可根据资源状况、需求状况和实际可能来确定。各项指标的实际值（Si）与该项指标的评价标准（Si^*）相比，可得该项指标的分值。即：$Pi=Si/Si^*$。Pi值越大，表示越满意。综合评价可依据下面模型计算，对计算结果进行比较与综合分析。其中，Y表示评价总分，Pi表示第j项指标的分值，Xj表示第j项指标的权重，Xi表示第i子系统的权重。

$$Y=\sum_{i=1}^{3}\sum_{j=1}^{n}(X_j\cdot P_i)X_i$$

（四）生态农业规范化评价原则与程序

1. 生态农业规范化评价基本原则

（1）依法评价原则。生态农业评价要依据国家、地方及行业有关法规与标准以及国际相关领域的规定或规则，做到评价过程有理有据，评价程序合理合法，评价结果真实可信。

（2）相同尺度评价原则。生态农业尺度差异太大，必然导致评价结果不公正与不公平，也会导致评价结果可信度下降，失去评价意义。因此，生态农业要在等同尺度下或相近尺度下开展评价。

（3）同类型评价原则。我国区域差异大，生态类型多，发展水平不同，导致不同区域、不同类型以及不同发展阶段的生态农业可比性不强。因此，应该在同类型评价原则基础上开展生态农业建设评价。

（4）动态与静态评价相结合原则。生态农业建设需要一个过程，有时还需要一个较长的过程，应该建立短期与长期相结合、静态与动态相结合的评价机制，用历史和发展的视角看待生态农业建设。

2. 生态农业规范化评价程序

（1）申请。评价主体（相关行政机构或企业）的责任人向国家生态农业管理机构提出生态农业评价申请，得到回复后可开展评价工作。

（2）评价机构选择。国家生态农业管理部门择优选择评价机构，并提出评价要求；由评价机构选择和确定评价成员，并报请上级管理部门备案与批准；同时，也可以通过投标等竞争方式选择评价机构。综合评价应该由第三方独立完成，第三方必须具备以下条件：

一是从事生态农业相关研究的科研院所与高校，且具有承担国家、省部级与生态农业相关的科研项目的经历，在国内外核心期刊发表相关文章的科研团队，能够承担生态农业建设评价方面的业务工作。

二是在国家相关机构注册登记，具有生态农业建设评价相关业务资质的企事业单位，能够承担生态农业建设评价方面的业务工作。

（3）数据来源与要求。生态农业评价涉及的数据要求是，评价机构组织相关人员以实际调研评价，获取第一手数据资料为主，避免单纯依赖或依靠相关单位的统计资料、正规年鉴或行业统计资料，由于出版滞后一般至少1年，借用数据也应该慎重考虑。

（4）评价。评价机构编制实施方案，并具体组织实地调研、查阅资料、数据处理与分析以及确定评价结果，形成《×××生态农业评价报告》，报送主管部门。

（5）审议。国家生态农业管理机构就评价报告，在评价主体参与下，组织相关专家审议，对有异议内容责成评价机构再评价或补充要求内容，形成的最终评价报告送达评价主体。

（6）公示。生态农业评价结果要求在专业网站公示。公示期内无异议，评价结果生效；有效期3年，有效期自公布之日期算起。评价结果应该在专业网站公示，并提供公众查询、质疑和答复等功能。

（7）档案管理。生态农业评价应该实施规范化的档案管理制度，在国家相关管理机构备案，包括纸质版与电子版。档案内容主要包括评价对象、评价机构和评价结果等信息。

（五）评价结果的使用与跟踪管理

1. 奖惩

建立奖惩制度，能够加快我国生态农业建设的步伐，是推动生态化发展的重要保障。奖惩依据评价结果，对于表现优秀的主体进行奖励，除物质奖励外，适当延长评价结果有效期；对于存在问题的主体，除了物质或行政处罚外，提出限期整改方案，整改达不到要求的还要终止评价结果有效期。

2. 跟踪管理

国家管理机构应该建立跟踪制度，不定期抽查生态农业主体，采用年检制度，预防弄虚作假和骗取荣誉的行为，并对跟踪结果及时在专业网站公示。生态农业评价结果要与跟踪管理相结合，鼓励群众举报，建立健全全方位监督机制，推动生态农业建设的有序健康发展。

专栏

欧美国家生态农业过程评价

欧美发达国家在生态农业评价思路上已经有所调整，除了整体评价之外，还涉及过程评估，这些具体做法可作为国内在开展生态农业评价的参考。

1. 调查资源使用措施

（1）有没有在污染土地生产食物。

（2）有没有在自然保护区域毁林开荒围湖造田。

（3）有没有在禁渔期实施捕鱼作业，实施水产资源增殖措施。

（4）采用了节水灌溉措施，没有超出灌水定额，维持用水量与供水量平衡。

（5）广泛使用有机肥，采用测土配方施肥技术，化肥使用量没有超出规定上限。

（6）优先采用病虫害综合防治手段，没有使用禁止的农药。

（7）有没有使用重金属和药物等添加剂超标的饲料，使用的饲料质量符合要求。

2. 调查输出控制措施

（1）没有在大田违禁燃烧秸秆。

（2）没有不经过处理排放禽畜排泄物。

（3）没有高浓度废水直接排放到江河。

（4）农膜实施了回收措施。

（5）没有出现食品安全事故。

3. 调查结构调整措施

（1）区域内布局合理的自然植被（水源林、自然保护区、防护林带、河流缓冲带、植物田埂、水平植物篱、村边绿化、村内绿化）。

（2）区域内有必要的生态安全工程（拦沙坝、河堤、防波堤）。

（3）排泄物使用量与消纳土地面积比例合理。

（4）家畜放养量与放牧地产草承载力平衡。

（5）作物秸秆与禽畜粪便有循环利用措施（沼气、堆肥、蘑菇、蚯蚓、蝇蛆、有机无机肥厂）或者有买家作为商品出售别人实施循环利用，已经基本加以循环利用。

（6）实施合理的轮间套作制度（水旱轮作、禾本科和豆科间作、单子叶与双子叶作物套作等），已经尽力改变长期大面积单一作物连作的制度。

专　栏

全国生态农业示范县建设管理办法

第一章　总　　则

第一条　为保证全国生态农业示范县建设的顺利实施，加强对项目的组织管理，特制定本管理办法。

第二章　管理机构和任务

第二条　由农业部、国家计委、财政部、科技部、水利部、国家环保总局和国家林业局联合组成全国生态农业示范县建设领导小组（以下简称全国领导小组）。农业部为组长单位，由分管部领导担任领导小组组长；国家计委、国家环保总局为副组长单位，有关司局领导任副组长；其他部、局的有关司局领导作为领导小组成员。各成员单位设1名联络员参与领导小组办公室有关工作。

全国领导小组的任务是：负责全国生态农业示范县建设的领导和组织，审定重要活动计划；协调各部委局并指导各省、自治区、直辖市及计划单列市有关厅（局）开展生态农业示范县建设工作。

第三条　全国领导小组下设办公室。办公室设在农业部科技教育司，由分管司领导担任办公室主任。成员单位由七部、委、局的有关司（局）以及农业部科技发展中心、农业部环境监测总站、农业部能源环保技术开发中心、中国农业大学共同组成。

全国领导小组办公室的任务是：贯彻落实领导小组决定的事项；负责组织全国生态农业示范县的申报、审核；负责生态农业示范县建设日常工作的组织管理；组织开展技术交流和培训工作；组织实施示范县的检查、评估和验收；定期向领导小组汇报生态农业示范县建设工作计划和进展情况；负责年度总结和项目总结的编制工作。

第四条　聘请长期从事生态农业建设工作的老领导、老专家担任顾问，为生态农业发展的政策、法规以及中长期发展规划的制定提供决策咨询。

第五条　在全国有关大专院校、科研机构中选择长期从事生态农业、农业生态环境保护及相关领域的理论与技术研究的学科带头人或专家，组成专家组。其主要任务：负责生态农业建设的理论探讨；研究生态农业发展思路和战略；开展生态农业的技术调研，为生态农业建设提供技术支持与咨询服务；联系省级技术指导单位或专家组，承办组织区域间技术合作。协助领导小组办公室开展相关工作。

第六条　各省、自治区、直辖市及计划单列市成立由农业等有关委（厅、局）的主管领导组成的省级生态农业（示范县）建设领导小组（以下简称省领导小组），负责本省（区、市）生态农业建设组织协调工作。省领导小组下设办公室，负责日常的管理工作。其主要任务是：组织本省（区、市）生态农业示范县建设规划的制定；检查、监督示范县项目的实施；定期向本省领导小组和全国领导小组办公室汇报生态农业建设情况。

各省要成立专家组或聘请技术指导单位，负责全省生态农业示范县建设的技术指导，协助本省领导小组办公室开展相关工作。

第七条　生态农业示范县要成立由有关部门领导组成的领导小组，县政府领导担任组长。要确定固定的办事机构，负责示范县建设的日常管理，组织全县生态农业建设工作，完成上级交办的各项任务。

第三章　项目申报

第八条　由申报县向省领导小组办公室提出申请，并提交有关文件材料。

第九条　省领导小组办公室根据提交的文件和实地考察对申报县进行审核，按照全国领导小组办公室的要求，推选若干县（市）作为生态农业示范县备选县，经省领导小组审核后报全国领导小组办公室。

第十条　全国领导小组办公室根据各省推荐的备选县的自然资源、生态环境、经济和社会条件代表性，会同专家组进行比较筛选，提出初选县名单。

第十一条　初选县名单由全国领导小组审定批准。

第四章　监督管理

第十二条　生态农业示范县实行合同制管理。合同格式见

《全国生态农业示范县建设项目合同》，示范县建设委托单位为全国领导小组，示范县建设承担单位为各示范县人民政府。各示范县的合同在本县生态农业建设规划的基础上填写，由县人民政府签章，送省领导小组审核后，报全国领导小组办公室一式三份，由全国领导小组正式签章。

第十三条　全国领导小组办公室将会同专家组、省领导小组办公室对示范县进行不定期的实地检查，以便及时发现并解决示范县建设过程中存在的问题，总结和推广生态农业建设的先进经验和典型模式。

第十四条　各示范县每年向全国领导小组办公室报送一份生态农业示范县建设情况汇报及统计报表，同时抄报省领导小组办公室。

汇报材料和报表主要反映生态农业示范县建设的进展情况，建设进度，实施过程中取得的阶段性成果以及经济、生态和社会效益。材料和报表要实事求是，不得弄虚作假。如经查实确有严重失实和弄虚作假的，立即终止合同，撤销生态农业示范县资格，追回国拨资金，并通报批评。统计报表由全国领导小组办公室统一编制印发。

第五章　资金使用与管理

第十五条　生态农业示范县建设经费，以地方和农民自筹为主，国家扶持为辅。国家对示范县给予一定工作补助经费，省、县两级要按1：1：1比例配套。工作补助经费要全部用于示范县规划编制、宣传培训、技术推广、经验交流和开展小型试点示范。

各省领导小组办公室安排必要数量的经费，用于技术指导单位或专家组开展技术指导咨询。

第十六条　生态农业示范县的工作经费，要专款专用。国家补助经费采用分期拨付。各县每年年底向省领导小组办公室报送国拨经费使用决算表，由省领导小组办公室汇总报全国领导小组办公室。决算报表由全国领导小组办公室统一编发。

第十七条　生态农业示范县建设项目要纳入示范县国民经济和社会发展总体规划，要与计划、财政、科技、农业、林业、水利、环保等有关项目结合起来，在年度计划中做出安排。示范县应广泛开辟资金渠道，加大对生态农业建设投入力度。

第六章　项目验收

第十八条　依据全国生态农业示范县建设验收工作有关规定，全国领导小组办公室组织验收组对示范县进行验收。验收形式采取资料审查（工作报告、技术报告、财务报告）和实地考察相结合的方式，实地考察的范围和数量由验收组确定。根据验收情况进行综合评估，合格县颁发合格证书；未完成合同任务的县将取消示范县资格；建设成效显著县将给予鼓励，并在国际、国内合作项目中重点推荐。

第七章　附　则

第十九条　本管理办法由全国生态农业示范县建设领导小组办公室负责解释。

第二十条　本管理办法自颁布日起施行，原《全国生态农业试点县建设管理办法》同时废止。

全国生态农业示范县建设领导小组办公室

2000年10月16日

第九章 中国生态农业的补偿体系构建

生态补偿（Eco-compensation）是以保护和可持续利用生态系统服务为目的，以经济手段为主调节相关者利益关系的制度安排。具体说，生态补偿是以保护生态环境，促进人与自然和谐发展为目的，根据发展机会成本、生态保护成本、生态系统服务价值，运用政府和市场手段，调节生态保护利益相关者之间利益关系的公共制度。农业是生态系统的重要组成部分，农业的生态转型会获得生态环境的保护效果。因此，生态农业具备了公益性和正外部性特征，应当通过生态补偿机制加以补偿鼓励，以便促进生态农业的可持续健康发展。

一、中国农业生态补偿的现状

（一）生态补偿制度探索

20世纪90年代以来，中国经济开始迅速发展，人们的消费结构以及农产品市场供求关系发生重大变化，农产品价格低迷、农民增产不增收、土地沙化退化严重，耕地面积不断减少、水资源日益紧张，生态环境的破坏与农业可持续发展之间的矛盾越发突出。在此背景下，我国已经开始从农业环境污染治理、农业生态破坏修复以及农业自然资源保护三个角度来探讨生态农业补偿，其出发点主要基于以下两方面考虑：一是解决当前我国农业生产面临的突出矛盾的需要，二是促进我国传统农业政策向生态化可持续方向转型。

近20多年来，国家除提高各种农业补贴，实施了系列保护生态系统的支持政策和生态治理工程外，积极探索构建生态补偿政策与机制。2002 年《中华人民共和国农业法》中明确指出要把维护和改善生态环境作为农业政策的目标之一，同年全面启动退耕还林工程。2005年，中共十六届五中全会《关于制定国民经济和社会发展第十一个五年规划的建议》首次提出，按照谁开发谁保护、谁受益谁补偿的原则，加快建立生态补偿机制。2007年中共十七大报告将“建设生态文明”作为中国实现全面建设小康社会奋斗目标的新要求之一，明确提出必须把建设资源节约型、环境友好型社会放在工业化、现代化发展战略的突出位置，从全新的视角解读了农业生态系统的多功能性和农业生态环境保护的重要性。2012年中共十八大报告再次论及“生态文明”，并将其提升到更高的战略层面。由此，中国特色社会主义事业总体布局由经济建设、政治建设、文化建设、社会建设“四位一体”拓展为包括生态文明建设的“五位一体”，这是总揽国内外大局、推进生态文明建设的新部署。 2013年中央1号文件提出要加强农村生态建设、环境保护和综合整治，加大“三北”防护林、天然林保护等重大生态修复工程实施力度，推进荒漠化、石漠化、水土流失综合治理；提高中央财政国家级公益林补偿标

天然林保护

准；继续实施草原生态保护补助奖励政策；加强农作物秸秆综合利用；搞好农村垃圾、污水处理和土壤环境治理，实施乡村清洁工程，加快农村河道、水环境综合整治。2014年中央1号文件提出要促进生态友好型农业发展、开展农业资源休养生息试点、加大生态保护建设力度以建立农业可持续发展长效机制。

（二）生态补偿政策的实践

1. 退耕还林（草）与森林生态效益补偿基金制度

退耕还林是指从保护和改善西部生态环境出发，将易造成水土流失的坡耕地和易造成土地沙化的耕地，有计划、分步骤地停止耕种；本着宜乔则乔、宜灌则灌、宜草则草，乔灌草结合的原则，因地制宜地造林种草，恢复林草植被。退耕还林是我国实施西部开发战略实施生态补偿机制的重大举措，其基本政策措施是“退耕还林，封山绿化，以粮代赈，个体承包”。1999 年下半年，我国在四川、陕西、甘肃3个省率先开展退耕还林试点工作，2000年试点范围涉及长江上游和黄河上中游地区等17个省、自治区、直辖市的188个县，2001年拓展到中西部地区20个省、自治区、直辖市的224个县；在试点基础上，2002年全面启动退耕还林工程，2003年工程范围扩大到30个省、自治区、直辖市的1 600 个县；2008—2011年，中央财政累计安排专项资金462亿元巩固退耕还林成果。退耕还林政策促进了生态效益、经济效益和社会效益的统一，实现了由毁林开垦向退耕还林的历史性转变，加快了农业产业结构调整的步伐，有效地改善了生态状况。中央森林生态效益补偿基金制度是根据《中华人民共和国森林法》的有关规定，由财政部和国家林业局规划实施的，先后出台了国家级公益林区划界定办法和中央财政森林生态效益补偿基金管理办法，在森林领域率先开展生态补偿。其中，国有国家级公益林每亩每年补助5元，集体和个人所有的国家级公益林补偿标准从最初的每亩每年5元提高到2010年的10元和目前的15元，目前补偿范围已达18.7亿亩。

2. 退牧还草（林）与草原生态补偿制度

为遏制西部地区天然草原加速退化的趋势，促进草原生态修复，从2003年开始，国家在内蒙古、新疆、青海、甘肃、四川、西藏、宁夏、云南8省、自治区和新疆生产建设兵团启动了退牧还草工程。8年来累计安排草原围栏建设任务7.78

亿亩，配套实施重度退化草原补播1.86亿亩，中央投入资金209亿元，惠及181个县（团场）、90多万农牧户。根据2010年农业部监测结果，工程区平均植被盖度为71%，比非工程区高出12个百分点，草群高度、鲜草产量和可食性鲜草产量分别比非工程区高出37.9%、43.9%和49.1%。生物多样性、群落均匀性、饱和持水量、土壤有机质含量均有提高，草原涵养水源、防止水土流失、防风固沙等生态功能增强。工程推行禁牧与休牧相结合、舍饲与半舍饲相结合的生产方式，促进了传统草原畜牧业生产方式的转变。广大农牧民草原保护意识明显增强，草原承包经营制度不断落实，特色农牧产业及其他优势产业快速发展，农牧民收入稳步增加。

退牧还草，促进草原生态修复

2011年，财政部会同农业部出台了草原生态保护奖励补助政策，对禁牧草原按每亩每年6元的标准给予补助，对落实草畜平衡制度的草场按每亩每年1.5元的标准给予奖励，同时对人工种草良种和牧民生产资料给予补贴，对草原生态改善效果明显的地方给予绩效奖励。截至2012年年底，草原禁牧补助实施面积达12.3亿亩，享受草畜平衡奖励的草原面积达26亿亩。按照规划，2011—2015年，中央财政每年将安排专项资金136亿元，支持内蒙古、新疆、西藏、青海、四川、甘肃、宁夏和云南等8个主要草原牧区省份以及新疆生产建设兵团，全面建立草原生态保护补助奖励机制。2011年8月，国家发展和改革委员会、财政部、农业部又印发《关于完善退牧还草政策的意见》的通知，这是继国家实施草原生态保护补助奖励机制后，进一步完善退牧还草政策的重要举措。重点包括：合理布局草原围栏，安排划区轮牧和季节性休牧围栏建设，并与推行草畜平衡挂钩；配套建设舍饲棚圈和人工饲草地，推动传统畜牧业向现代牧业转变；提高中央投资补助比例和标准，取消县及县以下资金配套；饲料粮补助改为草原生态保护补助奖励。这些政策实施对促进草原畜牧业可持续发展、保障畜产品的有效供给具有重大意义，既可以补偿牧民因保护草原而减少的收入，也有利于增强牧区发展后劲和促进边疆稳定和民族团结。

3. 水源地保护与水土保持生态补偿机制

从1983年我国就开始了有规划、有步骤、集中连片大规模开展水土流失综合治理的国家生态建设重点工程，又先后实施了长江上中游水土保持重点防治工程、黄河上中游水土保持重点防治工程、农业综合开发水土保持项目、国债水土保持项目、京津风沙源治理水土保持工程、首都水资源水土保持项目、晋陕蒙砒砂岩区沙棘生态工程、黄土高原淤地坝、京津风沙源、东北黑土区、珠江上游南北盘江、丹江口库区及上游、云贵鄂渝世行贷款和岩溶地区石漠化治理等一批水土流失重点防治工程，治理范围从传统的黄河、长江上中游地区扩展到全国主要流域。目前正在开展的国家级水土保持重点治理工程已覆盖了600多个水土流失严重县、市。我国水土保持与生态建设的特色和经验模式主要体现在两个方面：一是坚持以小流域为单元的综合治理，工程措施、生物措施和农业技术措施集成优化，山水田林路村综合整治，推进集中连片、规模治理。二是生态、经济和社会效益统筹，妥善处理国家生态建设需求、区域社会发展需求与当地群众增加经济收入需求三者的关系，把治理水土流失与群众脱贫致富紧密地结合起来，调动群众参与治理的积极性。

4. 农业生产领域的生态补偿

在种植业生产领域，我国先后启动了针对化肥和农药减少使用、农用薄膜回收利用和农田土壤重金属污染修复等试点项目。截至2012年中央财政累计投入64亿元实施测土配方施肥补贴项目，重点补贴测土、配方、配肥等环节，项目县达到2 463个，推广面积达13亿亩，累计减少施肥800多万吨。作物病虫害绿色防控项目已经建立106个国家级、1 500多个省级和县级示范区，大力推广高毒农药替代技术，推进专业化统防统治，综合防治面积达到10.18亿亩次；并在8个省份开展低毒生物农药示范推广补贴试点。2012—2014年，国家累计投资7.24亿元实施地膜回收利用项目；甘肃省每年2 000万元投入对地膜回收进行扶持，新疆2013年安排3 800万元在13个县开展农田废旧地膜污染综合治理工程。2014年财政部在湖南省长潭株地区投入11.65亿元启动农产品产地土壤重金属污染修复试点开展示范试点。

在畜牧业生产领域，先后启动了标准化养殖小区及粪污无害化处理、农村沼气、有机生产等补贴项目。2006年投入专项资金1 500万元启动标准化畜禽养殖小区建设试点，2013年中央投资36亿元，实施养殖场粪污无害化处理工作，并发布了《畜禽规模养殖污染防治条例》。截至2014年中央累计投入农村沼气384亿元，年处理畜禽粪污20亿吨。国家发布《关于有机肥产品免征增值税的通知》，鼓励有机肥生产，上海、江苏、山东等地陆续实施了有机肥补贴政策。

在农业废弃物方面，重点针对秸秆、有机肥使用等进行相应补贴。将秸秆处理利用机械纳入了农机购置补贴范围，2013年补贴资金2.1亿元；安排秸秆还田补贴资金32亿元，实施土壤有机质提升补贴项目，累计实施面积1亿多亩；建设秸秆沼气集中供气示范工程434处，累计建成秸秆固体成型燃料示范工程1 060处，年产量482.77万吨；投入2.9亿元，建设秸秆养畜示范项目281个。累计投入

大中型养殖场沼气工程

转移支付资金25亿元实施土壤有机质提升补贴项目，项目覆盖全国近700个县，北京、上海、江苏、山东、河南等地也探索出台了地方性政策鼓励农民使用有机肥，每吨有机肥补贴180～480元不等。

在渔业生产方面实施渔业资源保护补助政策，2002年起连续3年每年安排2.7亿元用于实施渔船强制报废和渔民转产转业项目补助；2009年在全国全面推进水生生物增殖放流工作；2011年用于水生生物增殖放流30 600万元，海洋牧场示范区建设9 400万元。2013年安排资金5亿元，在江苏、浙江等8个省份实施以船为家渔民上岸安居工程，推进水域生态环境保护。

（三）存在主要问题

我国生态补偿机制建设虽然已经起步，并取得了积极进展，但由于涉及的利益关系复杂，推进工作面临困难大，在实践中还存在不少矛盾和问题。

第一，补偿范围偏窄，现有生态补偿主要集中在森林、草原、矿产资源开发等领域，流域、湿地、海洋等生态补偿尚处于起步阶段，事关农业生态转型的土壤、水、绿色投入品和替代技术等重要内容尚未纳入工作范畴。

第二，补偿资金来源渠道和补偿方式单一，补偿资金主要依靠中央财政转移支付，地方政府和企事业单位投入、优惠贷款、社会捐赠等其他渠道明显缺失。

第三，补偿体系不健全，生态环境监测评估体系和生态服务价值评估核算体系建设滞后；有关方面对生态补偿标准等问题尚未取得共识，缺乏统一、权威的指标体系和测算方法；现行的补偿标准明显偏低。

第四，政策法规建设滞后，政策措施不完善，农业生态环境保护方面的投入保障能力不足，缺乏稳定性；目前还没有生态补偿的专门立法，现有涉及生态补偿的法律规定分散在多部法律之中，缺乏系统性和可操作性。

二、中国生态农业补偿体系构建的基本思路

长期以来，由于受一味追求高产目标的引导，我国农业生产中采用了依靠大量投入、牺牲资源环境的非持续的发展方式，从而导致农业生态系统的退化和破坏，引发了一系列的生态环境安全问题。在此背景下，通过建立和完善生态补偿

农业制度，使生产者除了从传统的农产品获益之外，还从对农业所产生的环境效益方面获得补偿，这无疑为农民通过发展生态环保型农业增加收入提供了更大的动力，从而能够起到平衡农业可持续发展和农民经济利益间的重要作用。因此，建立和完善农业生态补偿机制，有利于解决我国农业生产面临的持续高产与资源高效利用、环境保护之间的矛盾，促进农业的可持续发展。

（一）中国生态农业补偿的主要目标

通过建立生态补偿机制，驱动中国农业发展由高投入、高消耗、高污染模式转向生产高效、资源节约、环境友好型模式。目前，我国农业生产仍然是“高投入、高消耗、高污染、低效益”（三高一低）的粗放式发展模式，它带来农业增产的同时也带来了一系列的资源环境问题：大量的化石资源消耗、土壤退化、环境污染、食品安全无法保证等，对我国粮食安全和农业可持续发展构成巨大威胁，因而迫切需要寻求新的生产模式。促进现代生态农业发展，就是要以提高资源利用效率、降低污染排放和生态损耗强度为核心，以节约资源和有效保护、改善环境为主要内容，以最少的资源消耗和环境代价获取最大的经济和社会效益。

通过建立生态补偿机制，推进农业生产方式、农村生活方式和区域经济发展方式的转变。农业要实现可持续发展，必须走循环生产模式，努力做到农业生产的无害化，生产过程中的低排放化，探求一种高效率，可持续的生产之路。目

美化农村生活环境

前，我国农村居民生活水平上升很快，但生活方式和环境意识并没有相应的改善，生活污水随意排放和生活垃圾任意堆放所造成的环境污染成为农村环境的最大隐患，要改变农村生活环境，就必须转变传统的生活方式，合理处理生活污水、生活垃圾、作物秸秆、人畜粪便，开发推广节能环保型生活方式。调整产业结构，大力发展循环经济，建立农业生态与经济协调发展的互动机制，走生态环保型的农业发展道路，促进农业增长方式的转变。

通过建立生态补偿机制，推动构建区域、政府、企业、农民等相关利益者协调机制。发展生态农业，需要区域、政府、企业、农民的相关利益者共同参与，在界定生态效益的提供者和受益者范围的基础上，按照“谁开发谁保护，谁破坏谁恢复，谁受益谁补偿，谁污染谁付费”的生态补偿原则，建立“利益相关者补偿”机制，即生态服务功能受益者向生态服务功能提供者付费的行为。付费的主体可以是政府，也可以是区域或者企业。

（二）中国生态农业补偿体系构建的特点

1. 补偿目标统筹兼顾

我国生态农业的发展目标是以促进人与自然和谐发展为基础，协调发展与环境之间、资源利用与保护之间的矛盾，通过资源的循环高效利用，实现经济、社会、生态三大效益的协调统一。对于生态农业补偿而言，其目标就是通过对退耕还林、保护性耕作、减少农用化学投入品的使用、发展复合生态系统模式、废弃物多级综合利用模式等环境保护型农业生产方式的补贴，减少环境污染和生态破坏。然而，有利于环境的生产方式有时可能会抑制粮食产量的提高。因此，生态农业补偿制度的建立，必须同时考虑环境保护与农业生产力提高两个目标的统一，兼顾农村生产生活方式转变、农村劳动力转移、发展农村经济等多重目标。

2. 补偿资金以政府为主

在生态农业补偿机制中，政府作为补偿的主体，原因有二：一是农业生产有很强的外部性，环保型的农业生产方式会产生良好的生态环境效益；而农业生态环境效用的不可分割性使其具有公共产品的属性，决定了政府作为补偿主体的必然性和重要性。二是农业具有弱质性和基础性，需要国家相关政策保护。引导农业生产者采取环境友好型的生产方式和进行生态环境建设，既可以产生生态效益又可保障食品安全，但是成本尤其是人工成本较高，需要政府的资金扶持和技术支持。

3. 补偿对象因地制宜

凡是减少农业生态环境的破坏行为和实施农业生态环境保护措施的广大农民及发展受到限制的地区都可以是补偿客体，它可以是生态环境建设者、实施生态农业生产的农户、水源区及自然保护区为保护当地生态环境而使发展权受到限制的地区及农牧民等。总之，从中国生态农业发展的角度考虑，补偿的客体包括为保护全国或地区生态环境而采取环保技术的地方政府、农业相关的企业和直接参与生态农业的农民。

4. 补偿范围尽量明确

生态补偿的范围限于次生环境问题，也就是人类活动引起的生态与环境问题。次生环境问题的范围也是相当广泛的，除了对已破坏的生态环境恢复进行补偿之外，还包括对未破坏的生态环境所做的防患于未然的费用支出以及为此而丧失发展的机会成本。农业生态补偿作为生态补偿的一种具体形式，其补偿范围具有特定性，主要是针对农业生态建设和农业生产领域内与环境保护有关的行为进行一定方式的补偿。

5. 补偿模式多种多样

由于补偿对象的多重性，决定了补偿模式的多样性，目前我国生态农业补偿模式主要是以政府为主体的直接公共支付和基于市场的补偿支付。直接公共支付主要有财政转移支付、专项资金和农业生态补偿基金等；市场补偿模式主要有一对一交易、市场贸易和生态产品认证（生态标签）等。

（三）中国生态农业补偿的重点领域

1. 生态型农产品补偿

生态型农产品是指绿色农产品、有机农产品、地理标志农产品等在生产过程中按照生态友好型农业操作规程生产出来的农产品。其中补偿重点是绿色农产品和有机农产品。

（1）绿色农业生产资料与绿色农产品补偿。随着健康安全取代满足温饱成为我国农产品生产的主要目标，发展绿色农产品产业将是我国农业发展的必然走向。绿色农产品在生产过程避免或减轻了环境污染、生态退化及其消费过程中可能带来的健康损害，提高了社会总体和消费者个体效用，其产生的正外部性及相应成本是对其进行生态补偿的前提和保证。为保证环保生产和清洁经营，力争减少环境污染，提高农产品质量。在生产过程中，农民减少化肥、农药和除草剂的使用量，转而更多地使用有机肥料、生物农药和机械除草，从而最大限度地减少化肥、农药和除草剂对环境污染和在农产品中的残留，因此，对于参与绿色农产品生产的农民或企业等，应给予一定保护生态环境的补贴补偿。在畜牧养殖业上，养殖户采用一定的环保技术对禽畜粪便进行无害化处理，消除禽畜粪便对地表水和地下水的污染，从而达到规定标准，对于应用清洁经营生产方式的养殖户应给予一定的补贴支持。同时，采用环保生产和清洁经营使过去遭受破坏的生态系统逐步恢复起来，增加生态系统对气候的调节能力，生态系统自我调节能力提高，农业发展的外部环境得到优化，对于积极实行清洁生产经营的农户、企业等应给予适当的生态补贴。同时，绿色农产品生产过程中为保证产品质量而导致产量偏低，单位产品成本和价格偏高，从而给农民收益造成一定损失，需要政府对此进行一定的补贴补偿。绿色农产品在生产过程中关键技术瓶颈仍待突破，政府应提高对其技术攻关的奖励补贴、强化生产技术培训、拓宽投资机制，积极促使绿色农产品生产方实施技术创新，从而提高生产规模和市场利润，保证其生产的持续性，采用级差补偿形式，实现规模化生产应对粮食安全问题。

（2）有机农产品补偿。有机农产品是纯天然、无污染、安全营养的食品，也可称为“生态食品”。它是根据有机农业原则和有机农产品生产方式及标准生产、加工出来的，并通过有机食品认证机构认证的农产品。有机农产品在生产加工过程中禁止使用农药、化肥、激素等人工合成物质，并且不允许使用基因工程技术；在土地生产转型方面有严格规定；有机农产品在数量上须进行严格控制，要求定地块、定产量。为保证产品严格的质量标准，有机农产品生产加工过程禁止应用农药、化肥等容易造成环境污染的现代农业生产要素，政府对农民因保护环境而造成的利益损失应给予一定的补贴或补偿。对于以有机肥料替代无机化肥、用生物农药和机械除草替代化学农药和化学除草等行为，由于生产投入成本增加，产出降低，对此需要政府给予一定生态补偿。此外，有机农产品产地环境检验监测、虫害物理防治、生产过程记录及档案建立、农产品质量自控自检及标准化技术培训等，所有的这些环节都会相应增加生产成本，但是增加的这部分成本并不一定能带来收益，为保障有机农产品生产质量宜对此进行适当补贴。

生产有机农产品，政府应给予生态补偿

2. 国家主体功能区农业生态转型补偿

主体功能区是基于不同区域的资源环境承载能力、现有开发密度和发展潜力等，按照区域分工和协调发展的原则，将特定区域确定为特定主体功能定位类型的一种空间单元与规划区域。农业生态区是向人类提供农业生态资源、产品和服务以用于消费的地理空间范围，它会因农业系统类型、生态环境敏感性、生态服务功能的差异而表现出空间分异的特征。结合《全国主体功能区规划》对国土空间开发内容的划分，可将其分为城市化地区内进行农业生产的区域、农产品主产区和重点生态功能区等三类区域，此三类农业生态区均承担着侧重点不同但相似的功能定位，即生态、生产、服务、促进社会可持续发展四个功能。由于主要是通过国家区域层面而进行的功能区划分，生态补偿的主体应以中央的转移支付为主，区域地方政府及其他支付方式为辅，以保障我国对不同的农业生产给予的生态补偿。

（1）都市农业区。以生产、就业和休闲为主导，以生态调节为辅助，通过发展都市农业增加劳动就业空间，为市民提供新鲜农副产品和优质生态环境，提高其生活质量，同时提供休憩娱乐场所。将产品和服务融为一体，以此为纽带进行城乡互动，实现城乡自然资源和经济社会资源的优化配置。此区域经济发达、市场化程度高且人口密集，形成了具有一定规模的城市群和城市带，其农业的发展呈现出集约布局、生态化导向的融合化发展特征。此区域应以农业的生态化为方向，大力发展循环农业，减少农业的资源消耗和环境污染；注重产业融合和城乡融合，打造观光农业园区。依据此区域农业的发展目标，适宜对有利于发展休闲生态农业的方面进行补贴或政策优惠，如加强循环农业基础建设、保全或设计新型农业景观、开发新型农业观光项目等。

（2）农产品主产区。该区从国家层面上共分为"七区二十三带"，是保障国家粮食安全的粮仓、居民饮食安全的原料提供地、农业生产物质文化和非物质文化的发源地和流传区，同时也是农业劳动力就业的主战场。该区域应在保障国家粮食安全的前提下，保护农业生产系统的生态环境，提高农产品供给质量。发展特定区域附着地理标识的品牌绿色和有机特色农产品，以稀缺性来提高农产品的价值；优化农业区域布局，在生态脆弱地区根据自身资源和市场需求选择农业发展方向，减少生态环境压力；发展以龙头企业、农民专业合作经济组织、农业大户等农业产业化经营方式，改变生态脆弱区农业生产结构，建立生态补偿的替代产业机制。

（3）重点生态功能区。该区属于限制或禁止进行大规模高强度工业化、城镇化开发的区域，是保护自然文化资源的重要区域和珍贵动植物基因资源保护地以及人与自然和谐相处的示范区。该区域主要分为水土保持型、水源涵养型、防风固沙型和生物多样性维护型四种类型，通过保护和扩大自然界提供生态产品能

保护自然资源，保障国家生态安全

力创造价值，保护和修复生态环境、提供生态产品的活动，向社会供给生态产品、进行生态调节、保障国家生态安全。在水土保持型区域，推行节水灌溉和雨水集蓄利用，发展旱作节水农业；对水资源涵养型区域，控制载畜量，改良畜种，鼓励围栏和舍饲，培育替代产业，减轻区内畜牧业对水源和生态系统的压力；对防风固沙型区域，严格控制草原生物资源的利用，禁止开垦草原，加强植被恢复和保护，加快规模化圈养牧业的发展，控制放养对草地生态系统的损害；对生物多样性维护型区域，开展传统农业种植，传承种植文化，维护农产品品种多样性。中央应对实施此类保护生态功能行为的区域、地方政府或行为组织给予一定的优惠政策与补贴补偿，以维护并进一步改善该区域的生态服务功能，保障国家生态安全。

3. 农业生产补贴与生态补贴综合补偿

（1）商品粮基地补贴。商品粮基地建设是实现农业生产社会化、专业化和商品化的重要支撑平台，其基于国家重点投资扶持，充分发挥地区粮食生产优势，大力改善粮食作物生产条件，全面促进粮食增产，更好地满足人民生活和社会经济建设对粮食的需要，确保国家粮食安全。根据粮食产品供应范围及其重要性，商品粮基地大致分为全国性商品粮基地和地区性商品粮基地两类。为保障主要农产品供给和价格稳定，各地方政府发展粮食生产的积极性，在粮食直接补贴、良种补贴、农机购置补贴和农用生产资料综合价差补贴等基础上，国家应对商品粮基地增加以农田水利为重点的基础设施建设投入，加大对粮食流通设施建设的投入，增加仓容规模，并按照商品粮产量对地方财政给予更多的生产补偿，从而改善农业生产条件，提高抗御自然灾害能力。大力发展农业生产与提高农民收入，对农业系统的生态环境造成了一定的破坏，需采取保护生产基地的生态环境的政策与措施，以保证商品粮基地的可持续发展与粮食安全供给。进一步推进农业清洁生产方式，通过控制化肥、农药等化学物的过量使用，使用有机肥料、秸秆还田等提高土壤肥力的农业技术，采用新型农药与生物防治等防治措施，开发高产环保的新技术，增加土壤有机质含量，减少土壤污染，对此类保护生态环境的行为给予一定补贴或优惠政策。但为刺激粮食生产制定的补贴政策，对于生态保护和生态建设非常不利，需要在生产过程中对生产补贴与生态补偿进行合理地协调平衡补偿，既要保障我国粮食安全，又要维持或改善其生态安全。

（2）菜篮子基地补贴。菜篮子工程是为缓解我国副食品供应偏紧矛盾，解决市场供应短缺问题，建立了中央和地方的肉、蛋、奶、水产和蔬菜生产基地及良种繁育、饲料加工等服务体系，以保证居民一年四季都有新鲜蔬菜供应。为保障副食品的供给，需要在继续实施畜禽良种补贴政策的基础上，扩大品种补贴范围，增加设施蔬菜瓜果与畜牧业生产基地的基础建设投入，加大其流通储藏设施建设投入，按照其生产能力对地方与农民基于一定的生产补偿。同时，大力发展清洁生产方式，提高菜篮子食品的质量，保障其健康安全。在蔬菜瓜果生产过程中，减少使用化肥、农药等易造成环境污染的生产要素，积极使用有机肥、生物新型农药等环保生产资料与技术。在畜牧养殖业方面，采用新型环保技术对禽畜粪便进行无害化处理，降低生态环境污染。对于这些积极施行环保技术、提高产品安全质量的农民与企业给予一定的生态补贴补偿。同时，支持环保节能和放心食品绿色市场建设，支持大型农产品批发市场与连锁超市供应链对接工作；提高“菜篮子”产品生产用地征占补偿水平，加强城市郊区现有菜田和养殖区域保护；完善重大动物疫病扑杀补贴政策，健全重大动物疫病防控工作经费保障机制；增加渔政、渔港、渔船安全设施等建设投入；对批发市场、畜禽水产养殖用水用电价格，要严格执行国家规定的政策；加大对“菜篮子”产品实施标准化生产和认证的支持力度。对于积极推进相关此类环保措施地区的农业发展给予一定的政策优惠与补贴补偿，以保障我国副食品安全与健康的可持续供应。

反季蔬菜现代农业高效示范园

三、中国生态农业补偿体系框架设计

从整体效果来看，我国生态农业的补偿机制还不完善，远远落后于西方发达国家。因此，为促进我国生态农业的快速发展，必须尽快构建一套科学、合理的生态补偿体系和机制。生态补偿机制核心要素应包括补偿主体、对象、补偿范围、补偿标准及补偿模式。

（一）补偿对象及范围

1. 补偿主体

根据“受益者补偿”的原则，生态补偿的主体是生态环境建设与保护的受益者。按照可操作性原则农业生态补偿的主体应该包括：作为全民利益代表承担资源环境等公共产品保护职责的政府部门；依照规定或约定应当提供生态补偿资金、实物、技术或劳务等的社会组织；因环境保护而获益的农业生产者。政府是最主要的补偿主体。由于大型农业生态建设、保护性耕作技术推广、农业污染治理（如土壤修复工程）、退耕还林工程、退牧还草工程、退田还湖工程等行为涉及地域广，受益的不仅仅是某个区域，全国的整体生态环境都有可能得到改善，应以中央政府为主，结合地域政府共同补偿。为保护商品粮与菜篮子基地的可持

生态茶园

续发展，对于实行清洁农产品生产方式，建设国家层次和地方区域层次结合的生态生产基地，应从生产与生态补偿协调平衡的角度，实行由国家为主、地区政府为辅或地区政府为主、国家为辅的补偿方式。对发展绿色农产品与有机产品的农民和企业等，建立由政府与市场相结合的补偿机制。

2. 补偿客体

生态补偿的客体又称为补偿对象，是指因向社会提供生态服务或产品、使用生态农业技术、从事生态环境建设或保护而使收入受到不利影响、经济发展受到限制，应当得到补偿的地区、组织和个人。补偿客体可以有多种存在形式：生态环境建设者、实施生态农业生产的农户、水源区及自然保护区为保护当地生态环境而使发展权受到限制人群。从中国生态农业发展的角度考虑，补偿的客体包括为保护全国或地区生态环境而采取环保技术的地方政府、相关企业和直接参与生态农业的农民。

3. 补偿范围

生态补偿的范围是主体和客体权利义务共同指向的对象。从农业生态环境的构成要素来看，补偿范围包括对农业生态系统中的耕地、水域、森林、草原、湿地、生物多样性等诸多资源与生态环境的保护与增殖相关的行为。农业生态补偿的范围应该是有益于环境的行为，包括生态环境破坏的治理和预防。具体而言，农业生态补偿应该包含以下内容：一是对已遭受破坏的生态环境通过农业活动治理与恢复的行为给予补偿，包括退耕还林、退牧还草、生态移民等。二是对面临破坏威胁的生态环境进行预防与保护的行为给予补偿，包括化肥农药、重金属、

天然湿地

畜禽粪便、农用薄膜、作物秸秆等农业污染源减排行为以及保护性耕作、生态农业建设、小流域综合治理等。三是对农村清洁能源开发和利用给予补偿，包括农业废弃物的资源化再利用、沼气工程等能源的开发利用。四是对农业环保教育、生态技术与产品推广进行补偿。

（二）补偿标准

补偿标准的确定是农业生态补偿机制构建的核心和难点，它直接关系到农业生态补偿的科学性、可行性和实施效果。在生态补偿机制与政策研究中，如何确定补偿标准一直是备受学者普遍关注的热点和焦点问题。根据国际上生态农业成功实践案例，生态补偿标准的确定一般参照以下五方面的价值进行核算：生态保护者的投入和机会成本的损失，生态受益者的获利，生态破坏的恢复成本，生态系统服务的价值，支付能力与参与意愿。

1. 生态保护者的直接投入和机会成本

生态保护者为了保护生态环境，投入的人力、物力和财力应纳入补偿标准的计算之中。同时，由于生态保护者要保护生态环境，牺牲了部分的发展权，这一部分机会成本也应纳入补偿标准的计算之中。从理论上讲，直接投入与机会成本之和应该是生态补偿的最低标准。

2. 生态受益者的获利

生态受益者没有为自身所享有的产品和服务付费，使得生态保护者的保护行为没有得到应有的回报，产生了正外部性。为使生态保护的这部分正外部性内部化，需要生态受益者向生态保护者支付这部分费用。因此，可通过产品或服务的市场交易价格和交易量来计算补偿的标准。通过市场交易来确定补偿标准简单易行，同时有利于激励生态保护者采用新的技术来降低生态保护的成本，促使生态保护的不断发展。

3. 生态破坏恢复成本

资源开发活动会造成一定范围内的植被破坏、水土流失、水资源破坏、生物多样性减少等，直接影响到区域的水源涵养、水土保持、景观美化、气候调节、生物供养等生态服务功能，减少了社会福利。因此，按照谁破坏谁恢复的原则，需要通过环境治理与生态恢复的成本核算作为生态补偿标准的参考。

4. 生态系统服务价值

生态服务功能价值评估主要是针对生态保护或者环境友好型的生产经营方式所产生的水土保持、水源涵养、气候调节、生物多样性保护、景观美化等生态服务功能价值进行综合评估与核算。国内外已经对相关的评估方法进行了大量的研究。就目前的实际情况，由于在指标采用、价值估算等方面尚缺乏统一标准，且在生态系统服务功能与现实的补偿能力方面有较大差距，因此，一般按照生态服务功能计算出的补偿标准只能作为补偿的参考和理论上限值。

5. 支付能力和参与意愿

补偿标准的理论上限和下限确定以后，还要考虑补偿主体与补偿客体的支付能力和参与意愿，因为这直接影响到生态补偿能否顺利进行。依据农户放弃一定程度化肥、农药等化学物质的施用所带来的损失，测算出农户对农田生态环境补偿的支付意愿及额度，可将其作为确定生态补偿标准的一个参考。

参照上述计算，综合考虑国家和地区的实际情况，特别是经济发展水平和生态破坏程度，通过协商和博弈确定当前的补偿标准；最后根据生态保护和经济社会发展的阶段性特征，与时俱进，进行适当的动态调整。

（三）补偿方式

在WTO政策框架内，按照补偿实施主体和运行机制的差异，生态农业补偿模式分为政府补偿和市场补偿。基于政府的补偿即建立公共支付体系。基于市场的补偿支付模式有三类，即生态产品认证（生态标签）、市场贸易和一对一交易。从补偿实践的现实性、支付方式的有效性、生态产品的公共性视角出发，直接公共支付为最主要的支付模式，生态产品认证为最优先推广使用的市场支付模式，发展一对一交易和市场贸易支付模式作为今后完善补偿支付体系的重要途径。

1. 公共财政直接支付

公共财政直接支付是指以政府为补偿主体，直接向农村土地所有者或其他生态服务提供者进行补偿，实质是由政府购买生态系统服务并无偿提供给使用者。政府购买生态服务所需资金来自于公共财政资金、基金、国债和国际援助等。公共财政直接支付模式是政府补偿中常用的一种支付方式，依靠政府的强力推行，能够产生较大的规模效应，取得的生态、经济、社会效果都比较显著。目前我国已有的公共财政直接支付主要有财政转移支付、专项资金、生态农业补偿基金等。

（1）财政转移支付。财政转移支付是指以各级政府之间所存在的财政能力差异为基础，以实现各地公共服务的均等化为主旨而实行的一种财政资金或财政平衡制度，是最主要的区域补偿政策。把生态农业补偿资金纳入财政转移支付之中，并在现有基础上增加用于生态农业建设和保护的比重，可以提高地方生态建设和保护的能力，是一项合理有效的财政政策手段。

（2）专项资金。专项基金是政府各部门开展生态农业补偿的重要形式，国土、林业、水利、农业、环保等部门制定和实施了一系列计划，建立专项资金，对有利于生态保护和建设的行为进行资金补贴和技术扶助。例如我国最大的农业生态补偿项目——退耕还林项目，该项目由国家提供原粮和种苗费及生活补助，退耕还林项目期满后，国家还设立后续专项建设资金，用于巩固退耕还林成果。此外，退牧还草项目中草原围栏建设补助由中央专项拨款承担70%，地方和个人承担30%。为减少土壤流失和地表径流，2002年中央财政设立了保护性耕作专项资金，用于保护性耕作项目示范和推广等。

（3）生态农业补偿基金。农业生态补偿基金是为了弥补生态农业发展所需的财政资金不足而设立的基金。基金资金来源于四个途径：一是政府财政拨款，二是生态效应受益地、生态效应生产地政府间的横向转移支付，三是社会法人和自然人以及国外的捐赠和援助，四是基金本身运行取得的投资收益和利息收入。在基金的管理和使用上，可以参考民政部、财政部制定的基金管理办法进行，基金主要用于弥补农村生态环境建设投入的不足、农村新能源开发利用、农业生态补偿机制的研究等事项。

（4）其他补偿方式。主要包括实物补偿、技术补偿、税收优惠等。

2. 市场补偿支付

（1）生态产品认证。生态产品认证制度是当前国际通行的农产品质量安全管理手段，是指依据生态农产品标准和相应技术要求，经认证机构确认并通过颁发认证证书和认证标志来证明某一农产品符合相应标准和相应技术要求的制度。生态产品认证不是直接意义上的生态系统服务支付，但是居民通过消费以环境友好方式生产出来的产品，支付的价格高于一般产品的价格，超出部分的价格就相当于购买了附加在这类产品上的生态系统服务价值。

将生态产品认证作为最优先推广使用的市场补偿模式，主要原因在于：首先，我国生态产品认证发展基础良好。我国目前认证的生态农产品包括无公害农产品、绿色农产品、有机农产品，三种认证方式的渊源和发展历程各不相同，适用标准和认证规范程度也有一定差别。总的来说，无公害农产品处于农产品安全的基准线，绿色农产品是有中国特色的安全、优质、营养农产品，有机农产品是国际上公认的安全、环保、健康农产品，三种农产品认证均属于自愿性认证。其次，生态产品认证大众接受度高，受到消费者欢迎。

发展生态认证产品有两个关键点：一是建立能够获得消费者信赖的认证体系，二是认证产品消费市场的培育。因此，政府可以在以下三个方面有所作为：首先，要制定相关规则，完善认证体系，保证第三方认证机构的独立性；其次，要鼓励被补偿地区进行生态认证产品的生产，将生态优势转变为产品优势和产业优势；再次，要积极建立绿色消费体系，特别是鼓励政府绿色采购，以带动绿色消费市场的形成和发展。

（2）一对一交易。一对一交易也称私人交易，是指生态系统服务的受益方与支付方之间的直接交易。其特点是交易双方比较明确，只有一个（或少数）买方和一个（或少数）卖方，双方通过谈判确定交易的条件和价格，或通过中介（政府部门或非政府组织或者咨询机构）达成协议。一对一交易的前提是对环境资源有清晰的产权，并且双方谈判的交易费用较低，能够达成可操作性的合同。一对一交易模式较为灵活，一般不需要新的立法或调整已有的法律法规，只要卖方和买方经过协商便可以达成交易，适用性较强。

（3）市场贸易。市场贸易也称限额交易计划，类似于西方发达国家的排污权交易制度。政府或者管理机制为生态系统退化或一定范围内允许的破坏量设定一个界限，处于这些规定管理之下的机构或者个人可以直接选择通过遵守这一规定来履行自己的义务，也可以通过资助其他土地所有者进行保护活动来平衡损失所造成的影响。

市场贸易需要政府建设基础设施，包括市场硬件和市场交易制度、生态系统服务的标准化和认证等。市场贸易还需要政府降低交易费用，包括制定法律，规定生态系统服务为可交易商品，并为此制定相应的交易规则，提供生态系统服务计量认证和监测服务。市场贸易适用于生态系统服务市场中买方和卖方数量比较多或不确定，而提供的生态系统服务是能够被标准化为可计量的、可分割的商品形式，比如温室气体抵消量等，这些指标可以进入市场进行交易。目前，中国还不存在成型的市场贸易支付方式，需要进一步发展、开拓和试点。我国在排污交易制度方面的探索和实践可以为市场贸易支付方式的创建奠定基础。

（四）运行机制

农业生态补偿是在政府主导下，综合运用资金补偿、实物补偿、政策补偿、技术和智力补偿等补偿手段，将公共资金和市场资金补偿给从事生态农业的生产者。下图以政府和生产者作为补偿的主体和客体，说明生态农业补偿的运行机理和运行过程。

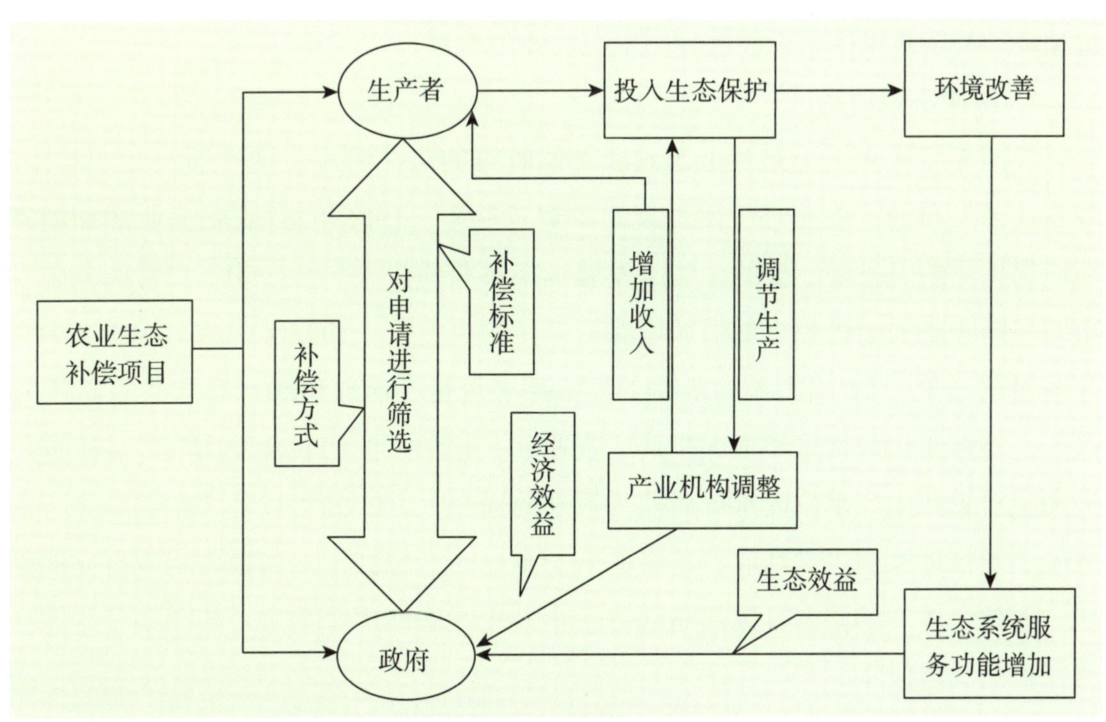

农业生态补偿运行机制

在生态农业补偿项目实施过程中，首先是作为补偿主体和客体的政府和生产主体签订相关合同，明确各自的权利和义务，生产者按照合同规定履行生态保护的职责，例如改变土地利用方式、调整生产结构、改变生产方式等，生态环境因此得到改善。政府则按照一定标准和方式支付补偿费，补偿生产者用于生态保护投入和改变土地利用方式减少的收入。生产者在补偿资金及其他补偿方式的支持下，逐步实现了产业结构调整，提高了自身的收入水平，同时加快了地方经济的发展。此时，生产者对补偿的依赖性降低，更多地依靠替代产业的发展增加经济收入。因此，适宜的生态补偿项目的实施，可以在项目区形成既具有生态效益又具有经济效益的良性循环。对于政府来说，其补偿支付既有利于国家的生态安全，也有利于地方经济的发展，对生产者来说，既改善了生产和生活环境，也增加了经济收入，政府和生产者的利益都得到了满足。

（五）支撑体系

生态农业除具有经济特性外，还具有生态特性，其较强的外部性和公共物品属性决定了我国生态农业的发展需要政府提供外部保障，运用宏观调控功能，构建完善的补偿政策体系，促进我国生态农业的发展。

1. 法律法规体系

我国先后颁布了一系列生态农业补偿政策的法律法规、文件等，如1980年5月农业部发布的《农业环境保护规划设想意见》，1985年3月农牧渔业部和国家环境保护局向国务院上报的《关于发展生态农业的报告》，1990年12月国务院发布的《国务院关于进一步加强环境保护工作的决定》，1995年中共十四届五中全会通过的《关于制定国民经济和社会发展“九五”计划和2010年远景目标的建议》，1997年10月国家环境保护局、农业部、化学工业部联合发出的《关于进一步加强对农药生产单位废水排放监督管理的通知》，2005年12月《中共中央、国务院关于推进社会主义新农村建设的若干意见》，中共十八大报告将生态文明纳入“五位一体”的国家发展战略部署，中共十八届四中全会进一步明确了生态环境保护的法制保障。

但是，目前我国还没有专门的《生态农业补偿条例》，已颁布的《中华人民共和国环境保护法》中也没有对生态农业补偿做出具体规定。虽然一些法律法规、文件中涉及了生态农业补偿问题，但缺乏配套的下位法，大部分涉及农业和农村生态环境保护与建设的法律法规，没有对利益主体做出明确的界定和规定。要深化产权制度改革，明确界定林权、草原承包经营权、水权，完善产权登记制度，为规范实施生态补偿奠定基础；要建立和完善环境保护和生态农业补偿机制相关的法律法规体系，建议国务院研究制定《农业生态补偿条例》，鼓励和指导地方出台规范性文件或地方法规，不断推进农业生态补偿的制度化和法制化。

2. 绿色核算制度

GDP 指的是一国（或地区）一年以内在其境内生产出的全部最终产品和劳务的市场价值总和。现在常说的绿色国民经济核算，又称为综合经济与资源环境核算，核心指标是绿色GDP，即在国内生产总值中扣除自然资源的损失额和治理环境污染相应的资金额。即绿色GDP=传统GDP-（生产过程全部资源耗竭+生产过程全部环境污染+资源恢复过程全部资源耗竭+资源恢复过程全部环境污染+污染治理过程全部资源耗竭+污染治理过程全部环境污染+最终使用全部资源耗竭+最终使用全部环境污染）+（资源恢复部门全部新创造价值+环境保护部门全部新创造价值）。

因此，为了有效推进资源节约型、环境友好型社会建设，实现经济增长、社会进步和环境保护的三赢目标，我国建立绿色国民经济核算制度刻不容缓，目前国家正进一步加快对绿色国民经济核算理论与方法的研究，拟建立科学、完整的资源环境统计指标体系，并在此基础上，重点研究如何利用绿色国民经济核算结果来制定相关的污染治理、环境税收、生态补偿、领导干部绩效考核制度等环境经济管理政策。但由于技术和体制障碍，考核制度变革的阻力和难度会很大，绿色考核制度的最终确立将是一个漫长的过程。今后政策完善的任务是以中共十八大文件和相关政策法规为依据，应用可持续发展、循环经济和环境保护的理论与原则，坚持不懈地逐步将我国考核政策和制度绿色化。

今后，要在吸取经验教训的基础上，稳步推进绿色 GDP 国民经济核算体系建设。生态农业是绿色GDP的基础，生态农业系统建设应该树立绿色GDP的理念。首先，加强农业环境监测体系建设。其次，随着经济和技术进步，逐步改进和完善核算框架和技术方法，构建具体的指标体系来反映农业发展与其付出的环境资源代价。第三，加强对农业系统干部和技术人员的教育和培训，提高其对绿色GDP的认识以及重视程度。

3. 管理运作体系

生态农业补偿机制的有效运行，有赖于建立健全组织管理体系。第一，建立协调机制。目前，我国的生态农业补偿和环境管理分别涉及环保、发改委、农业、林业、国土、水利等部门，并且这种部门分头管理的格局短期内难以有根本性变化，因此可以首先考虑建立领导小组协调机制和联席会议制度，负责生态农业补偿政策的协调和衔接。第二，明确政策实施管理主体。各级农业管理部门要根据补偿政策的目标定位和预先设计的运行机制，组织实施具体的补偿工作，包括政策执行的监测、监督、反馈，政策实施效果评价研究以及环境及经济影响研究等。第三，搭建信息管理和共享平台。建立国家生态农业网络信息系统与大数据平台，提高生态农业管理效率，优化补偿资源配置；建立投诉受理机制，对不合理、不合法的行为进行行政处理。

4. 监管督查机制

农业主管部门要与其他相关部门紧密协作，加强监督检查。首先，要把生态补偿监管作为农业执法的重要内容。其次，要加强对农业执法人员生态补偿政策与制度培训，提高业务素质和执法能力。第三，农业财务主管部门应强化对生态农业项目资金的监管，确保项目资金安全运行，充分发挥项目投资效益。第四，建立评价和责任追究制度，将农业生态补偿机制建设工作纳入政府的绩效考核。

5. 公众参与制度

针对公众农业生态环境保护意识薄弱，对生态补偿重要性的认识不到位，要加大宣传教育力度，充分利用广播、电视、网络等媒介，加强生态农业相关法律法规及有关政策的宣传力度，调动广大农牧民主动参与环境保护建设的积极性。同时，建立广大群众参与机制，鼓励成立自下而上的志愿组织，让广大公众有知情权、监督权，对补偿资金分配不公等现象，进行举报监督，保障生态补偿制度的公开、公正和公平。

第十章
中国生态农业的保障体系

如何通过社会管理激励人们开展生态农业建设和有效制止破坏生态环境，对于实现农业的整体生态转型显得十分重要。农业生态转型能否顺利推进，既涉及技术问题，更涉及社会管理问题，与人的道德责任感、公众的自愿自觉程度、政府政策导向是否明确、法律制度是否严明、标准体系是否健全等都有密切关系。

一、深化体制机制创新

在中国生态农业建设中，需要建立红线制度、绿色清单制度和认证考核制度。在管理方法上需要加强横向协同、纵向权责分担、重视民间积极性的发挥。

（一）强化红色底线

政府要制定保护生态环境的红色底线制度。农业经营者有义务遵守红色底线。粮食补贴、农机补贴、菜篮子补贴、生猪补贴等经济措施，要与农业生产经营者是否遵守红线挂钩。对于严重违规者要依法严惩。

农机补贴应与保护生态环境的红色底线挂钩

（二）建立绿色清单

政府要尽快制定和发布现代生态农业绿色清单，对于采纳绿色清单的农业生产经营者给予补贴、奖励和税收贷款优惠政策，对采纳了绿色清单但还没获得生态认证的产品给予过渡期标签。

（三）完善生态认证

生态认证应当采用自愿形式，对于能够获得生态农业认证的产品、企业及个人，政府要补贴认证费用，实行优质优价，鼓励优先上市，并给予生产经营者一定的税收减免、展销补贴、贷款优惠等政策。

（四）加强横向协同

我国生态农业建设中要建立能够统筹协调农业、林业、水产、畜牧、国土、水利、环保、财政、卫生等部门的机构和机制，保障政策的协调性和行动的一致性，形成生态农业建设的合力。

（五）明确纵向责权

全国人大、国务院主要负责现代生态农业的基本方向、基本原则和基本制度及法律法规建设。

各省（直辖市、自治区）负责制定红线与绿色清单具体实施细则和办法，把政策原则具体化。各县级和县以下行政部门因地制宜选择适合当地的相关措施，并负责落实和执行。

（六）重视民间作用

各级政府要重视发挥民间组织积极性，鼓励自愿者行动，在全社会营造“我要做”“我要参与”的良好氛围。建立第三方生态农业评估机制，充分发挥中介组织的作用。

二、完善法律法规制度

（一）加快相关法律法规制定

我国现代生态农业建设迫切需要健全法律法规体系，加强法律约束和制裁。健全法律法规制度要克服生态农业建设只靠项目和技术的两个误区，借鉴美国、日本、欧盟成员国等发达国家的经验，适时制定《中华人民共和国生态农业法》《全国生态农业发展纲要》。尽快制定发布《农业清洁生产条例》《耕地质量保护条例》《农田保护与农业生态补偿制度》《资源利用与污染物排放的许可证制度》等。

（二）强化监管体系建设

完善绿色、有机产品等生态产品的认证制度。要规范绿色、有机等生态产品的认证市场，加强认监委等相关部门对相关认证机构的监管，采取市场退出机制，加强认证机构的权威性，通过政府调控和市场调节，降低认证的成本和费用。完善绿色产品、有机产品等生态产品种植的监管体系，形成认证机构、当地管理部门监管和农户自我约束的多重监督体系。

（三）加强执法监督与管理

采用专群结合、现代技术与传统手段结合的方法，创新执法监督与管理模式。增加县市、乡镇监督与执法力量，培训一批熟悉生态农业法律法规的执法人员，让群众有充分的知情权和监督权，建立和完善群众在农村依法举报的渠道与机制。

三、加大财税政策扶持

生态农业具有成本高、投入大、规模小、回报慢、公益性强等特点，急需加大财税政策扶持力度。

（一）建立农业生态补偿的制度

加大退耕还林、草原生态奖补、生态公益林等生态工程的补偿力度。对生态友好型的生产方式进行补贴和补偿。例如：对有机肥生产及使用、秸秆和粪便资源化利用、农膜回收进行补偿，对节水、节能、节肥、再生能源、污水处理等技术推广应用等实施技术补贴。

（二）加大生态农业项目建设的投入

建立现代生态农业综合示范区专项资金，开展国家级现代生态农业示范区的综合示范，重点开展资源节约与替代示范区建设、环境问题治理示范区建设、健康食品生产的示范区建设和综合性示范区建设等，探索适合我国国情的各具特色的生态农业建设模式。设立现代生态农业发展财政预算专项并确保资金逐年增加，加快推进我国现代生态农业的战略转型。继续扩大农村清洁工程建设规模和实施范围，启动农田氮磷生态拦截工程。设立现代生态农业创新科技专项，为现代生态农业建设提供科技支撑。

四、强化科技创新与推广

（一）加强生态农业的科学研究

重点开展农区景观布局研究，包括农区自然植被的效应研究、作物镶嵌布局的效应研究、预防工交污染对农业影响的布局研究、农区景观布局推荐标准研究等。开展农业循环体系研究 ，包括秸秆与禽畜粪便循环利用研究、规模经营条件下的循环途径研究、城乡垃圾的农业利用方式与风险评估等。开展农业生物多样性利用研究，包括有益微生物在养殖业和种植业中的筛选与应用研究、间套作机械研究、田间覆盖的效用研究等。开展资源减量与替代技术研究，包括环境安全的饲料添加剂研究、化肥使用上限研究等。开展农业污染治理技术研究，包括污染土地的修复与利用策略研究、农田污染物减量与污染处理技术研究、养殖业污染物减量与污染处理技术研究。开展农业生态转型的配套经济措施与法律规范研究。

农区景观

（二）加强生态农业技术示范推广

加快推广生态农业技术和模式，重点主推生态农业的标准化生产技术、绿色食品和有机食品技术规范等配套技术，继续加大测土配方施肥、病虫害综合防治、高效低毒低残留农药使用、氮肥减量化、农作物秸秆和规模畜禽养殖场畜禽排泄物资源化利用、农村清洁能源利用等技术的推广力度。有针对性地在结构与功能上充分利用生物多样性，并对产生的废弃物实施循环利用，在技术上尽量采

农作物秸秆资源化利用

纳资源节约型技术、污染防控技术和生态修复技术，根据不同区域农业发展特点，选建一批生态农业示范区、示范农业企业、示范家庭农场、示范农业合作社，争取在3～5年内形成生态农业模式结构与配套技术的规范，并在当地加以推广。

五、重视人才培养教育

（一）建立完善现代生态农业教育培训体系

适当增加九年义务教育农业生态的内容，以中等和高等农业教育体系为依托培养大批农业生态教育、科研、推广和生产经营骨干。充分发挥各类教学培训机构以及电视媒体等方面的作用，对广大领导干部、技术人员、农业企业、在校学生、社会大众和一线农民进行广泛培训。培训途径和方法包括举办各类学历教育的学校，进行非学历教育的各类短训班和大众传媒公益宣传。

现场培训

（二）健全基层推广站培训制度

国家要加大基层推广人员生态农业培训力度。各基层推广机构也要针对当地骨干农民与农业企业人员每年召开一定数量的生态农业培训工作，大力提升有关人员对农业生态转型的主要理论与实践方式、政策与措施的理解。同时，也要倾听各地农业生态转型的经验教训和实际问题，通过讨论和研究，及时总结经验，解决问题。

（三）加强生态农业培训教材建设

各地高等农业院校、中等农业技术学校、农业广播电视学校以及省与县一级农业推广部门要尽快建立生态农业培训教材与培训队伍。生态农业培训要重点强化农业生态环境问题及其成因分析、生态农业建设的模式与技术体系、区域的典型生态农业模式、实用生态农业技术体系（资源节约型技术、资源替代技术、环境污染治理技术、绿色有机生产技术）、我国生态农业建设相关的政策措施与法律制度、有机食品和绿色食品生产规程与认证方法等方面的内容。有关农业与农村的广播、电视、报纸、网络等媒体的宣传也应当更经常性地报道与上述内容有关的动态，形成农业生态转型良好的宣传与教育氛围。

六、培育生态产品市场

（一）建立产品市场

建立“生态农户”或“生态农业企业”的认证制度。根据生产方式和使用的生产资料等情况，把生态环境友好的农产品划分为有机农产品、转换期有机农产品、无农药农产品、节水农产品、节能农产品等不同类型的产品，并给予相应证书。将无公害农产品和绿色食品归并为化学投入品减量生态农产品。有关“生态农户”“生态农业企业”和“生态环境友好农产品”一旦获得认证，不仅可以获得政府有关补贴，银行低息或无息贷款，还可以在出售的农产品上贴出标签，让消费者有一个知情权和选择权。

（二）引导绿色消费

加强消费引导，让消费者知道生态产品并愿意进行绿色消费。加强报纸、广播、电视等传统媒体以及网络信息等新型传播媒介宣传生态产品的力度，重点建立生态生产者与绿色消费者的直接沟通渠道，让用户亲自了解农场的生态实践，亲身感受农场的自然环境，为农场和农场产品获得消费者信赖，形成产品直销模式。创新生态产品展销方式，以地方特色生态食品为主，让生产者与消费者直接见面、直接沟通，引导消费者绿色消费。

引导绿色消费

（三）建立诚信制度

针对认证机构标签发放控制不严格、市场有假冒伪劣贴牌产品等现象，尽快健全认证制度和市场监管制度，确保市场公平竞争、企业诚信自律，强化信用约束，维护交易安全，扩大社会监督。颁布生态产品认证收费参考标准，建立产品溯源制度，加强市场生态产品的直接抽检和群众监督相结合的制度，建立生产者的责任追究体系和市场信誉体系。

（四）加强舆论监督

充分利用社会舆论工具的监督功能，促进生态产品市场的健康发育。加大“3·15”消费者权益日和负面质量安全事故的报道力度，加强舆论监督力度，促进政府执法和生产企业整改。充分发挥现代网络手段和新媒体在食品安全等方面的评论监督作用，将所有参与农业生态产品生产、运输、加工、销售供应链的从业人员置于舆论监督之中，有效遏制和减少生态农业发展的失范。

主要参考文献

丁毓良，武春友. 2007. 生态农业产业化内涵与发展模式研究[J]. 大连理工大学学报（社会科学版）（4）：24 ~ 29

才让卓玛. 2013. 中草药添加剂在养猪生产中的应用[J]. 养殖与饲料（10）：32 ~ 34

万军，张惠远，王金南，等. 2005. 中国生态补偿政策评估与框架初探[J]. 环境科学研究，18（2）：1 ~ 8

习近平. 2007. 走高效生态的新型农业现代化道路[N]. 人民日报，03-21

马世骏，王如松. 1984. 社会—经济—自然复合生态系统[J]. 生态学报（4）：5 ~ 8

马世骏，李松华. 1987. 中国的农业生态工程[M]. 北京：科学技术出版

王飞，蔡亚庆，仇焕广. 2012. 中国沼气发展的现状、驱动级及制约因素分析[J]. 农业工程学报，28（1）：184 ~ 188

王从连，张孝斌，张建，等. 2012. 有机茶园间作混养模式下经济效益分析[J]. 茶叶科学技术（1）：9 ~ 11

王世群. 2010. 美国农业环境保护政策及其借鉴[J]. 环境保护（17）：64 ~ 65

王立刚，屈锋，尹显智，等. 2008. 南方“猪—沼—果”生态农业模式标准化建设与效益分析[J]. 中国生态农业学报，16（5）：1283 ~ 1286

王兆骞. 2001. 中国生态农业与农业可持续发展[M]. 北京：北京出版社

王如松，蒋菊生. 2001. 从生态农业到生态产业——论我国农业的生态转型[J]. 中国农业科技导报（5）：9

王金秀，郑志冰. 2007. 促进生态农业的财政支出政策研究[J]. 农业经济（3）：62 ~ 64

王金霞，仇焕广，白军飞，等. 2013. 中国农村生活污染与农业生产污染：现状与治理对策研究[M]. 北京：科学出版社

王钦敏. 2004. 建立补偿机制保护生态环境[J]. 求是（13）：55 ~ 56

王强，2001. 论二十一世纪我国农产品加工科技创新体系[J]. 中国食物与营养（1）：9 ~ 10

王强. 2001. 我国农产品加工质量标准体系发展现状、重点及对策[J]. 中国农业科技导报

（6）：7 ~ 9
王嘉学，明庆忠，杨世瑜. 2005. 云南乡村生态旅游发展地域模式初步研究[J]. 生态经济（1）：96 ~ 97
井焕茹，井秀娟. 2013. 日本环境保全型农业对我国农业可持续发展的启示[J]. 西北农林科技大学学报，13（4）：93 ~ 97
中国农业气候区划协作组. 1985. 中国农业气候区划[M]. 北京：农业出版社
中国科学院自然区划工作委员会. 1959. 中国气候区划[M]. 北京：科学出版社
毛显强，钟瑜. 2002. 生态补偿的理论探讨[J]. 中国人口·资源与环境（4）：38 ~ 42
文灵清，庞新华，郭丽梅. 2013. 柑橘生态果园建设及配套栽培技术[J]. 中国热带农业，50（1）：31 ~ 34
文佳筠. 2010. 环境和资源危机时代农业——古巴、朝鲜和美国农业的启示[J]. 开放时代（4）：34 ~ 45
孔令英. 2012. 产业生态补偿研究[J]. 科技经济市场（8）：28 ~ 31
石永亮. 2013. 蒙古国草原畜牧业放牧模式分析与借鉴[J]. 原生态民族文化学刊，5（2）：21 ~ 25
叶谦吉. 1998. 生态农业[M]. 重庆：重庆出版社
田光金. 2007. 林药间作生产模式的优势与推行策略[J]. 现代农业科技（1）：103 ~ 104
乐波. 2006. 欧盟“多功能农业”探析[J]. 华中农业大学学报（社会科学版），62（2）：31 ~ 34
冯耀宗. 1986. 从胶茶群落的可喜成果看多层多种人工群落在热区开发中的意义[J]. 中国科学院院刊（3）：250 ~ 253
毕于运，王道龙，高春雨，等. 2008. 中国秸秆资源评价与利用[M]. 北京：中国农业科学技术出版社
朱立志. 2013. 对新时期我国生态农业建设的思考[J]. 中国科学院院刊（5）：322 ~ 327
任晓鸿，张梅，任晓燕. 2014. 美国农业经济可持续发展研究[J]. 世界农业（2）：27 ~ 30
任景明，喻元秀，王如松. 2009. 中国农业政策环境影响初步分析[J]. 中国农学通报，25（15）：223 ~ 229
全国生态农业示范县建设专家组. 2001. 发展中的中国生态农业[M]. 北京：中国农业科学技术出版社
全国农业区划委员会. 1981. 中国综合农业区划[M]. 北京：农业出版社
庄文忠. 2008. 尽快建立《农业投入法》[N]. 农民日报，03-11

刘芳，雷海霞，王英，等. 2010. 我国免耕技术的发展及应用[J]. 湖北农业科学，49（10）：2557 ~ 2562

刘亭. 2014. 我国农业科技创新发展现状、问题及对策探索[J]. 现代经济信息（17）：381 ~ 382

刘彦随，吴传钧. 2001. 国内外可持续农业发展的典型模式和途径[J]. 南京师大学报：自然科学版，24（2）：119 ~ 124

刘新波，孙江，燕天. 2004. 北方林药间作的集中模式[J]. 黑龙江科技信息（12）：134

衣保中，闫德文. 2006. 日本农业现代化过程中的环境问题及其对策[J]. 日本学论坛（2）

孙贝烈，陈丛斌，刘洋. 2008. 北方“四位一体”生态农业模式标准化结构设计[J]. 中国生态农业学报，16（5）：1279 ~ 1282

孙宝鼎，刘佳. 2013. 德国农业生态补偿及其对农业环境保护作用[J]. 世界农业（7）：99 ~ 101

严立冬，田苗，何栋材，等. 2013. 农业生态补偿研究进展与展望[J]. 中国农业科学，46（17）：3615 ~ 3625

李大胜，杜金沛. 2010. 我国农业科技人才的基本现状与高等农业院校发展的趋势性方向研究[J]. 高等农业教育，4（4）：3 ~ 6

李小云，靳乐山，左停. 2007. 生态补偿机制：市场与政府的作用[M]. 北京：社会科学文献出版社

李文华，刘某承，闵庆文. 2012. 农业文化遗产保护：生态农业发展的新契机[J]. 中国生态农业学报，20（6）：663 ~ 667

李文华，闵庆文，张壬午. 2005. 生态农业技术与模式[M]. 北京：化学工业出版社

李文华，赖世登. 1994. 中国农林复合经营[M]. 北京：科学出版社

李文华. 2003. 生态农业——中国可持续农业的理论与实践[M]. 北京：化学工业出版社

李文华. 2004. 我国生态农业面临的机遇与挑战[J]. 中国生态农业学报（1）：2 ~ 3

李文华. 2008. 农业生态问题与综合治理[M]. 北京：中国农业出版社

李伟娜，张爱国. 2013. 美国发展生态农业的成功经验[J]. 世界农业（1）：92 ~ 94

李应中. 1997. 中国农业区划学[M]. 北京：中国农业科技出版社

李纯湘，李若云，马发展. 2004. 日本农民协会的考察与启示[J]. 中国财政（12）：58 ~ 59

李金才，张士功，邱建军，等. 2008. 我国生态农业模式分类研究[J]. 中国生态农业学报，16（5）：1275 ~ 1278

李显军，刘建华，张慧. 2013. 我国有机农业发展模式、成效与对策研究[J]. 农产品质量安全

（2）：58～61

李选统，卢维盛，李谦，等. 2011. 土壤重金属污染的修复[J]. 现代农业科技（24）：295～297

李娟，彭金灵，康娟，等. 2012. 胶园间作研究的现状、存在的问题及未来研究方向[J]. 热带农业科学，32（4）：22～28

李隆，李晓林. 2000. 小麦大豆间作条件下作物养分吸收利用对间作优势的贡献[J]. 植物营养与肥料学报，6（2）：140～146

李韶文. 2014. 农产品冷链物流迎来黄金发展期[N]. 国际商报，01-20

杨丽. 2002. 国际有机农业运动联盟及其标准[J]. 中国标准化（10）：56～58

肖焱波，李隆，张福锁. 2005. 小麦/蚕豆间作体系汇总的中间相互作用及氮转移研究[J]. 中国农业科学，38（5）：965～973

吴文良，孟凡乔. 2001. 国际有机农业运动及我国生态产业发展探讨[J]. 中国蔬菜（3）：3～7

吴文良. 2000. 我国不同类型区生态农业县建设的基本途径与典型模式[J]. 生态农业研究，8（2）：5～9

吴洁平. 2010. 美国实施农业可持续发展战略经验借鉴[J]. 统计与决策（23）：151～153

邱建军，李金才，李哲敏，等. 2008. 我国生态农业标准体系基本框架探讨[J]. 中国生态农业学报，16（5）：1263～1268

汪洁，马友华，栾敬东，等. 2011. 美国农业面源污染控制生态补偿机制与政策措施[J]. 农业环境与发展（28）：127～131

沈亨理，康晓光，张伟东. 1993. 中国农业现代化与发展阶段的生态经济分析[J]. 生态农业研究（2）：15～26

张灿强，金书秦. 2014. 做好中国农业面源污染监测管理与负荷评估工作的探讨[J]. 环境污染与防治（4）：102～105

张珂垒，蒋和平，相一华. 2009. 美国构建发展现代农业的政策体系及其对中国的启示[J]. 世界农业（8）：29～33

张银虎. 2012. 林药间作大有可为[J]. 内蒙古林业调查设计，35（2）：110～111

张福锁. 2009. 中国主要作物施肥指南[M]. 北京：中国农业大学出版社

张蕊，路正南. 2007. 我国农业科技进步贡献率的测段与分析[J]. 安徽农业科学，35（18）：5620～5621，5652

陈阜. 2011. 农业生态学[M]. 北京：中国农业大学出版社

陈秋红，蔡玉秋. 2010. 美国农业生态环境保护的经验及启示[J]. 农业经济（1）：12～14

陈倩，梁志超，谢焱，等. 2010. 绿色食品标准体系的建立与发展[J]. 中国标准化（4）：38 ~ 40

陈彬. 2008. 欧盟共同农业政策对环境保护问题的关注[J]. 德国研究，23（2）：41 ~ 45

罗芳，徐丹. 2010. 资源消耗农业的可持续经营——日本有机农业发展对中国的借鉴[J]. 安徽农业科学，38（5）：2613 ~ 2615

罗其友，唐华俊，陶陶，等. 2009. 我国农业功能的地域分异与区域统筹定位研究[J]. 农业现代化研究，30(5)：519 ~ 523

金立志. 2013. 国外饲料添加剂的研发与创新点[J]. 中国饲料添加剂，136（10）：1 ~ 27

金京淑. 2010. 日本推行农业环境政策的措施及启示[J]. 农业环境，173（5）：60 ~ 64

金钟范. 2005. 韩国亲环境农业发展政策实践与启示[J]. 农业经济问题（3）：73 ~ 78

周小萍，陈百明，卢燕霞，等. 2004. 中国几种生态农业产业化模式及其实施途径探讨[J]. 农业工程学报，20（3）：296 ~ 300

周玉新，唐罗忠. 2009. 日本农业环保政策对我国的启示[J]. 环境保护（21）：68 ~ 70

庞中英. 2002. 全球化、反全球化与中国[M]. 上海：上海人民出版社

郑度，杨勤业，吴绍洪，等. 2008. 中国生态地理区域系统研究[M]. 北京：商务印书馆

房用，慕宗昭，蹇兆忠，等. 2006. 林药间作及其前景[J]. 山东林业科技，164（3）：101

赵华，郑江淮. 2007. 从规模效率到环境友好[J]. 经济理论与经济管理，7：71 ~ 75

赵其国. 2003. 现代生态农业与农业安全[J]. 生态环境，12（3）：253 ~ 259

赵艳红. 2012. 土壤重金属污染的生物修复技术研究进展[J]. 吉林农业，265（3）：225 ~ 226

胡启兵. 2007. 日本发展生态农业的经验[J]. 经济纵横，11：64 ~ 66

段宁，孙启宏，傅泽强，元炯亮，等. 2004. 我国制糖（甘蔗）生态工业模式及其典型案例分析[J]. 环境科学研究，17（4）：29 ~ 36

闻海燕. 2011. 韩国生态农业发展政策实践与启示——韩国全罗南道考察报告[J]. 中国乡镇企业（10）：75 ~ 77

姚昌恬. 2006. 中国林业计财工作“十五”回顾与“十一五”展望[J]. 林业经济（3）：10 ~ 16

贺学礼. 2001. 以色列的现代化农业[J]. 干旱地区农业研究（2）：18 ~ 22

贺峰，雷海章. 2005. 论生态农业与中国农业现代化[J]. 中国人口·资源与环境（2）：23 ~ 26

骆世明. 2007. 传统农业精华与现代生态农业[J]. 地理研究，26（3）：609 ~ 615

骆世明. 2009. 论生态农业模式的基本类型[J]. 中国农业生态学报，17（3）：405 ~ 409

骆世明. 2009. 农业生态学[M]. 北京：中国农业出版社

骆世明. 2010. 生态农业的模式与技术[M]. 北京：化学工业出版社

骆世明. 2010. 论生态农业的技术体系[J]. 中国生态农业学报，18（3）：453 ~ 457

秦玉才. 2011. 流域生态补偿与生态补偿立法研究[M]. 北京：社会科学文献出版社

秦庆武. 2013. 树立人与自然平等的价值观[N]. 大众日报，03-10

袁晓丽，吴浩，郑良永. 2012. 农业清洁生产发展研究[J]. 我国热带农业（48）：84 ~ 87

贾继文，陈宝成. 2006. 农业清洁生产的理论和实践研究[J]. 环境与可持续发展（4）：1 ~ 4

夏训峰，吴文良，王静慧. 2003. 绿色品牌经营——发展生态农业产业化的重要战略[J]. 世界农业（3）：4 ~ 6

钱永忠，魏启文. 2005. 中国农业技术标准发展战略研究[M]. 北京：中国标准出版社

徐玉宏. 2003. 我国农膜污染现状和防治对策[J]. 环境科学动态（2）：10

翁伯琦，黄毅斌，应朝阳，等. 2006. 红壤山地生态果园开发及成效分析[J]. 中国农学通报，22（12）：465 ~ 470

翁伯琦. 2010. 农田秸秆菌业与循环利用技术研究[M]. 福州：福建科学技术出版社

高旺盛. 2009. 农业宏观分析方法与应用[M]. 北京：中国农业出版社

高峻，赵远艳，杨柳霞，等. 2011. 茶园间作食用菌实验初报[J]. 中国茶叶（9）：22 ~ 23

高谋洲. 2008. 乡村旅游发展与乡村文化建设关系探析[J]. 商业时代（15）：87 ~ 89

郭玉杰. 2014. 农产品绿色物流组织模式探析[J]. 企业科技与发展（6）：7 ~ 8

郭伦发，王新桂，何金祥，等. 2005. 广西岩溶峰丛洼地生态果园的建设及其效应[J]. 亚热带农业研究，1（1）：53 ~ 57

唐浩. 2010. 农业面源污染控制最佳管理措施体系研究[J]. 人民长江，41（17）：54 ~ 57

姬亚岚. 2009. 多功能农业的产生背景、研究概况与借鉴意义[J]. 经济社会体制比较（4）：157 ~ 162

龚迎春，罗静. 2013. 主体功能区引领下的农业生态区农业发展模式比较研究[J]. 河南师范大学学报（哲学社会科学版），40（6）：40 ~ 43

崔丽. 2014. 农产品加工副产物损失惊人 综合利用效益可期[N]. 农民日报，08-09

章明奎，李建国，边卓平. 2005. 农业非点源污染控制的最佳管理实践[J]. 浙江农业学报（17）：244 ~ 250

章家恩. 2010. 农业循环经济[M]. 北京：化学工业出版社

梁洪. 2009. 向传统产业高污染说“不”——生态工业贵港模式优化区域发展[J]. 环境保护，12（24）：60 ~ 62

葛体达，宋世威，黄丹枫. 2011. 荷兰生态（有机）农业对上海农业发展的借鉴[J]. 农业环境与发展（4）：70 ~ 77

葛颜祥，梁丽娟，接玉梅. 2006. 水源地生态补偿机制的构建与运作研究[J]. 农业经济问题（9）：22 ~ 27

蒋高明. 2001. 中国生态环境危急[M]. 海口：海南出版社

覃建中. 2009. 茶园间作甘蔗的效益分析及其技术[J]. 广西热带农业，121（2）：33 ~ 34

喻锋. 2012. 日本环境保全性农业概况[J]. 国土资源情报（1）：25 ~ 28

焦翔，穆建华，刘强. 2009. 美国有机农业发展现状及启示[J]. 农业质量标准（3）：48 ~ 50

谢祖琪，刘建辉. 2009. 发展秸秆气化技术是我国秸秆能源化利用的有效途径[J]. 当代农机，25（9）：11 ~ 13

蒲艳萍. 2001. 生态农业产业化是西部农业发展的必由之路[J]. 经济问题探索（3）：118 ~ 120

裘元伦. 2003. 欧洲共同农业政策改革[J]. 求是（8）：57 ~ 59

翟继辉，周慧秋. 2013. 黑龙江省农作物秸秆能源化利用现状、存在问题及对策研究[J]. 东北农业大学学报：社会科学版，11（1）：20 ~ 24

熊文强. 2002. 绿色环保与清洁生产概论[M]. 北京：化学工业出版社

樊菲，周美华. 2004. 实现秸秆工业原料资源化利用[J]. 中国资源综合利用（4）：13 ~ 17

滕应，李秀芬，潘澄，等. 2011. 土壤及场地持久性有机污染的生物修复技术发展及应用[J]. 环境监测管理与技术，23（3）：43 ~ 46

穆月英. 2008. 中国农业补贴政策的理论及实证分析[M]. 北京：中国农业出版社

Delate K. Organic Agriculture in Iowa. Iowa State University. Depts. of Horticulture & Agronomy. 06 Horticulture Hall. Ames，Iowa 5001，USA

Eric Holt-Gimenez. 2006. Movimiento Campesino a Campesino–Lingking Sustainable Agriculture and Social Change[J]. Backgrounder，12（1）：1

FAO. 2013. SAFA Tool：User Manual beta version 2. 1. 50[S]

FAO. 2013. Sustainability Assessment of Food and Agricultural Systems–Guidelines[S]

Linana Hoodes，Michael Sligh. 2010. National Organic Action Plan. From the Margins to the Mainstream：Advancing Organic Agriculture in the U. S.，Rural Advancement Foundation International – USA

Marshall E J P. 2002. Introducing field margin ecology in Europe[J]. *Agriculture*，*Ecosystems & Environment*，89（1）：1 ~ 4

Mclsaac G，Edwards W R. 1994. Sustainable agriculture in the American Midwest：lessons from the past，prospects for the future [M]. Urbana（IL）：University of Illinois Press

Minnesota Department of Agriculture. 2012. The Agricultural BMP Handbook for Minnesota[S]

Moyer W，Josling T. 2002. Agriculture Policy Reform：Politics and Process in the EU and US in the1990s[M]. Burlington：Ashgate Publishing Limited

Olson R K. 1992. Integrating sustainable agriculture，ecology，and environmental policy[M]. New York：Food Products Press

Poudel D D，Horwath W R，Lanini W T，et al. 2002. Comparison of soil availability and leaching potential，crop yields and weeds in organic，low-input and conventional fanning systems in northern California[J]. *Agriculture*，*Ecosystems & Environment*，90（2）：125 ~ 137

Rosset P. 1998. Alternative Agriculture Works：The Case of Cuba[J]. *Monthly Review*，50（3）

Tetra Tech. 2013. Agricultural BMP Implementation Verification Supporting Information[S]

Xie J，Hu L，Tang J，et al. 2011. Ecological mechanisms underlying the sustainability of the agricultural heritage rice-fish coculture system[J]. *Proceedings of the National Academy of Sciences*，108（50）：E1381 ~ 1387

Yoshiharu F. 2001. Screening and future exploitation of allelopathic plants as alternative herbicides with special reference to hairy vetch[J]. *Journal of Crop Production*，4（2）：257 ~ 275

Zhang H，Mallik A，Zeng R. 2013. Control of Panama disease of banana by rotating and intercropping with Chinese Chive（*Allium Tuberosum* Rottler）：Role of plant volatiles[J]. *Journal of Chemical Ecology*，39（2）：243 ~ 252

Zhang J，Quan G，Huang Z，et al. 2013. Evidence of duck activity induced anatomical structure change and lodging resistance of rice plant[J]. *Agroecology and Sustainable Food Systems*，37（9）：975 ~ 984

Zhu Y. 2000. Genetic diversity and disease control in rice[J]. *Nature*，406（6797）：718 ~ 722

图书在版编目（CIP）数据

中国现代生态农业建设方略 / 唐珂主编. —北京：中国农业出版社，2015.6
ISBN 978-7-109-20604-5

Ⅰ. ①中… Ⅱ. ①唐… Ⅲ. ①生态农业建设－研究－中国 Ⅳ. ①F323.22

中国版本图书馆CIP数据核字（2015）第145726号

中国农业出版社出版
（北京市朝阳区麦子店街18号楼）
（邮政编码 100125）
责任编辑 张德君
文字编辑 王玉水 张彦光

北京中科印刷有限公司印刷 新华书店北京发行所发行
2015年7月第1版 2015年7月北京第1次印刷

开本：889mm × 1194mm 1/16 印张：20
字数：320千字
定价：80.00元